〈개정판〉

사회복지로의 초대

〈개정판〉

사회복지로의 초대

박 병 현

KNOWLEDGE COMMUNITY 공동체

책을 쓰면서

필자가 학부 사회사업학과를 다녔던 1970년대 말에는 '사회사업' 또는 '사회복지'라고 하면 고아원이나 양로원을 연상했으며, 졸업하면 취직할 곳도 없었던 사회사업학과는 인기도 비전도 없는 학과였다. 그래서인지 당시엔 사회사업학과에 재학 중인 사실을 밝히는 것이 꺼려지곤 했었다. 학부 시절, 여대생과 미팅을 할 때 사회사업학과에 재학 중이라고 하면 졸업하면 고아원이나 양로원을 운영하느냐고 묻곤 해서, 언제부터인가 상대방에게 나를 소개할 때 '사회사업학과에 재학 중이다'라는 말 대신에 사회사업학과가 소속된 '법대에 재학 중이다'라고 말하곤 했다. 사회사업학과를 졸업하고 행정고시에 합격해 중앙부처 고위관료를 지낸 어떤 선배가 출간한 책의 저서 소개란에 '부산대학교 사회사업학과 졸업' 대신에 '부산대학교 법정대학 졸업'이라고 적은 것을 본 적도 있다.

그런데 지금은 어떠한가? 1970년에 10개 대학에서만 개설되었던 사회사업학과가 1980년 사회복지학과로 명칭을 변경한 후 지금은 사회복지와 관련된 학과를 모두 합하면 300개가 넘는다. 사회과학 관련 다른 학과엔 대학원 지원자가 정원보다 적은 경우가 허다하나, 사회복지학과 대학원엔 지원자가 넘쳐나고, 선거철이 되면 이념적으로 보수적인 정당도 '보편적 복지'를 정강정책으로 내세우고 있다. 주민들의 복지를 얘기하지 않고서는 국회의원이나 시의원이 될 수 없어 특수대학원 사회복지전공으로 입학을 희망하는 정치지망생들을 찾는 것도 어렵지 않다. 참으로 격세지감이 아닐 수 없다.

필자는 2003년 11월 4일자 부산일보에 "국민연금에 대한 오해"라는 제목의 칼럼을 게재했다가 어느 독자로부터 거센 항의를 받은 적이 있다. 당시는 '국민연금을 못 받을지도 모른다', '받더라도 내가 낸 보험료보다 훨씬 적은 금액일 것이다'라는 등 국민연금 8대 의혹이 인터넷에 돌아다니면서 국민연금에 대한 불신이 팽배하던 때였다. 필자가 쓴 칼럼의 내용은 국민연금 급여를 받지 못하는 사태는 국가가 없어지지 않는 한 발생하지 않으며, 연금급여는 소득이 낮은 계층에게 유리하게 설계되어 있고, 국민연금 가입을 자발적으로 하게 할 경우 생활이 넉넉한 사람들은 국민연금에 가입하지 않을 가능성이 높기 때문에 강제가입의 원칙은 저소득층들에게 더 유리하게 작용하며, 수익률은 민간금융 상품보다 높은데 대다수의 사람들은 이러한 내용들을 오해하고 있다는 내용이었다. 그 칼럼을 읽은 많은 분들이 국민연금에 대한 오해가 다소 풀렸다고 전화를 주곤 하셨다.

그러나 그 칼럼이 신문에 게재된 이틀 뒤 나는 생활이 넉넉지 않은 계층에 속하는 어느 독자로부터 항의전화를 받았다. 항의내용은 "나는 국민연금에 가입할 생각이 없는데 왜 나를 강제로 가입시키느냐? 왜 정부가 나의 노후생활까지 신경을 쓰냐? 당신은 교수이니 연구나 하고 학생들을 가르치면 될 것이지 왜 이런 글을 신문에 게재해 국민들을 호도하느냐?"라는 것이었다. 그날 필자는 그분과 한 시간 가까이 통화하면서 국민연금은 특히 생활이 어려운 분들이 노후에 가난으로 추락하는 것을 예방하는 좋은 제도라고 설명했지만 결국 그분을 설득하지 못했다. 나는 그날 국민연금제도의 존립 필요성을 주장해 왔던 사람으로서 상당한 자괴감을 느꼈다.

그로부터 십여 년이 지난 요즘 국민연금에 대한 국민의 인식은 어떠한가? 예전에는 국민연금공단에 찾아와서 '왜 나를 강제로 국민연금에 가입시키느냐?'고 거칠게 항의하던 사람들이 이제는 국민연금이 고맙다면서 공단직원들에게 수고한다고 음료수를 건네주고 가는 모습을 쉽게 발견할 수 있다. 그동안 국민연금 가입 대상이 아니어서 가입하지 않았던 사람들도 가입할 수 있는 방법을 공단 직원들에게 문의하는 경우도 허다하다. 십여 년 전 필자에게 전화해서 항의하던 그분은 매월 연금을 받고 계실 텐데 지금은 어떻게 생각하고 계실지 궁금할 때가 있다.

책을 쓰면서

본 서는 대학에서 사회복지학을 강의하고 연구하면서 시작되었다. 그래서 본 서는 필자의 사회복지에 대한 관점과 가치가 반영된 책이라고 볼 수 있다. 본 서에서는 사회복지가 무엇이며, 왜 필요하며, 어떤 가치를 바탕으로 하고 있으며, 어떤 역사적 배경이 있으며, 경제적으로 어떤 이득이 있는가를 주로 얘기하려 했다. 본 서의 내용은 과거와 현재를 넘나들고 있다. 그 이유는 신기하게도 사회복지 역사를 공부하면 할수록 과거에 존재했던 사회복지의 모습이 현대의 사회복지에 그대로 나타나는 경우가 많기 때문이다. 그래서 솔로몬이 구약성서 전도서 1장 9절에서 "이미 있던 것이 후에 다시 있겠고 이미 한 일을 후에 다시 할지라. 해 아래는 새것이 없나니…"라고 설파했듯이 "역사는 반복된다"는 말은 맞는 것 같다.

본 서를 저술하는 중에 '장발장'으로 우리에게 친숙한 영화 '레미제라블(Les Miserables, 비참한 사람들)'을 보았다. 이 영화에는 다음과 같은 감동적인 장면이 있다. 1800년대 프랑스에서 빵 한 조각을 훔친 일로 19년 옥살이를 하면서 복수심에 가득 찬 성격으로 변한 장발장은 가석방 중 한 수도원에서 하룻밤을 머물다 수도원의 금그릇과 은그릇을 훔쳐 도망가던 중에 경찰에 잡혀 수도원으로 끌려온다. 경찰관에게 수도원에서 선물받은 것이라 거짓말을 하였기에 경찰이 이를 확인하려고 수도원 원장에게로 데려온 것이었다. 그런데 수도원 원장은 경찰관 앞에서 장발장에게 "왜 내가 준 선물을 다 가져가지 않고 일부만 가져갔느냐?"라고 물으며 촛대까지 덤으로 주었다. 그 순간 이후 장발장은 선한 본성이 되살아나면서 복수심에 가득 찬 자신의 성격을 고치고 새로운 마음으로 출발하면서 시장의 위치에까지 이르게 되고 가난한 사람들을 돕게 된다. 이 장면은 인간은 원래 선한 존재이나 성장과정 중에 악한 인간이 되기도 하며, 악한 사람도 사회복지제도나 교육 혹은 종교에 의해 교화될 수 있음을 보여준다. 필자는 이 부분은 사회복지 이데올로기에서 다루어져야 할 부분이라고 생각한다.

그래서 필자는 사람들은 게으르기보다는 자기의 이상을 추구하는 존재이며, 가난한 이유는 성격상의 결함이나 나태함 때문이 아니라 사회구조상의 문제 혹은 환경의 문제라고 믿고 있다. 따라서 그들의 환경을 변화시켜 주면 그들은 인제든지 빈곤에서 벗어나 생산적인 존재가 된다고 믿고 있다. 또한 성장기에 있는 아동이나 청소년들은 환경만 잘 조성해 주면 무한히 성장할 가능성이 있는 존재라고 믿고 있다. 그래서 본 서의 어느 부분에 나오지만 경쟁에서 승리한 사람만이 부자가 되고 높은 자리에 오를 수 있다는 사회적 다위니즘(social Darwinism)은 타파해야 할 이론이라고 본다. 본 서에는 이러한 필자의 가치관이 반영되어 있다.

옛날부터 개인의 삶은 가족을 통해서 보장되어 왔다. 가족의 힘이 충분하지 못하면 친척, 때로는 이웃의 손을 빌렸다. 그 수준을 넘어서는 문제는 마을이 해결했다. 필자는 개인이 당면하는 많은 어려움은 가족, 이웃, 마을이 먼저 해결해야 한다고 생각한다. 그러나 현대사회의 많은 문제들은 개인, 이웃, 마을이 해결하지 못하는 문제들이 많다. 그러한 문제들은 국가가 해결해야 한다. 그래서 필자는 사회복지의 많은 문제들은 국가가 나서서 해결해야 한다고 믿고 있다. 삶이 풍족한 사람들의 이타심이나 자선으로 도움이 필요한 사람들에게 도움을 제공할 수 있지만 그러한 도움에는 한계가 있기 마련이다. 그래서 실패한 사람들, 장애를 입은 사람들, 열심히 일을 하나 가난한 사람들에게 사회복지를 제공하는 주된 주체는 국가나 정부가 되어야 하고, 모자라는 부분에 대해서는 민간영역, 자선, 또는 이타심으로 채워야 한다.

사회복지를 연구하는 학자로서 필자는 국가의 사회정책에 대한 전반적인 기능을 연구하고 있다. 연구와 관련하여 필자의 기본 입장은 사회복지란 정치, 사회, 행정, 심리뿐만 아니라 자연환경까지 포함하는 폭넓은 상황과 밀접하게 연관되어 있다는 것이다. 그래서 사회복지를 연구하기 위해서는 큰 그림을 보아야 한다고 생각한다. 또한 사회복지는 국가의 사회사, 사회의 밑바닥에 깔려 있는 가치와 신념, 고유의 문화와 밀접하게 연관되어 있다. 이런 점에서 보면, 각 국가들의 사회복지 발달 과정과 실천하고 있는 사회복지제도나 프로그램들은 얼핏 보면 유사하나 자세히 살펴보면 다양한 면들을 보이고 있다.

이 세상에는 마땅한 이유 없이 가난한 사람들이 존재하는 것과 같이, 정당한 이유 없이 부자인 사람들도 존재한다. 아무리 노력해도 빈곤에서 벗어나지 못하는 사람들이 있는가 하면, 엄청난 부를 상속받아 별로 노력하지 않고 높은 지위로 올라간 뒤 자기보다 아래에 있는 사람들에게 '갑질'을 하며 사는 사람들도 있다. 사회복지가 발달하게 되면 이러한 현상들이 줄어들 수 있다. 왜냐하면 사회복지는 구성원들 간의 연대감과 신뢰에 바탕을 두기 때문이다. 우리는 구성원 간의 연대감과 신뢰에 바탕을 둔 살 맛 나는 사회를 복지국가 스웨덴에서 목격할 수 있다.

뉴욕타임스가 세계에서 가장 중요한 경제학자 중의 한 사람으로 꼽은 미국 컬럼비아대학교 경제학부 교수이자 지구연구소 소장인 제프리 삭스(Jeffrey Sachs)는 『문명의 대가』에서 "미국은 경제성장으로 높은 소득을 얻게 되었지만 그 대가로 소득불평등과 사회구성원 간의 신뢰 하락, 사회복지를 실현할 수단으로서의 중앙정부에 대한 신뢰 붕괴를 맞이하고 있다"고 했다. 제프리 삭스가 미국을 묘사한 이 구절은 그대로 한국에 적용될 수 있다.

한국은 1960년대 이후 두세 차례의 위기가 있기는 했으나 고도경제성장을 이룩하여 풍요로운 사회가 되었다. 그러나 이러한 경제성장의 화려함 이면에는 어두움이 있다. 고도경제성장기에는 하늘에서 내리는 비가 모든 사람들을 적시듯 경제성장의 과실이 모든 사람에게 돌아간다는 '낙수효과'의 신화가 적용되어 대부분의 사람들이 절대빈곤에서 벗어났으나, 이제는 경제성장의 과실이 골고루 배분되지 않고 있다. 절대빈곤은 어느 정도 해결했으나 양극화가 심화되면서 소득의 불평등이 더 심해졌고, 사회구성원들 간의 신뢰 또한 하락했다. 그뿐만 아니라 정부에 대한 신뢰도 추락했다. 이러한 상황이 지속되면 한국은 경제수준은 높으나 막상 대다수 국민들은 행복감을 느끼지 못하는 국가가 될 수 있다. 이러한 위기상황을 극복할 수 있는 방법 중의 하나는 사회복지의 확대라고 필자는 믿고 있다.

필자는 1977년 부산대학교 사회사업학과에 입학하면서 사회복지에 입문한 이후 많은 분으로부터 학문적인 은혜를 입었다. 부산대학교 재학 시절 은사님이셨던, 지금은 정년퇴임하신 신섭중, 김기태, 문선화 교수님으로부터 사회복지의 기본 철학과 개념을 배웠다. 미국 웨스트버지니아대학교 사회복지대학원 석사과정에 재학할 때 부성래 교수님으로부터 사회사업가치에 대해 배웠다. 그분들로부터 배운 사회복지의 기본이 지금은 필자가 생각하는 사회복지의 기초로 자리 잡은 것 같아 항상 감사함을 느끼고 있다.

필자는 학생 시절 사회복지를 공부하면서 사회복지가 경제에 어떤 도움이 될 수 있을까라는 문제에 대해 고민을 많이 했다. 사회복지는 국가 거시경제에 별로 도움이 되지 않는 소비적인 것에 불과한 것이 아닐까 하는 의문을 많이 가졌었다. 사람들은 정부로부터 도움을 받으면 받을수록 더 나태해지는 것은 아닌가 하는 문제에 대해서도 고민을 많이 했다. 그러나 이러한 고민은 미국 펜실베이니아대학교 사회복지대학원 박사과정에서 준 엑신(June Axinn) 교수님의 강의를 들으면서 대부분 해소했다. 경제학자로서 사회복지정책을 강의하셨던 엑신 교수님은 사회복지는 지속적인 경제성장을 위한 동력과도 같은 것이어서 경제성장에 오히려 긍정적인 역할을 한다고 가르쳐 주었다. 그분의 가르침으로 필자는 경제성장 없이는 사회복지가 가능하지 않지만 경제성장 일변도는 불평등을 심화시켜 사람들의 삶의 질과 행복을 저해하기 때문에 경제와 사회복지는 상생의 관계에 있다고 믿고 있다.

사회복지 학문에 대한 목마름으로 갈급함을 느끼던 그때 엑신 교수님의 강의는 마치 폭포수와 같았다. 그분의 강의를 들으면서 필자는 비로소 사회복지에 눈을 떴다. 엑신 교수님은 1997년 타계하셨지만, 필자는 지금도 그녀의 학문

세계를 동경하고 있다. 항상 연구실에서 책 속에 파묻혀 지내시던 준 엑신 교수님은 필자에게 학문을 대하는 올바른 자세를 보여주셨을 뿐만 아니라 사회복지를 보는 시야를 넓혀주었다.

필자는 오래전, 사회복지를 보는 시야가 더 넓어지고 경륜이 쌓이면 사회복지의 본질을 쉽게 설명하는 책을 써야겠다고 생각했다. 만일 그런 책을 쓸 수 있다면 책 제목은 『사회복지로의 초대』로 하면 좋겠다는 생각을 했다. 그리고 5년 전 경제학자 장하준의 『그들이 말하지 않는 23가지(23 things they don't tell you about Capitalism, 2010)』를 읽으면서 『사회복지로의 초대』의 내용을 구상했다. 장하준의 저서는 23가지의 주제로 자본주의의 본질을 탐구한 책으로, 필자는 이 책을 읽으면서 자본주의의 속성에 대해 많은 것을 알 수 있었고, 자본주의 사회에서 사회복지의 역할이 무엇인가에 대해 많은 생각을 할 수 있었다. 이 책을 읽으면서 사회복지와 관련한 20여 가지의 주제를 쉽게 설명할 수 있는 책을 구상했다.

필자는 책을 쓰면서 나 자신에게 다음과 같은 질문을 계속하곤 했다. 내가 올바른 내용을 쓰고 있는지? 혹시 틀린 내용을 쓰고 있는 것은 아닌지? 다른 사람이 쓴 글을 마치 내가 쓴 글처럼 포장하고 있는 것은 아닌지? 그래서 필자는 글을 쓸 때마다 즐거움과 함께 두려움도 느낀다. 만일 본 서의 내용에 오류가 있다면 그것은 전적으로 필자의 책임이다.

본 서의 표지는 동아대학교 산업디자인학과의 우경훈 교수가 그려주었다. 우 교수는 표지 그림을 다음과 같이 설명했다.

이 디자인을 위해 디자이너가 가장 중요하게 생각한 것은 책의 제목과 메인 타깃 오디언스(독자)이다. 그래서 Creative Concept을 희망이라고 정했다. 그런데 희망이라는 비구상적인 형태를 구상적인 기호로 전환하는 단계에서 지난 커피 마시다 생각이 떠오른 것이 바로 나비효과이다. 여기서의 나비효과는 사회복지가 필요한 분들에게 영향 내지 파급의 효과를 미친다는 것이다. 그래서 파도와 파도 너머로 보이는 빛이 있는 것이다. 여기서의 파도는 영향으로도 해석될 수 있지만, 젊은 세대를 의미하는 서퍼에게 다가오는 그들의 모호한 미래 또는 난간이라고 해석될 수 있다. 그러한 파도를 넘어 희망의 불빛인 복지의 세계로 갈 수 있다. 그리고 뒷면은 그러한 파도를 넘어 희망을 얻었을 때 파도와 같은 어려움은 끝난 평온을 되찾은 평온한 마음의 상태가 찾아 왔다는 의미이다. 마지막으로 중간 모서리는 필름 슬레이터이다. 즉, '복지를 통해 난간을 극복한 제1막이 끝났다'라는 의미를 가지고 있다.

위의 글에 나오는 '희망', '빛', '평온' '난간의 극복', 그리고 '커피 마시는 시간'은 필자가 본 서에서 이야기하고 싶었던 내용들이다. 복지란 희망을 의미하고, 어두움을 밝히는 빛이 될 수 있다. '복지를 통해 난간을 극복한 제1막이 끝난 후 평온한 상태에서 한 잔의 커피를 마시는 시간'은 복지가 꿈꾸는 시간이자 세계일 것이다. 표지 그림을 부탁할 때 본 서의 내용을 세밀하게 얘기하지 않았음에도 우 교수는 정확하게 필자의 마음을 읽었다. 필자의 사회복지에 대한 마음을 정확하게 표현해 주신 우경훈 교수께 감사드린다.

필자는 수년 전부터 부산대학교 사회복지학과 대학원생들과 한 달에 한 권의 책을 읽고 토론하는 독서모임을 하고 있다. 독서모임에서 사회과학과 관련된 책뿐만 아니라 자연과학에 관한 여러 내용의 책을 읽으면서 세상을 보는 시야를 넓혀가고 있다. 그 모임에서 본 서의 내용으로 토론했다. 알찬 토론으로 본 서의 내용이 보다 더 논리적이 되어갔고 다듬어졌다. 좋은 의견을 주신 독서모임에 참여하는 분들께 감사드린다. 본 서를 출간해 주신 도서출판 공동체 김동훈 사장님과 공동체 가족 여러분께도 감사드린다.

새로운 책을 출간할 때마다 가족에게 감사함과 미안함이 교차함을 느낀다. 필자는 2009년 여름 평소 가까이 지내던 친구 가족과 함께 제주도에 휴가를 갔었다. 곽지 해수욕장 근처 펜션에 짐을 풀었는데, 당시 중학교 2학년이던 아들 녀석이 내뱉은 말, "우리 아빠는 할 줄 아는 게 아무것도 없어요. 그래서 너무 재미없어요"는 필자에겐 충격적으로 들렸다. 아들 녀석은 그 말을 하고 나서 같이 간 다른 가족에 속해 놀았다. 다른 집 아빠는 우리 아들도 데리고 곽지 해수욕장 바닷가에서 가재도 잡고 새우도 잡았다. 그러나 나는 할 줄 아는 일이 공부 외에는 아무것도 없었다. 아침에 눈 뜨면 학교 가고, 밤늦게 집에 오면 자고, 다음 날 아침 일찍 학교 가면서 아들과 같이 놀아줄 겨를이 없었으니 아들이 그런 말을 할 만했다.

휴가를 마치고 제주도에서 돌아오는 비행기 안에서 지난 10년이 '잃어버린 10년'이 아닐까 하는 생각을 했다. 좀 더 젊었던 시절 가족과 함께 많은 시간을 보내지 못한 것을 후회하고 아들 녀석에게 미안함을 느끼고 있다. 그래서 우리 학과에 새로 임용되는 젊은 교수에게 젊은 시절에 연구도 중요하지만 가족과 많은 시간을 함께 보내라고 얘기하곤 한다. 가족은 내가 재미없다고 생각하지만, 필자에겐 가족이 있기에 오늘의 내가 있는 것이라고 생각하며 감사함을 간직하고 있다.

필자에게는 지우개로 지울 수 있다면 지우고 싶은 어린 시절의 우울한 기억이 있다. 초등학교 3학년 때의 일이니 1965년이었던 것 같다. 우리나라가 절대빈곤에 허덕이던 1960년대 중반, 초등학교에서는 새 학기가 되면 새 책을 무상으로 받았다. 새 책을 받을 때면 누구나 할 것 없이 가슴이 설레었고, 새 책을 받은 날이면 어머니께서 새 책이 헤질까 봐 지나간 달력으로 책가위를 해주시곤 했다.

새 책을 받는 날이었다. 선생님께선 새 책을 과목별로 교탁 위에 진열해 두시곤 출석부를 보시며 이름을 한 명씩 부르면서 과목별로 한 권씩 가져가도록 했다. 내 이름이 불리자 나도 과목별로 한 권씩 가져왔다. 모든 학생이 그렇게 한 권씩 가져갔다. 그런데 어느 한 과목 책이 한 권 모자랐다. 선생님께선 혹시 두 권을 가져간 사람이 있으면 한 권은 반납하라고 하셨다. 그러나 아무도 책을 반납하지 않았다.

그날 저녁 어머니께서 지난해 달력을 한 장씩 찢어 새로 받은 모든 책에 책가위를 해주시던 중 "이 책은 두 권이네!" 하셨다. 나는 그때야 내가 어느 과목의 책을 두 권 가져온 것을 알았다. 나는 당연히 한 권씩만 가져온 것으로 생각했고, 두 권 가져간 사람은 한 권을 반납하라는 선생님의 말씀을 귀담아 듣지 않았던 것 같다. 어쩌면 새 책을 받은 설렘으로 선생님 말씀이 귀에 들어오지 않았는지도 모른다.

다음날 선생님께서는 혹시 책을 두 권 가지고 간 사람은 한 권을 반납하라고 하셨지만 나는 반납하지 못했다. 그 다음날, 그 다음날에도 선생님께서는 두 권 가지고 간 사람은 한 권을 반납하라고 하셨다. 그러나 나는 끝내 여분의 한 권을 선생님께 돌려드리지 못했다. 왠지 꾸지람을 들을 것만 같았고, 아니 어쩌면 친구들로부터 핀잔을 받을까 봐 두려웠는지도 모른다. 결국 어느 한 여학생은 책을 갖지 못했다. 지금 같으면 여분의 책이 많으련만 모든 것이 귀했던 그 시절에는 선생님께서도 여분의 한 권을 구하지 못하셨던 것 같다. 나는 새 책을 갖지 못해 눈에 눈물이 맺히던 그 여자아이를 지금도 잊지 못한다. 그 여자아이는 공부를 잘하지 못했다. 집안 형편이 매우 어려운 것 같았다. 항상 혼자 외톨이로 지냈다. 지금 생각해 보니 그 여자아이는 '왕따'였던 것 같다. 공부를 잘하지 못하고 학교생활을 잘하지 못해 손바닥에 매를 맞는 일이 많았다. 손바닥에 매를 맞고 몸을 움츠리던 그 여자아이의 모습을 볼 때면 나의 마음은 타 들어갔다. "그 책을 돌려줘야 하는데… 그 책을 돌려줘야 하는데…" 하면서도 책을 돌려주지 못하는 내 자신이 미웠다.

부모님과 은사님을 잘 만난 덕분에 하고 싶은 공부를 마음껏 하고 모교의 교수가 된 후 책을 한 권씩 출간할 때마다 그때 책을 받지 못해 눈가에 눈물이 맺혔던 그 여자아이가 생각났다. 내가 두 권을 가져왔던 그 책은 사회과목 책이었던 것으로 기억한다. 필자가 지금 '사회'를 연구하는 교수가 되어있는 것은 아이러니일까? 그 여자아이를 다시 만날 수 있다면 그때 정말 미안했었노라고 용서를 구하고, 물론 이번에 출간하는 필자의 졸저는 그때의 사회과목 책과는 소중함 면에서 비교가 되지 않겠지만 정성껏 서명한 책을 주면서 그때 나 때문에 받지 못한 사회과목 책으로 대신해 달라고 말하고 싶다. 이번에 출간하는 이 책을 그때 사회과목 책을 받지 못해 슬픈 마음으로 눈망울을 적셨을 이름 모를 여자아이에게 바친다.

2022년 7월

금정산 기슭 연구실에서

박 병 현

Contents

차 례

사회복지로의 초대

01 사회복지에서는 인간의 본성을 어떻게 볼까?

나는 클라이언트도 아니고, 고객도 아니고, 서비스 이용자도 아닙니다. 나는 게으름뱅이도 아니고, 사기꾼도 아니고, 거지도 아니고, 도둑도 아닙니다. 나는 사회적 책임을 다했고 그렇게 할 수 있어서 자랑스러웠습니다. 나는 굽실거리지 않았고 이웃을 동등하게 대했습니다. 제 이름은 다니엘 블레이크, 나는 사람이지, 개가 아닙니다. 나는 나의 권리를 요구합니다. 나를 존중해 줄 것을 요구합니다. 나, 다니엘 블레이크는 한 사람의 시민, 그 이상도 이하도 아닙니다.

영화 '나 다니엘 블레이크' 중에서

이광환 야구감독의 성선설 실험

1992년 7월호 「월간조선」에 "프로야구 LG 트윈스 이광환 감독의 성선설 실험"이라는 흥미로운 기사가 실렸다. 기사의 내용은 1991년 11월 프로야구 LG 트윈스의 2대 감독으로 부임한 이광환 감독이 한국 학원야구의 얻어터지고 기합을 받으며 훈련하는 살벌한 환경 속에서 성장한 야구선수들에게 '관리' 대신에 '자율'을 주었더니 선수들이 책임감을 갖고 신바람이 나서 훈련을 하고 경기를 한다는 것이었다. 선수들에게 '자율'을 준다는 것은 감독이나 코치가 하루 종일 선수들을 굴릴 스케줄을 세워놓고 그 스케줄대로 엄격하게 선수들을 훈련시키는 것이 아니라 전체적인 훈련스케줄과 각 개인 선수들이 개선할 점만 지적해 주고 나머지는 '선수들이 알아서 해라'라는 것이다. 이광환 감독은 감독의 역할은 선수를 감독하는 것이 아니라, 선수들을 자발적으로 훈련하는 존재로 믿으면서 선수들이 스스로 하고자 하는 의욕을 부추겨 주는 것으로 보았다. 그런데 신기하게도 선수들에게 '자율'을 주었더니 마냥 놀 것 같은 선수들이 알아서 훈련을 하더라는 것이다. 그래서 이 기사를 쓴 「월간조선」 김동현 기자는 '베이스러닝 하나하나까지 감독의 지시와 눈치를 보면서 운동을 해온' 야구선수들에 대해 이광환 감독이 '성선설'을 실험하고 있다고 썼다. LG 트윈스 야구팀은 이광환 감독 부임 첫해인 1992년에는 7위에 머물렀으나 1994년에는 우승을 했다.

선한 본성이 되살아난 장발장

'장발장'으로 알려진 빅토르 위고(Victor Hugo)의 소설을 영화화한 '레미제라블(Les Miserables, 비참한 사람들)'을 보면 다음의 장면이 나온다. 1800년대 프랑스에서 빵 한 조각을 훔친 일로 19년 옥살이를 하면서 복수심에 가득 찬 성격으로 변한 장발장은 가석방 중 한 수도원에서 하룻밤을 머물다 수도원의 금그릇과 은그릇을 훔쳐 도망가던 중에 경찰에 잡혀 수도원으로 끌려온다. 경찰관에게 수도원에서 선물받은 것이라 거짓말을 하였기에 경찰이 이를 확인하려고 수도원 원장에게로 데려온 것이었다. 그런데 수도원 원장은 경찰관 앞에서 장발장에게 "왜 내가 준 선물을 다 가져가지 않고 일부만 가져갔느냐?"라고 물으며 촛대까지 덤으로 주었다. 이를 계기로 선한 본성이 되살아난 장발장은 복수심에 가득 찬 성격을 고치고 새로운 마음으로 출발하면서 시장의 위치에까지 이르게 되고 가난한 사람들을 도우며 지내게 된다.

그러면, 인간의 본성은 어떠한가?

인간의 본성은 악하다는 성악설과 선하다는 성선설이 혼재하고 있다. 먼저 인간의 본성이 악하다는 주장을 살펴보자. 인간의 본성은 악하다고 제일 먼저 주장한 사람은 17세기의 철학자 토마스 홉스(Thomas Hobbes)였다. 그는 1651년에 출간한 『리바이어던(Leviathan)』에서 자연상태의 세상에서는 모든 사람을 경이로움 속에서 살도록 하는 상식이 통용되지 않고, 항상 전쟁상태에 놓여있었고, 그러한 전쟁은 모든 인간을 모든 인간에 대항하도록 만들었다고 서술했다. 그래서 사람들은 항상 공포에 떨었으며, 폭력으로 인한 죽음, 가난, 무자비함 속에서 지내야 했다고 묘사했다. 홉스는 인간 존재를 기계적으로 끊임없이 운동하는 자연물 중의 하나로 보았으며, 자기 보존은 이성에 의한 것이 아니라 힘의 추구에 의한 것이라고 설명했다. 즉, 홉스에 의하면 인간은 매우 이기적이고 비사회적이며 자기 보존의 욕구에만 충실할 뿐 살아남기 위해 타인과는 본능적으로 경쟁하고 투쟁하게 된다. 따라서 홉스에게 있어서 인간이란 '감각과 본능 속에서 운동하고 있는 물질의 집합체'에 불과했다. 그러므로 홉스는 이 사회에는 신용받는 사람은 아무도 없으며, 인간이 서로 협력하여 살아가는 선한 면보다는 악한 면이 더 많다고 주장했다.

대체로 보수주의자는 인간은 본질적으로 이기적인 존재라고 주장하면서 성악설을 지지하는 경향이 있다. 인간이 본질적으로 이기적인 존재라는 보수주의자들의 주장은 그들이 보이지 않는 손이 수많은 이기적인 개인들의 행위를 조정하여 모두에게 최선의 결과를 가져다주는 자유방임경제를 지지하거나 인간의 비시장적 행위에 윤리적 제약을 부과하는 도덕적 보수주의를 지지하는 데 핵심적인 근거가 되고 있다(남찬섭 · 김병철, 2013 : 238). 그래서 고전경제학의 창시자이자 자유방임주의자인 애덤 스미스(Adam Smith)는 "우리가 식사를 제대로 할 수 있는 것은 정육점 주인, 술집 주인, 빵집 주인들이 관대해서가 아니라 그들이 자신의 이익을 추구하는 사람들이기 때문이다"라고 주장하면서 모든 경제주체는 이기적이며 탐욕적 본성을 지닌 인간이라고 했다.

다음으로 인간의 본성은 원래 선하다는 주장을 살펴보자.

동양에서는 맹자가 성선설을 주장했다. 맹자의 성선설과 관련한 유명한 비유는 '우산지목(牛山之木)'이다. 중국 전국시대 제나라에 위치했던 우산(牛山)은 풀 한 포기 나지 않는 민둥산이었다. 그러나 우산(牛山)은 원래 나무들이 울창한 아름다운 산이었다. 하지만 큰 나라 수도의 교외에 있어 나무들이 벌채되었다. 나무를 잃은 우산(牛山)은 사람들의 발길이 드문 밤에 이슬을 머금고 싹을 틔어냈다. 그러나 나무의 싹이 조금 자라면 사람들이 양과 소를 풀어 놓아 그 싹들을 먹게 함으로써 산은 다시 벌거숭이가 되었다. 그런데 사람들은 그

벌거숭이 우산(牛山)에는 처음부터 나무가 없었다고 생각하는 것이다. 그러한 판단은 우산(牛山)의 원래 아름다움을 모르고 하는 소리다. 사람이 양심을 잃어버리는 것도 도끼로 나무를 날마다 찍어냄으로써 산이 벌거숭이가 되는 현상과 흡사하다. 그래서 맹자는 양심을 잃어버린 사람을 두고 처음부터 양심이 없었다고 말할 수는 없다고 했다.

서양에서 성선설을 제일 먼저 제기한 사람은 18세기의 철학자 루소(Rousseau)였다. 그는 인간은 태어날 때부터 선하며 악한 면은 인간의 본성에 존재하지 않고 외부세계에 있다고 주장한다. 루소는 '인간의 첫 번째 움직임은 언제나 옳다는 격언을 상기시키며, 인간의 마음에는 본래부터 악한 면이 존재하지 않고, 어디에서부터 비롯되었는지, 어떻게 생겼는지를 설명할 수 없는 악은 하나도 없다'고 주장한다(Grimsley, 1973 : 45). 루소는 인간은 태어날 때부터 선하며 다만 악한 면은 세상의 제도로부터 비롯된다는 주장을 펴면서 인간의 어두운 면을 보지 않고 밝은 면을 보았다.

인간은 근원적으로 이타적인 존재이지 탐욕적인 존재가 아니라는 사례로 기업에서 노동자들의 합법적 파업수단인 '준법투쟁(work to rule)'을 들 수 있다. 준법투쟁이란 법규를 규정대로 지키면서 사용자에게 손해를 주는 노동 쟁의 방법이다. 준법투쟁의 방법으로는 단체휴가, 정시퇴근, 안전운전을 핑계로 한 지나친 서행운전 등이 있으며, 쟁의권을 가지지 못한 공무원이나 공공 기업의 직원들이 흔히 사용한다. 요컨대, 준법투쟁은 법을 어기지 않으면서 실질적으로 파업효과를 내는 것이다. 준법투쟁을 하게 되면 생산량이 많이 줄어든다. 준법투쟁이 파업의 한 종류라는 것의 의미는 노동자들은 평소 자신들에게 주어진 과업보다 더 많은 양의 과업을 수행한다는 것을 의미한다. 노동자들의 업무를 고용계약서에 모두 명시할 수는 없다. 준법투쟁의 사례는 노동자들은 고용계약서에 명시된 업무보다 더 많은 업무를 한다는 것을 전제로 하고 있다. 노동자들은 때로는 고용계약서에 명시되지 않은 사항에 대해서 업무를 신속하게 수행하기 위해 주체적 결정을 내리기도 하고, 9시 출근 6시 퇴근 시간이 정해져 있지만 어떤 때는 자발적으로 일찍 출근하기도 하고 업무가 밀리면 퇴근시간을 뒤로 늦추기도 한다. 만일 노동자들이 모두 사악하고 이기적이라고 하면 규정에 정해진 일만 할 것이다. 이렇게 노동자들이 노동시간을 자발적으로 늘리는 이유는 일에 대한 애정, 자기 기술에 대한 자부심, 이타심, 자존심, 동료들과의 결속력, 경영진에 대한 신뢰, 회사에 대한 충성심 등이 있다(장하준 · 정승일 · 이종태, 2012).

생물학자 매슬로우, 철학자 프롬, 역사학자 폴라니 등도 인간은 본래 선한 존재라고 보았다. 생물학자 매슬로우(Maslow)는 인간은 선하게 태어났고, 만일 오염되지 않는다면 그들은 사회적이고 호기심이 많다고 했으며, 철학자 에리히 프롬(Erich Fromm, 1966 : 175-184)은 인간은 근본적으로 게으른 존재가 아니라 생산적이며 활동적인 존재이며, 가난한 사람들의 소비욕구는 개인의 속성에 있는 것이 아니고, 소비습관, 사람들의 태도, 정치적인 요인에 있다고 주장했다. 또한 석학 칼 폴라니(Karl Polanyi, 1947 : 109-117)는 '인간은 물질적인 상품을 소유할 때 개인의 목적을 위해서 하는 것이 아니고 사회적인 목적을 위해서 한다'고 주장하며 인간의 본성을 긍정적으로 보았다.

사회복지에서는 인간의 본성을 어떻게 보고 있을까?

'인간은 근원적으로 악하다'는 것은 '인간은 근원적으로 게으르다'로, '인간은 근원적으로 선하다'는 것은 '인간은 근원적으로 자기성취를 바라고 있다'는 의미로 재해석할 수 있다. 만일 '인간은 근원적으로 악하다'고 한다면(게으르다고 한다면), 가난의 원인을 사회구조적인 면에서 찾기보다는 가난한 사람들의 게으른 본성에서 찾게 된다. 이와 같이 가난의 원인을 인간의 게으른 본성에서 찾게 되면 사회는 가난한 사람이나 사회문제를 일으키는 사람들을 통제하려 할 것이고, 그들의 소득을 증가시키거나 환경을 변화시키려는 사회복지정책은 추구하지 않게 된다.

따라서 사회복지의 확대를 반대하는 사람들은 인간의 본성을 부정적으로 보는 경향이 있다. 그들은 인간을 게으르고, 자기중심적이며, 진정한 자선행위를 하지 못하는 존재로 보기 때문에 인간은 일하도록 재촉될 필요가 있는 존재로 본다. 또한 인간은 부정적인 본성 때문에 통제되어야 할 필요가 있다고 본다. 이러한 인간 본성에 대한 이러한 부정적인 관점 때문에 사회복지의 확대를 반대하는 사람들은 가난, 범죄, 마약오용, 아동학대와 같은 문제들이 인간의 부정적인 본성 때문에 생겨난다고 보며, 이러한 문제를 다루는 사회복지 프로그램은 인간을 통제하는 수단으로 사용되어야 한다고 믿는다. 따라서 보수주의자들은 사회복지의 확대를 반대하는 이유를 인간의 게으른 본성에서 찾는다.

그래서 성악설적인 관점에서 인간의 본성을 보게 되면 사회복지는 필요한 경우에만 도입되는 매우 제한된 제도로 한정된다. 1979년 5월부터 1990년 10월까지 영국 수상으로 재임했던 마가렛 대처(Margaret Thatcher)는 "사회공동체라는 것은 없다. 오직 남자, 여자라는 개인, 그리고 가족 단위만 존재한다"고 주장하며 사회복지 축소에 앞장섰다. 대처는 사회복지의 감축을 시도하면서 '빅토리아 시대로 되돌아가자'라는 슬로건을 내세웠다. 빅토리아 시대란 1837년에서 1901년에 이르는 기간 동안 빅토리아 여왕이 통치한 시대로서 제국주의 정책에 의한 식민지 통치의 황금시대를 말한다. 이 시기의 영국은 자유방임주의가 절정을 이루었다. 즉, 대처는 베버리지적 복지원칙을 자유주의를 바탕으로 했던 빅토리아적 복지원칙으로 대체를 시도했는데, 이 시도의 핵심에는 전국민의 복지에 대한 국가의 책임이라는 베버리지의 원칙을 대체한 자조와 개인책임의 원칙이 있었다. 이 원칙은 '하늘은 스스로 돕는 자를 돕는다'는 논리하에 복지수급자들을 게으르고 의존적인 무능한 사람들로 매도하는 것이었다(박병현, 2008 : 82).

성악설의 관점에서는 희생자에게 책임을 돌리는(blaming the victim) 경향이 있다. 희생자에게 책임 돌리기는 실업상태에 놓이거나 가난해지는 것은 자기 탓이라는 것이다. 실업자들이 일자리를 구하지 못하는 것은 일자리를 구하려고 열심히 노력하지 않기 때문이라는 것이고, 가난한 것은 천성적으로 게을러서 일을 하지 않기 때문이라는 것이다. 이런 관점을 믿는 사람들은 실업자에게 실업급여 수급 기간을 연장해 주면 일자리를 구하려는 유인이 줄어들고, 기초수급자에게 생계급여를 제공하게 되면 빈곤에서 벗어나려는 노력을 하지 않는 도덕적 해이가 나타날 수 있다고 우려한다.

반면 인간은 근원적으로 선하다고 보게 되면, 인간은 게으르기보다는 생산적인 존재로 받아들여진다. 이럴 경우 한 개인이 가난하고 직업이 없다는 것은 개인이 지닌 성격적인 결함 때문이 아니라 환경이나 사회구조의 결함 때문인 것으로 보게 된다. 이 관점에서는 인간은 본능적으로 자기성취를 바라고 있다고 본다. 사회복지에서는 사람들은 자기가 좋아하는 일을 찾게 되면 열심히 일한다고 본다. 이와 같이 인간의 본성을 성선설의 입장에서 보게 되면 사회복지의 확대는 자연스러운 현상으로 받아들여진다.

이런 측면에서 보면 사회복지는 인간의 본성을 성선설 관점에서 보는 경향이 있다. 야구에서 감독은 선수들을 통제하기보다는 '알아서 훈련하라'라고 하면서 지지할 때 선수들이 신바람이 나서 운동을 하듯, 사회복지는 인간은 선하게 태어났기 때문에 사회환경이 정당하다면 이타적이며 자기성취를 바라는 존재로 본다. 또한 모든 경제주체들은 이기심과 탐욕으로 가득 찬 인간이라는 보수적인 경제학자들이 내세우는 전제와는 달리 사회복지에서는 부자들은 과중한 세금을 부담함에도 불구하고 계속해서 열심히 일할 것이고, 가난한 사람들은 정부의 지원을 활용하여 자신들의 생산성을 높이게 된다고 본다.

그래서 사회복지는 사람들은 사회적이고 호기심이 많기 때문에 통제될 필요가 없으며, 인간을 오염시키는 것으로부터 보호받아야 할 필요가 있고, 그리고 선한 것을 추종하는 자연적 경향을 따를 수 있도록 환경이 조성되어야 한다고 믿고 있다. 이와 같은 인간 본성에 대한 긍정적인 관점으로 인해 인간의 가능성을 실현시키는 데 방해가 되는 문제들로부터 자유롭게 해주는 사회복지제도가 필요하다고 본다. 이와 같이 인간을 선한 존재로 보게 되면 인간의 가능성을 실현시키는 데 방해가 되는 문제들로부터 자유롭게 해주는 사회복지정책이 발달하게 된다.

이와 같은 관점을 지지하는 고전적인 연구로는 티트머스(Titmuss)의 헌혈에 관한 연구가 있다. 그는 이타적인 동기에 기초한 헌혈정책이 화폐교환에 기초한 헌혈정책보다 신뢰성이 높고 복지향상 정도도 높다고 주장했다. 그는 1970년에 출간한 『기증관계(The Gift Relationship, 1970)』에서 영국과 미국 양국의 혈액모집시스템을 비교했다. 영국은 보상을 받지 않는 자발적인 기증자에게서 수혈에 필요한 혈액 전량을 확보하는 반면, 미국은 일부 혈액은 기증받고, 일부는 돈을 받고 혈액을 팔려는 사람들, 그리고 가난한 사람들로부터 혈액을 구입하는 혈액은행을 통해 필요한 혈액을 마련한다. 티트머스는 영국의 혈액마련시스템에 찬성하면서 혈액을 시장에서 사고파는 상품으로 다루는 것을 비판했다. 티트머스는 더 나아가 혈액이 시장 상품으로 바뀌면 혈액기증에 대한 사람들의 의무감을 감소시켜 이타주의 정신을 약화시키고 삶의 능동적 특징인 '기증관계'를 훼손하여 결과적으로 시장이 비시장 규범을 몰아내는 결과를 초래한다고 지적했다.

사회복지실천 현장에서 클라이언트들에게 서비스를 제공할 때 사회복지사는 성선설의 관점을 취할 필요가 있다. 그래서 사회복지사는 클라이언트들이 스스로 성장할 수 있는 존재이며, 스스로의 힘으로 자신의 문제를 극복하려고 노력하려는 존재라는 믿음을 가질 필요가 있다. 그리고 클라이언트들은 최선을 다하며 더 나은 삶을 영위하려는 존재라는 점을 인정해야 사회복지 서비스는 더 큰 효과를 발휘할 수 있을 것이다. 그렇기에 성선설은 사회복지가 기본적으로 취해야 할 인간 본성에 대한 관점이다.

그러나 때로는 클라이언트의 흐트러진 마음가짐을 바로잡고 자신의 삶에 최선을 다할 수 있도록 사회복지사가 이끌어야 할 상황이 발생할 수도 있다. 때로는 외부적 힘에 의해 심성변화를 유도할 필요가 있다. 그럼에도 불구하고 사회복지정책과 제도를 입안하는 입장에 서있는 사회복지사라면, 인간은 선한 본성을 타고 났다는 믿음을 확고히 가질 필요가 있다. 그래야 사회복지를 필요로 하는 사람들의 권리를 옹호하고 신장시킬 수 있는 훌륭한 정책과 제도가 입안되어 복지국가로 나아갈 수 있기 때문이다.

"인간은 선한 존재인가 악한 존재인가?"를 주제로 한 수업시간 토론에서 정신건강 분야에서 일하고 있는 어느 대학원생이 보낸 편지내용을 소개한다.

정신건강사회복지사로 일하면서 점점 클라이언트를 병리적 존재로 생각하고 정신과적 증상 개선에만 초점을 두어 개입하고 있는 저의 모습을 마주하게 되면서 사회복지사로서의 정체성에 혼란이 증가할 때쯤 사회복지정책론 수업을 듣게 되었습니다. 사회복지정책론 수업에서 성선설에 대한 발표를 준비하게 되었고, 발표를 위하여 자료를 검토하고 공부를 하게 되면서 제가 잊고 있던 사회복지사로서의 이념이 성선설이라는 것을 깨닫게 되었습니다. 남의 불행을 불쌍히 여기고, 옳고 그름을 가릴 줄 알며, 예의를 갖추는 마음의 단서를 가지는 것, 그리하여 클라이언트에게서 선의 '씨앗'을 발견하고 그 '씨앗'을 성장시켜 꽃피울 수 있도록 도움을 나누는 사람이 되어야 한다는 것이었습니다. 사회복지사로서 어지럽고 흔들리던 생각과 마음을 다 잡을 수 있게 한 수업이었습니다.

02 사회진화론은 타파해야 하는 이론

1800년대 후반기 영국에서 왕성한 저술활동을 한 사회학자가 있었다. 그는 재력가이자 친한 친구인 포터(Potter)의 딸인 버어트리스 포터(Beatrice Potter, 1858~1943)를 지극히 아꼈다. 그는 버어트리스가 당시 부유층 여성들에게는 사회활동의 과정으로 여겨졌던 런던자선조직협회에서 우애방문원(friendly visitor)으로 일하는 데 많은 지지를 보냈다. 그는 자신이 추종해 온 진화론을 실제 생활에도 적용하여 상류층 사이에 이루어지는 결혼이 인류의 발전을 가져온다고 믿었다. 그러나 버어트리스가 25세가 되던 해 다윈의 적자생존이론을 바탕으로 한 자선조직협회의 철학에 회의를 느끼면서 자선조직협회 활동을 그만두고, 자신의 집안보다 훨씬 낮은 계층인 구빈지도관 아들인 시드니 웹(Sidney Webb)과 결혼하기로 결정하자 그는 이 결혼에 충격을 받아 오래 전 자신의 저작 관리인으로 버어트리스를 지명했던 일을 취소하기도 했다. 버어트리스 포터와 시드니 웹은 신분의 차이를 극복하고 "1+1은 11이 될 수 있다"는 유명한 말을 남기며 결혼했다. 웹 부부는 영국 복지국가 형성에 크게 기여한 페이비언협회(Fabian Society) 결성에 기여하여 1900년대 초반 영국이 복지국가의 길로 진입하는 데 커다란 기여를 했다.[1] 버어트리스 포터와 시드니 웹의 결혼을 반대한 사회학자는 허버트 스펜서(Herbert Spencer, 1820~1903)이다.

1) 비어트리스 웹의 생애에 대한 내용은 박병현, 『끝나지 않은 여정 : 7인의 생애사로 본 사회복지의 역사』(양서원, 2020 : 183-238)을 참조하기 바란다.

사회학자 스펜서와 정치학자 섬너가 신봉한 사회진화론

그러면 스펜서는 어떻게 다윈의 진화론을 인간에게도 적용했을까?

1859년 11월 24일 생물학자 찰스 다윈(Charles Darwin, 1809~1882)은 생물은 생활환경에 적응하면서 단순한 것으로부터 복잡한 것으로 진화하며, 생존경쟁에 적합한 것은 살아남고 그렇지 못한 것은 도태된다는 내용의 『종의 기원(Origins of Species)』을 출간했다. 다윈은 진화론을 동물이나 식물의 세계에 적용했다.

다윈의 진화론이 끊임없이 생존경쟁을 하는 동물 세계에 적용될 수 있는 모습들은 텔레비전 프로그램인 「동물의 왕국」에서 자주 접할 수 있다. 독수리의 경우를 살펴보자. 독수리 새끼 중에서 가장 먼저 부화한 새끼는 어미가 주는 먹이를 혼자 독차지하기 위해 늦게 부화한 약한 동생을 둥지에서 몰아낸다. 더 이해하기 힘든 모습은 어미 독수리의 행태이다. 어미 독수리는 늦게 부화한 약한 새끼에게는 눈길 한 번 주지 않고 먼저 부화한 강한 새끼에게만 먹이를 집중적으로 제공한다. 늦게 부화한 새끼는 어미 독수리로부터 먹이를 제공받지 못해 약한 상태가 되어 먼저 부화한 형제와의 생존경쟁에서 패배하여 결국 죽게 된다. 이와 같이 약한 형제를 공격하여 도태시키거나, 약한 새끼보다는 강한 새끼를 집중적으로 보호하는 동물들의 모습은 냉혹한 자연세계에서 종족을 이어가기 위한 본능의 발로인지 모른다. 그래서 동물들의 세계에서는 다윈의 진화론이 적용될 수 있는지도 모른다.

다윈의 『종의 기원』이 출간되자마자 몇몇 사회과학자들이 다윈의 적자생존(適者生存, the survival of the fittest)이론을 인간사회에 적용하기 시작했다. 인간사회에 적자생존이론을 적용하여 '사회진화론(social Darwinism)'으로 발전시킨 사람은 영국의 사회학자 허버트 스펜서(Herbert Spencer)와 미국의 정치학자 윌리엄 섬너(William Sumner)였다.[2)]

2) 진화론을 신봉하는 생물학자인 최재천(2012 : 69-70)은 '적자생존'이란 표현은 다윈 자신의 표현이 아니라고 주장한다. '적자생존'은 다윈이 말한 것이 아니라 스스로 '다윈의 불독'을 자처하며 다윈의 이론을 알리고 변호하던 스펜서가 1864년에 만들어 널리 퍼뜨린 것이며, 스펜서가 말한 '적자생존'은 정확하게 번역하면 '최적자의 생존'이라고 해야 한다고 주장한다. 그래서 최재천은 이 '적자생존'이라는 표현이 알게 모르게 '최고', '일등', '유일' 등을 앞세우며 과열경쟁을 부추긴 죄인 중의 하나라고 주장하면서, '적자생존'은 비교급 개념인 'survival of the fitter'로 이해되어야 한다고 주장한다.

스펜서는 발전을 유기체들의 끝이 없는 생존경쟁의 결과로 보았다. 병자와 약한 자, 적응하지 못하는 자들은 자연히 도태되고 강한 자만이 살아남는다고 보았다. 동물이나 식물 세계와 마찬가지로 인간사회에서도 약한 자, 병자, 정신이상자를 가려내어 그들이 재생산되는 것을 방지하면 사회가 진보한다고 보았다. 스펜서는 무능력한 사람들이 가난해지고, 경솔한 사람들이 고통을 겪고, 게으른 사람들이 굶주리는 '비참한 상태'에 놓이는 것은 하늘이 정한 운명으로 보았다. 그는 더 나아가 병약하고, 지능이 낮고, 굼뜨고, 우유부단하고, 신의가 없고, 지각이 없는 사람들을 배출하는 영국의 구빈법이 사회를 부패하게 만들고 있다고 했다. 그래서 그는 사회에 적응하지 못하는 사람들에게 제공되는 '공적인 자선(현대적 의미의 사회복지)'을 경계하였다. 공적인 자선은 약자들의 사회적응 과정을 방해한다고 주장하였으며, 자선이 필요하다면 그 자선은 반드시 '스스로 돕는 자를 돕는 의미의 민간자선활동'이 되어야 한다고 했다(Spencer, 1868 : 353-355).

스펜서의 제자이면서 예일대학교의 정치학부 교수였던 섬너는 미국의 청교도주의와 개인주의, 그리고 고전경제학에 다윈의 적자생존이론을 접목시켰다. 섬너에 있어서 사회질서란 자연의 질서에 의해 형성되는 것이었다. 그는 생존을 위한 투쟁의 본질은 변화할 수 있으나 투쟁 자체는 피할 수 없는 것이라고 했다. 섬너는 "인간은 그의 삶에 필수적인 것을 얻고 해가 되는 것은 없애기 위해 자연과 격렬한 투쟁을 하게 되는데 그 과정 자체가 삶이며 이것은 운명이다"고 주장하며, 생존경쟁의 과정에서 잘 적응하여 살아남는 사람은 더 높은 지위에 오르게 되고 적응하지 못하는 사람이 패배하는 것은 자연스러운 것이라고 보았다. 그는 계속해서 백만장자란 생존경쟁의 산물이며, 생존경쟁에 패한 약자가 자연 도태됨으로써 인간사회 발전에 필요한 사람들이 선택이 되고 그로 인해 인류사회가 발전한다고 보았다. 인간사회에 적응하지 못하는 자들에는 가난한 자, 게으른 자, 약한 자, 무능한 자 등이 포함된다고 했다(Sumner, 1934). 이런 점에서 스펜서와 섬너는 인간과 끊임없이 생존경쟁을 해야 하는 동물들을 같은 반열에 올려놓고 인간행동을 해석했는지도 모른다.

사회진화론을 이론적 배경으로 삼은 자선조직협회

사회복지의 역사를 살펴보면 사회진화론이 사회복지에 적용되었던 적이 있었다. 19세기 후반과 20세기 초반 영국과 미국에서 자선조직협회가 사회진화론을 바탕으로 민간단체의 구제활동을 주도했다. 당시 영국과 미국의 자선조직협회에 대해 살펴보자.

영국의 경우를 먼저 살펴보면, 19세기 중·후반 영국은 가난한 사람들에 대한 억압적인 신구빈법이 실행되던 시기이기도 했지만 박애주의적인 자선 또한 행해지던 시기였다. 자선단체들이 증가한 이유로는 1860년에서 1861년에 이르는 기간 동안의 혹한을 들 수 있다. 그해 겨울은 혹독하게 추웠으며, 얼음이 두껍게 얼고 눈이 많이 와서 바깥에서의 작업이 불가능할 정도여서 가난한 사람들에게는 혹독한 시련의 기간이었다. 그래서 구호를 한 번도 신청해 본 적이 없던 사람들도 그해 겨울에는 구빈지도관을 찾아 구호를 신청하여 피구호빈민이 4만 명이나 증가했다. 이러한 상황들로 인해 자선기관의 수가 더욱 증가하여 1861년 런던에 640개의 자선단체가 있었는데, 그중 279개는 1800~1850년에, 144개는 1850~1860년에 창립된 것이었다. 연간 250만 파운드가 자선사업 명목으로 지출되었으며, 이 수치는 공적인 구빈법에 의한 지출[3)]을 상회하는 규모였다(박광준, 2002 : 158).

그러나 이러한 자선단체들은 공적인 구빈당국과 협력이나 연대가 이루어지지 않는 것은 물론 각 자선단체들 사이에도 자선활동 지역이나 활동내용에 있어서 협력과 조정이 이루어지지 않았다. 그로 인해 여러 자선기관으로부터 중복으로 구제를 받는 경우도 발생하고, 이러한 현상이 자선에만 의지하면서 살아가는 사람들의 도덕적인 타락을 유발한다는 주장이 제기되기도 했다. 그래서 자선기관들이 서로 협력하고 정보를 교환하는 것이 필요하다는 인식이 생겨났다. 이러한 인식으로 1869년 4월 23일 '자선구제의 조직화와 구걸억제를 위한 협회(The Society for Organizing Charitable Relief and Repressing Mendicity)'가 결성되었으며, 이듬해 이 협회는 '자선조직협회(COS : Charity Organization Society)'로 개칭되면서 자선조직협회가 공식적으로 창설되었다.

3) 공적인 구빈법에 의한 지출은 현대적 의미로는 정부의 사회복지 지출로 볼 수 있다.

그러면 자선조직협회의 성격은 어떠했는지 살펴보자. 자선조직협회는 가난의 원인을 개인의 성격 결함에서 찾았으며 개인의 성격을 변화시키지 않는다면 가난이 해결되지 않는다고 생각했다. 자선조직협회는 당시의 사회경제적인 기회와 조건이 빈곤문제에 많은 영향을 미친다는 사실을 거의 무시했다. 자선조직협회는 빈곤문제에 정부가 개입하는 것을 경계했다. 자선조직협회는 모든 민간자선활동을 조정하여 공적인 구호활동보다는 민간의 자발적 노력을 극대화하려고 했다. 자선조직협회의 기본 정신은 수혜자의 도덕심과 가치관을 고양시키는 것이었다. 자선은 상류나 중류계층으로부터 하류계층으로의 부(富)의 재분배기능이 있기는 하였지만 현재의 사회체계를 유지시키는 테두리 내에서 행해졌다. 따라서 자선은 중류계층과 하류계층 또는 노동자계층 간의 사회적 차별을 미리 가정하고 있었으며, 부자와 빈자 간의 불평등을 기정사실화하는 것이었다. 또한 자선이란 사회개혁의 기운을 상쇄시키는 사회통제의 수단이었고, 중류계층의 가치관(자조, 근검, 절약)을 하류계층 혹은 노동자계층에 전달하는 통로였으며, 자선의 방법으로서의 우호적인 방문(friendly visiting)은 하류계층의 생활방법에 대한 중류계층의 문화적인 공격이었다(박병현, 1997 : 57).

이러한 자선조직협회의 관점은 사회진화론의 영향을 받은 것이었다. 당시 적자생존이론을 받아들인 지식인들의 관점은 케임브리지대학교 교수였던 헨리 포세트(Henry Fawcett)가 1871년 출간한 『구걸문화의 원인과 처방(Pauperism : Its Causes and Remedies)』에 잘 나타나 있다. 다음 내용은 그 책 내용의 일부이다.

> 빈곤의 중요한 한 가지 원인은 자립하려는 노력을 제대로 하지 않는 사람에게 너무나 많은 것을 해줌으로써 결과적으로 여러 가지 형태의 기만이 발생토록 하는 데에 있다. … 빈민을 위해 사회가 해주어야 할 일의 목록에는, 실제로는 자신을 위해 스스로가 해야 하지만 다른 사람이 해주기를 바라는 일들이 끊임없이 추가되고 있다. 스스로 해야 하는 일인데도 사회가 해주어야 하는 일로 추가되려고 하는 가장 최근의 예는 부모들로 하여금 그들 자녀의 교육을 위해 한 푼의 돈을 지불하지 않고 모든 학교를 무상으로 다닐 수 있도록 해주어야

> 한다는 요구이다.[4] 오늘날 수많은 노동자들이 이러한 요구를 하고 있다. 이러한 요구는 오늘날 영국에 스스로 감당해야 할 책임을 언제나 회피하려고만 하는 사람들이 얼마나 많은가를 잘 보여주고 있다. 이러한 사람들의 요구가 얼마나 받아들여지는가 하는 것이 이 나라에 존재하게 될 빈곤과 고통의 양을 상당 정도로 결정하게 된다(남찬섭, 2001 : 248-249; Schweinitz, 1947 : 142).

당시 사람들의 생각은 포세트 교수가 표현한 것보다 훨씬 더 과격했다. 당시 영국에서 다수를 차지하였던 중산층들은 가난을 일종의 도덕적인 죄악으로 생각하였다(남찬섭, 2001 : 249; Schweinitz, 1947 : 142). 포세트 교수의 견해를 반영한 자선조직협회는 사회개혁을 추구하기보다는 도덕개혁을 추구하였으며 자조정신만이 빈민을 빈곤상태로부터 벗어나게 하는 유일한 길로 보았다. 자조정신의 바탕에는 사회진화론이 자리 잡고 있음을 부인할 수 없다. 그래서 자선조직협회는 지방행정청 간부들의 강력한 지지를 등에 업고 정부가 추진하는 연금제도와 같은 사회복지제도 도입에 반대하였다.

미국의 자선조직협회의 활동을 살펴보자. 미국에서도 자선조직협회가 스펜서와 섬너의 사회진화론을 실천에 적용했다. 미국에서의 자선조직협회는 영국 런던의 자선조직협회의 자원봉사자로 일했던 적이 있는 험프리 거틴(Humphreys Gurteen) 목사가 1877년 버팔로에 처음으로 창설한 이후 미국 전역에 퍼지기 시작하여 1890년대에는 100여 도시에 자선조직협회가 생겨났다. 사실상 1900년 이전의 미국사회정책의 방향과 빈민들을 위한 사회사업실천의 내용들이 자선조직협회에 의해 설정되었다고 할 수 있을 정도로 미국에서 자선조직협회의 활동은 활발했다.

빈곤에 대한 과학적 접근방법을 주요 장점으로 내세웠던 자선조직협회는 다윈의 진화론을 주요 이론으로 사용하였다. 미국의 자선조직협회는 다윈의 적자생존원칙을 바탕으로 '가장 적합한 자(the fittest)'만이 가장 부자가 된다는 자유방임경제이론의 필요성을 역설하였으며, 의존하는 것과 세상에 적응하지

4) 최근 한국에서 이슈로 등장한 '무상교육'이 1870년대 영국에서 이미 이슈가 되었다.

못하는 자를 원조하는 것은 곧 인류의 쇠퇴를 의미한다고 경고하였다(Axinn & Levin, 1982 : 99).

자선조직협회는 구호를 받고 있는 자의 생활은 구호를 받고 있지 않으면서 일을 하고 있는 자의 생활보다 덜 바람직스러워야 한다는 열등처우(less eligibility)의 원칙을 근간으로 하고 있는 영국의 신구빈법의 영향을 많아 받아 무차별적으로 구호를 제공하는 것은 노동자들의 나태, 사치, 낭비를 조장한다는 근거로 모든 원외구호의 폐지를 주장하였다. 원외구호란 빈민들이 자기들의 집에서 구호를 받는 현대적 의미의 공공부조라고 할 수 있다. 자선과 복지의 전문가였던 아모스 워너(Amos Warner)는 공적인 원외구호는 정치적 부패와 낭비를 가져오며 더 많은 공적 구호가 주어지면 주어질수록 더 많은 수혜자들이 일을 하는 대신에 공적 구호를 선호할 것이라고 주장하였다(Patterson, 1986 : 21). 미국이 유럽 국가들과 비교해서 사회복지제도가 비교적 늦게 도입된 이유 중의 하나는 다윈의 진화론을 이론적 배경으로 한 미국의 자선조직협회의 활동이 매우 적극적이었고 이것이 미국의 개인주의 문화와 잘 조화되었기 때문이다.

그러면 사회복지는 사회진화론을 어떻게 보는가?

미국 버클리대학교 사회복지대학원 교수인 닐 길버트(Neil Gilbert, 1983)는 그의 저서 『자본주의와 복지국가(Capitalism and the Welfare State)』에서 ❙그림 2－1❙에서 보는 바와 같이 다위니즘은 복지국가를 받아들이는 정도가 가장 낮다고 주장했다.

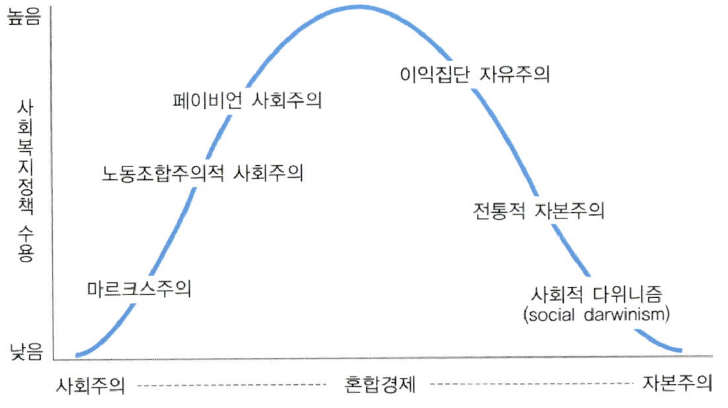

| 그림 2-1 | 이데올로기와 사회복지정책 수용의 정도

출처 : Gilbert(1983 : 165).

그러면 사회복지에서 사회진화론을 받아들이지 않는 이유를 살펴보자. 적자생존이론의 관점에서 보면, 가난한 사람들을 돕는 활동은 사회적 약자로서 도태되어야 마땅한 자를 계속 생존하게 하는 활동에 지나지 않는다. 사회진화론에 의하면, 모든 사람들은 돈을 벌 수 있고 또한 남은 돈을 저축할 수 있다. 동산이든 부동산이든 재산의 소유는 부지런함, 절약, 그리고 건실함의 상징이며, 재산을 소유하지 못한다는 것은 그 개인에게 어떤 심각한 결함이 있는 것으로 간주되었다. 저축하지 못하는 사람은 그가 저축할 여력이 있는가에 상관없이 비도덕적인 사람으로 간주되었다. 또한 가난한 사람이 생기는 것은 그들이 자신의 처지를 개선할 수 있는 기회를 충분히 활용하지 못한 데서 기인하는 것으로 보았다. 즉, 가난한 사람은 생존경쟁에서 낙오된 사람인 것이다. 사회진화론에 있어서 부지런함은 미덕이고, 방종은 부도덕한 것이며, 가난에 빠져 구제를 신청하는 것은 그 사람의 성격에 결함이 있다는 것을 보여주는 것이었다.

적자생존이론을 사회복지에 적용하게 되면, 가난한 사람을 돕지 않으면 않을수록 사회발전에 이롭다는 결론에 이르게 된다. 그래서 사회진화론은 생존경쟁에서 낙오된 가난한 사람들은 위해 정부가 개입하여 구제를 제공하는 것은 적절하지 않다고 보는 것이다. 따라서 사회진화론은 인간의 본성은 이타적인 면은 없는 성악설적인 관점에서 본다고 할 수 있다. 이렇게 적자생존이론을 인간사회에 적용한다는 것의 의미는 정부의 역할이란 적극적이고 활동적이기보다는 제한적이 되어야 하며, 규제를 적게 하고 사람들을 생존경쟁 환경에 그대로 내버려 두는 것이 바람직하다는 것이다. 달리 표현하면, 정부의 역할보다 시장의 역할을 더 강조한 것이었다.

사회진화론은 모든 개체 중에서 살아가는 데 가장 적절한 극소수 혹은 하나의 개체만이 살아남아 가장 아름다운 개체로 진화한다는 것이다. 이러한 관점에서 보면, 환경에 제대로 적응하지 못한 종들과 경쟁에서 패하여 사라진 자리를 경쟁에서 승리하여 잘 적응한 종들과 개체들의 후손들이 차지하므로 자연의 질서는 '승자 독식'이며, 모든 종과 개체들이 고루 잘사는 세상은 없다. 그래서 사회진화론은 평등을 추구하지 않는다.[5]

그러나 사회복지에서는 생존경쟁에 살아남은 극소수 혹은 하나의 개체만을 위한 것이 아닌 모든 사람들이 연대와 상생을 바탕이 된 공동체 사회를 구성해서 서로 보호하고 보호받으면서 인간답게 살아가는 세계를 꿈꾸고 있다. 예컨대, 나무는 수천 개의 씨앗을 뿌리지만 인간의 개입이 없으면 그중 몇 개만이 성숙한 나무로 자란다. 그러나 사람이 개입하여 어린 묘목에게 물을 주고, 병충해를 예방하면, 물론 생존하지 못하는 소수의 묘목도 있겠지만, 대부분 성숙한 나무로 자라게 된다. 마찬가지로 인간사회에 있어서도 모든 아동에게 좋은 보육과 교육서비스를 제공하면, 물론 이탈하는 소수는 있겠지만, 대부분 건강하고 성숙한 사람으로 성장하게 된다. 인간사회에 좋은 양육과 불평등에 대한 규제가 있으면 모두 행복한 삶을 살아갈 수 있다. 그래서 정부는 공정하고 개방적인 경쟁을 유지하기 위한 규칙을 준비하고 인간사회에 개입해야 한다.

5) 필자가 중학생이던 시절은 중·고등학교가 평준화되기 전이었다. 당시 필자가 다니던 중학교에선 공부 잘하는 학생들은 선생님의 강의를 가장 잘 들을 수 있고 집중도 잘할 수 있는 좋은 자리에 앉아 공부했다. 이러한 교육방식으로 인해 공부 잘하는 학생들은 좋은 환경에서 더 공부를 잘할 수밖에 없었으며 그들은 대부분 좋은 고등학교에 진학했다. 성적순으로 뒤로 쫓겨난 학생들은 어린 나이에 낙인감, 혼란스러움을 느끼며 점점 더 도태되어 갔다. 이러한 교육방식은 철저히 적자생존을 바탕으로 하는 사회진화론에 근거했다고 할 수 있다.

이런 점에서 사회복지는 생존경쟁의 과정에서 잘 적응하여 살아남는 사람은 정상에 오르게 되고 적응하지 못하는 사람은 궁극적으로 패배하기 마련이며, 생존경쟁에 패한 약자가 자연 도태됨으로써 사회 발전에 필요한 사람들이 선택이 된다고 주장하는 사회진화론을 거부하면서 존재한다.

03 선택적 복지와 보편적 복지 이해하기

한국에서 보편적 복지의 시작

2009년 4월 8일 실시된 경기도교육감 보궐선거에서 진보진영 김상곤 후보가 초・중등학교 무상급식 공약을 발표하면서 출마했다. 한신대학교 경영학과 교수이던 김상곤 후보는 보수진영의 분열 속에 치러진 선거에서 40.81%를 득표하여 현역 경기도교육감인 김진춘 후보(33.63%)를 누르고 당선됐다. 2010년 6월 지방선거에서 서울시교육감 후보로 나선 진보진영의 곽노현 후보는 무상급식을 넘어 무상교육의 확대와 4대 교육복지를 공약으로 내세웠다. 당시 곽 후보는 "무상급식은 보편적 복지의 첫걸음"이라고 주장하면서, 모든 아이들이 차별되거나 소외되는 일이 없이 우애와 환대 속에서 친환경 건강밥상을 제공하겠다고 했다. 그 선거에서 곽노현 후보는 34.4%를 득표, 2위인 이원희 후보(33%)를 1.4% 포인트 차이로 승리하여 서울시교육감에 당선되었다. 2009년에서 2010년으로 넘어오는 시절, 한국에서 보편적 복지는 이렇게 시작되었다.

보편적 복지는 2010년 6월 서울시장 선거에서도 쟁점이 되었다. 무상급식 반대를 공약으로 내세운 한나라당 소속 오세훈 현역 서울시장이 민주당 소속 한명숙 후보를 예상과는 달리 가까스로 꺾고 재선에 성공했다. 하지만 서울시의회 3분의 2 이상을 민주당이 장악하면서 무상급식을 반대하는 시장과 무상급식을 찬성하는 시의회 간의 대립구도가 형성되었다. 그러던 중 2011년 1월 6일 서울시의회의 허광태 의장은 무상급식 조례안을 의장 직권으로 본회의에 상정하여 통과시켰다. 이에 대해 오세훈 서울시장은 "무상급식은 곧 세금급식"이라고 주장하면서 2011년 8월 24일 단계적 무상급식과 전면적 무상급식을 묻는 주민투표를 실시하겠다고 선언했다. 오 시장은 주민투표에서 패하면 시장직을 내놓겠다는 배수진을 쳤다. 그러나 투표율이 25.7%에 그치고 말아 주민투표 투표함이 자동 폐기되었고,[1] 오세훈 시장은 책임을 지고 서울시장직에서 물러났다. 그 후 무상급식으로 대표되던 보편적 복지는 2012년 총선과 대선을 거치며 무상보육, 기초연금[2] 등으로 확대되었다. 이와 같은 과정을 거치면서 한국에서 보편적 복지가 보편화되었다. 사회복지제도는 한번 도입되면 폐지되기 어려운 성격을 지니고 있기 때문에 보편적 복지는 한국에서 공고한 자리를 잡는 것처럼 보였다.

그러나 2015년 3월 10일 당시 홍준표 경상남도지사(새누리당)는 경상남도에서 6년 동안 시행해 오던 초·중등학교 무상급식을 가난한 가정의 아동에게만 제공하겠다고 선언했다. 소득수준에 관계없이 모든 아동들에게 제공되는 무상급식이라는 보편적 복지를 가난한 가정의 아동에게만 선별적으로 제공하는 선별적 복지로 전환하는 것이었다. 홍 지사는 일정 수준 이상의 소득이 있는 가정의 자녀들은 무상 대신 한 끼에 2,000원에서 2,500원을 납부하도록 했으며, 가난한 가정의 아이들은 급식을 받기 위해서는 가난하다는 증명서를 제출해야 했다. 이 결정은 지방자치단체에서 그동안 시행해 오던 보편적 복지를 폐지한 것으로 많은 논란을 불러일으켰다.

선택적 복지와 보편적 복지의 비교

그러면 선택적 복지와 보편적 복지는 어떤 특징이 있으며 어떤 결과를 초래하는가?

사회복지급여를 선택적으로 집중할 것인가 아니면 보편적으로 확대할 것인가는 오래된 이슈 중의 하나이다. 선택주의(selectivity)란 개인적 욕구에 근거를 두고 급여를 제공해야 한다는 것이며, 욕구가 있는가의 여부는 자산조사를 통해 결정해야 한다는 것이다. 반면에 보편주의(universalism)는 모든 사람에게 권

1) 주민투표는 전체 유권자의 33.3%가 참여하지 않으면 투표함을 개봉할 수 없도록 주민투표법에 규정되어 있다.

2) 박근혜 대통령은 후보 시절에는 65세 이상의 모든 노인들에게 20만 원의 기초연금을 제공하는 보편적 복지를 공약했으나, 당선 후 소득수준 하위 70%의 노인들에게만 국민연금 가입기간에 연계하여 14만 원에서 20만 원의 기초연금을 제공하는 선택적 복지로 선회했다.

리로서 급여가 제공되어야 한다는 것이다(Gilbert & Terrell, 1998 : 84). 여기서 선택주의는 선택적 복지를 의미하고 보편주의는 보편적 복지를 의미한다고 볼 수 있다.

선택적 복지는 사회복지 대상자를 선정할 때 욕구가 있는 가족이나 개인을 우선적으로 고려하여야 하며 이들을 집중적으로 지원해야 한다고 본다. 그래서 선택적 복지는 정부재정이 충분하지 않은 상황에서 자신의 욕구를 자신이 충족시킬 수 있는 사람들은 정부의 지원에서 제외해야 한다는 제한된 사회복지정책을 옹호한다. 선택적 복지를 추구할 경우에는 복지에 대한 수요를 경감시킬 수 있어 공공지출을 억제할 수 있는 장점이 있는 반면, 시혜적인 성격과 얼마나 가난한지를 조사하는 자산조사로 인해 낙인이나 수치감을 유발시킬 수 있는 단점이 있다.

반면에 보편적 복지는 가난한 사람, 장애인, 또는 특별한 욕구가 있는 사람에게만 사회복지가 제공되는 데서 벗어나 공통적인 사회적 욕구가 모든 시민들에게 발생하다는 전제하에 모든 시민들에게 사회복지급여가 제공되어야 한다고 본다. 보편적 복지를 가장 잘 정의 내린 학자는 영국 사회정책의 선구자였던 티트머스(Titmuss, 1907~1973)이다. 그는 1968년 『복지에의 헌신(Commitment to Welfare)』에서 다음과 같이 보편적 복지를 정의 내리고 있다.

> (보편적 복지란) 사람들이 그의 지위나 존엄성, 그리고 자존감을 상실하는 굴욕적인 상황에 처하지 않게 하는 방법으로 모든 사람들이 서비스를 이용하고 접근할 수 있도록 하는 것이다. 즉, 사람들이 공적으로 제공되는 서비스를 이용함에 있어서 어떠한 열등감도 느끼지 않고, 빌어먹는다는 의식도 갖지 않고, 어떠한 수치심이나 낙인감도 느끼지 않도록 해야 한다는 것이다. 어느 누구도 자신이 '공공의 부담(public burden)'이 되거나, 되어가고 있다는 생각을 갖지 않도록 해야 한다(Titmuss, 1968 : 129).

이 정의에 의하면 보편적 복지는 복지를 받는다고 해서 존엄성이나 자존감을 훼손당하는 일이 없으며, 정부의 지원에 의존하는 생활을 한다는 생각을 갖지 않는다. 보편적 복지는 모든 사람에게는 보다 좋은 건강을 추구하는 욕구가 있고, 젊은 사람들에게는 보다 좋은 교육을 받고 싶은 욕구가 있으며,

아동들에게도 보다 좋은 보육을 받을 욕구가 있다는 전제에서 시작한다. 따라서 보편적 복지에서는 이러한 욕구들은 시민적 권리 관점에서 접근되어야 한다고 본다.

이러한 관점에서 보면 보편적 복지국가는 부자이거나 가난한 사람이거나, 남자이거나 여자이거나, 혹은 인종이나 연령과 같은 시민적 범주에 관계없이 모든 사람들을 광범위한 사회복지 프로그램의 대상자로 본다. 보편적 복지를 이용할 수 있는가의 여부는 소득수준과는 관계가 없고, 단지 그 서비스에 대한 욕구를 입증할 수 있는 여부에 의해 결정된다. 예컨대, 의료서비스를 받아야 하는 여부는 의료적 검진만으로 충분하며 자산조사와는 관계가 없다. 무상보육 제공 여부도 소득수준과 관계없이 부양할 아동의 존재 여부로 결정된다. <표 3-1>은 선택주의와 보편주의의 차이를 보여주고 있다.

〈표 3-1〉 **선택적 복지와 보편적 복지의 비교**

	선택적 복지	보편적 복지
대 상	욕구가 있는 사람	모든 시민
추구하는 가치	비용효과, 개인주의	시민권, 사회통합, 사회연대성, 사회적 효과, 집합주의
장 점	공공지출 억제	사회통합 증진, 소득분배 개선
단 점	자산조사로 인한 낙인 초래, 행정절차의 복잡	복지의존성 초래, 자원 낭비
프로그램	공공부조, 공공주택	사회보험, 공공교육

어떤 국가에서 선택적 복지와 보편적 복지 중에서 어느 것이 받아들여지는가 하는 것은 개인주의와 집합주의 가치 중 어느 것이 그 나라 국민들의 의식구조 속에 자리 잡고 있는가에 달려있다. 왜냐하면 선택주의는 개인주의 가치와, 보편주의는 집합주의 가치와 밀접하게 관련되어 있기 때문이다(남기민, 2010 : 39). 국가별로 본다면 스칸디나비아 반도에 위치한 사회민주적 복지국가는 보편주의 가치를 선호하고, 미국과 같은 자유주의적 복지국가는 선택주의를 선호한다고 볼 수 있다.

그런데 평등주의적 관점에서 볼 때 보편주의와 선별주의는 둘 다 나름대로의 장점이 있다. 보편적 서비스는 시민권의 윤리, 즉 우리는 모두 같은 사회의 동등한 구성원이며 따라서 우리 모두는 복지서비스를 이용할 권리를 가질 수 있어야 한다는 윤리를 구현하고 있다. 그런데 이런 점에서는 보편주의가 평등주의와 조화롭지만 다른 한편으로 그것은 평등주의와 모순될 수도 있다. 예컨대, 지위가 높고 많은 부를 소유한 부자가 그의 자가용 운전사와 똑같은 서비스 권리를 갖는다면 이것은 그들 사이의 불평등을 완화하는 것이 아니라 오히려 영속시킬 것이기 때문이다. 이런 점에서 보면 선별적 서비스가 수직적인 재분배 측면에서 더 유리하다. 자산조사에 의한 급여는 조세로 재정이 마련되며 일정한 소득수준에 미달하는 사람들에게만 제공된다. 선별주의는 사람들은 소득을 불평등하게 가지고 있다는 사실에 근거하여 사람들을 불평등하게 (서로 다르게) 처우해야 한다는 함의를 가지고 있다(즉, 다른 것은 다르게 처우해야 한다는 것이다). 하지만 선별주의 역시 평등주의의 이상과 모순될 수 있다. 왜냐하면 선별적인 서비스는 사회구성원들을 가진 자와 가지지 못한 자로 분리시키며 가지지 못한 자(선별적 서비스를 이용하는 사람들)에게 상당한 낙인감을 부과하기 때문이다(남찬섭 · 김병철, 2013 : 100-101).

한국은 선택적 복지와 보편적 복지 중에서 어느 것을 택해야 하는가?

그러면 한국에서는 선택적 복지와 보편적 복지 중 어느 것을 선택해야 할까?

한국이 복지국가를 지향한다면 장기적으로 보편적 복지 방향으로 나아가는 것이 바람직할 것이다. 먼저 보편적 복지로 제공해야 하는 서비스를 살펴보자. 아동을 대상으로 하는 보육과 급식은 보편적 복지로 제공하는 것이 바람직하다. 국민들이 내는 세금으로 모든 계층의 아동들에게 무상보육과 무상급식을 제공하면 사회통합의 길로 갈 수 있다. 급식을 예로 들면, 선택적 급식을 할 경우에는 급식비를 내지 않고 급식을 제공받는 학생과 급식비를 내고 급식을 제공받는 학생들 간에 위화감이 생겨날 수 있다.

그러나 무상으로 (엄밀히 얘기하면 부모들이 납부한 세금으로 제공되는 급식이어서 유상이지만) 급식을 모두 제공받는다면 학생들 간에 통합이 이루어질 수 있다. 무상급식의 경우, 부잣집 아이나 가난한 집 아이 모두 같은 장소에서 같은 조건의 급식을 제공받아 옹기종기 모여 점심을 먹을 경우 소득수준 차이로 인한 위화감을 줄이고 통합을 증대시킬 수 있다. 위화감과 갈등을 해소함으로써 얻을 수 있는 이득은 눈에 보이지 않아 실감하지 못해서 그렇지 화폐단위로 계산하면 증가된 사회복지 지출을 상쇄하고도 남는다. 무엇보다도 보편적 복지의 가장 큰 장점은 사회통합을 이룰 수 있다는 것이다. 단일민족에서 다민족국가로 변화과정에서 발생하는 문제, 소득양극화의 심화, 계층 간의 갈등을 해결할 수 있는 가장 좋은 정책은 모든 국민들의 삶의 질을 높일 수 있는 보편적 복지이다.

보편적 복지국가에서는 자유롭게 노동하는 개인이 가능하다. 에스핑 앤더슨(Esping-Andersen, 1990)은 보편적 복지가 보편화된 스칸디나비아 반도에 위치한 사회민주주의 복지국가에서는 노동력이 탈상품화된다고 했다. 탈상품화는 개인이 노동시장에서 이탈되었을 때 공공 사회보장제도를 통해 가능한 한 높은 수준의 임금대체율을 보장해 줌으로써 시장에 대한 의존성을 약화시키는 것을 의미한다. 즉, 자본주의 사회에서 노동의 유무와 관계없이 모든 시민이 사회적 권리를 누릴 수 있도록 하는 것이 보편적 사회복지제도이고, 보편적 사회복지제도를 통해 시민은 비로소 자유롭게 노동하는 개인이 될 수 있다(박병현, 2021 : 220).

보편적 복지를 강화하기 위해서는 저부담－저복지 체제에서 중부담－중복지 체제 혹은 고부담－고복지 체제로 선회할 필요가 있다. 중부담－중복지 체제 혹은 고부담－고복지 체제는 모두 현재보다 세금을 더 많이 부담하고 그 대가로 복지서비스를 더 많이 받는 것을 말한다. 어느 국가를 막론하고 소득이 많은 사람들이 소득이 적은 사람보다 세금을 더 많이 낸다. 따라서 고부담 체제란 고소득층의 세금부담이 더 늘어나기 마련이다. 그러나 고소득층이 자신에게 돌아오는 복지서비스가 별로 없다면 조세저항이 생겨날 것이다. 따라서 고소득층의 세금부담이 늘어나면 동시에 고소득층에게 제공되는 복지서비스도 늘어나야 한다. 만일 초·중·고교에 제공되던 무상급식을 소득수준이 일정 수준 이상인 가구의 자녀들에게는 유상으로 제공할 경우 소득수준이 높은 계층은 자신들이 납부한 세금의 혜택을 자신들의 자녀들은 누리지 못하고 있는 데 대해 회의감이 생길 수 있다. 이렇게 되면 고소득층들은 복지확대를 위한 조세확대에 반대하게 된다.

한국이 보편적 복지국가를 지향한다면 "세금을 같이 부담해서 같이 인생을 즐기자"는 슬로건을 대다수 국민이 받아들여야 한다. 보편적 복지는 고소득층이 부담하는 세금만으로는 시행할 수 없다. 유럽의 보편적 복지국가들의 조세 구조는 누진적이라고 생각하기 쉽다. 그러나 그렇지 않다. 복지비용이 증가할 때 스웨덴, 핀란드, 독일 등 대부분의 유럽 복지국가들이 취한 해법은 간접세인 소비세의 활용이었다. 이들 국가의 간접세에 속하는 부가가치세율은 20~25%에 달한다. 스웨덴 사회민주당 정부는 1959년에 급속히 증가하는 공공복지지출의 수요를 충당하기 위해 4.2%의 물품세를 도입하고, 1969년에 부가가치세를 도입하며 세율을 지속적으로 올려 현재는 25%에 달한다. 독일도 건강보험료 등 사회보험료를 일부 인하하는 대신 부가가치세를 인상하고 있으며, 영국도 직접세의 감세 기조를 유지하면서 부족한 세수는 부가세를 인상해 충당하고 있다. 세계화로 인한 직접세의 인하 경향 속에서도 간접세의 확대로 복지국가의 조세 추출 능력은 종전 수준을 유지하고 있다(양재진, 2019).

간접세는 상품의 가격 중 일부로 들어가 있기 때문에 부자든 가난하든 해당 상품을 구입하면 같은 액수의 간접세를 납부하게 되어 소득에 대비해서 살펴보면 가난한 사람이 더 높은 간접세율을 부담하게 된다. 즉, 간접세에는 역진적인 성격이 있다. 2015년 기준으로 전체 세수에서 간접세가 차지하는 비중은 한국이 42.7%로 OECD 회원국 평균인 48.4%보다 5.7% 포인트 낮다. 보편적 복지국가인 핀란드는 전체 세수 중 간접세 비율이 68.6%로 매우 높은 수준이다. 이와 같이 보편적 복지국가에서는 자본이나 자산에 대한 세율은 그리 높지 않으며 노동과 소비에 대한 세율은 매우 높다. 이것은 부자와 가난한 사람에게 동일 세율이 적용되는 소비세가 높은 수준이란 것을 의미한다.

보편적 복지국가는 모든 국민이 같이 높은 세율의 세금을 부담하면서 복지프로그램의 수혜자가 되어 보편적 복지국가가 된 것이다.

반면에 한국은 각종 공제가 지나치게 많아 소득세 실효세율이 낮다. 그래서 근로소득세 면세자 비율이 약 40%로 다른 국가들에 비해 매우 높은 편이다. 세금은 연대의 형태로서 세금납부는 사회적 연대이다. 우리가 더불어 같이 살기 위해 자기 몫을 나누는 것이다. 초고소득자뿐 아니라 중산층과 서민도 세금을 더 내야 한다(박병현, 2021 : 223).

그래서 한국이 보편적 복지국가가 되기 위해서는 스웨덴, 핀란드, 독일 등과 같은 유럽의 복지국가들이 점점 증가하는 복지에 들어가는 비용을 충당하기 위해 직접세뿐만 아니라 간접세도 늘려갔듯이 국민들은 높은 소득세율을 수용해야 할 뿐만 아니라 고율의 간접세도 받아들여야 한다. 사회복지정책론 교과서를 보면 소득세와 같은 직접세를 부가가치세나 물품세와 같은 간접세보다 더 많이 징수하여 사회복지지출에 사용하면 소득재분배가 더 효율적으로 추진될 수 있다고 되어있다. 물론 이론적으로 맞는 말이다. 하지만 부자들이 많이 부담하는 직접세만을 강조해서는 보편적 복지국가로 나아갈 수 없다. "세금을 같이 부담해서 같이 인생을 즐기자!"라는 슬로건을 모든 국민이 수용할 때 비로소 한국은 보편적 복지국가로 나아갈 수 있다(박병현, 2021 : 224-225).

04 왜 국가가 공적연금제도를 운영하는가?

바보 노인이 되는 방법

지금은 없어졌지만 부산대 근처에 돼지고기와 오리고기가 주 메뉴인 '일송정'이라는 식당이 있었다. 고기가 신선하고 맛이 있어 부산대 교수들과 학생뿐만 아니라 인근 주민들도 자주 이용하는 식당이었다. 일송정 화장실에는 다음과 같은 메모가 붙어 있었다.

> 세 가지 유형의 바보 노인
> - 모든 재산을 자식에게 물려주고 용돈을 타 쓰는 노인
> - 모든 재산을 배우자에게 증여하고 용돈을 타 쓰는 노인
> - 재산이 아까워 쓰지 못하고 죽는 노인

얼핏 보면 그냥 웃어넘길 수 있지만, 이 메모는 노년기의 행복과 노인빈곤에 관한 많은 의미를 내포하고 있다. 이 메모가 우리에게 주는 교훈은 노년기를 행복하게 보내려면 자식이나 배우자의 주머니가 아닌 자기 주머니에 어느 정도의 돈을 지니고 있어야 한다는 것이다.

노년기에 돈을 지니고 있으려면 어떻게 해야 하는가? 무엇보다도 젊은 시절에 열심히 일을 해서 저축을 해두어야 한다. 그러나 저축을 해둔다고 해서 노년기를 행복하게 보낼 수 있는 것은 아니다. 서구와는 달리 정으로 인간관계가 맺어진 한국사회에서는 저축을 해두었다고 하더라도 딸이나 아들이 사업이나 교육에 필요한 재정적 지원을 요청하면 거절할 수 있는 한국인 부모는 그리 많지 않다. 만일 자녀의 사업이 잘되지 않을 경우 자녀에게 저축한 돈을 모두 제공한 노인은 빈곤으로 추락하게 된다. 자녀의 사업이 잘되고 있다고 하더라도 재산을 자녀에게 다 물려주고 용돈을 받아쓰는 노인은 자녀에게

의존적인 생활을 하게 된다. 그래서 일송정 식당 화장실에 붙어 있는 메모는 자기 주머니에 돈을 지니고 있어야 행복한 노년을 보낼 수 있으며, 자식에게 재산을 물려주고 자식으로부터 용돈을 받아쓰는 노인은 어리석은 노인이라고 적어둔 것이다.

연금을 받는 사람과 받지 못하는 사람

전원주택에 잔디를 배달하러 온 트럭 운전사(A)와 전원주택 주인(B)의 대화를 옆에서 들은 적이 있다.

B : 잔디 배달해 주셔서 감사합니다.
A : 집이 참 좋네요. 저도 이런 집을 짓고 시골에서 살고 싶은데 안 될 것 같네요.
B : 열심히 일해서 저축하면 조그만 집을 적은 돈으로 지을 수 있어요.
A : 저는 연금이 없어서 가능하지 않아요. 이런 집 짓고 나면 쓸 돈이 없어요. 연금만 있으면 나도 이런 집 짓고 싶어요.

한국의 50대에 들어선 대부분의 남자들에겐 시골에 조그마한 집을 짓고 노후를 보내고 싶어 하는 로망이 있다. 부모로부터 유산을 많이 상속받았거나 급여 수준이 매우 높은 직장에 다녀 노후를 대비하여 충분히 저축을 해둔 사람은 시골에 전원주택을 짓고 자신이 원하는 행복한 노후생활을 보낼 수 있다. 하지만 유산 받은 것도 별로 없고 소득수준이 높지 못한 평범한 사람들은 연금이 없을 경우에는 시골에 조그마한 집을 짓고 노후생활을 보내기가 어렵다.

공적연금의 필요성은 바로 여기에 있다. 그러나 2021년 통계청 사회조사에 의하면 우리나라 국민 3명 중 1명(32.6%)은 여력이 없어 노후 준비를 하지 않는 것으로 나타났다. 노후에 안락한 삶을 보내고 싶다면 연금은 필수이다.

부모로부터 거액의 상속을 받은 사람이라면 노후 걱정을 하지 않겠지만, 대부분의 한국인들은 모두 가난했던 절대빈곤 시기를 거치면서 자수성가한 사람들이다. 그러나 이들은 자녀를 교육시키느라, 때로는 노부모를 부양하느라 정작 자신들의 노후를 위한 대비는 하지 못했다. 노년기를 대비해 저축을 해두었다 하더라도 일송정 식당의 메모에서 보듯이 그 돈이 계속해서 내 주머니 속에 있을 것이라는 확신이 없다. 전원주택 주인과 잔디 배달 온 트럭 운전사의 대화에서처럼 노후를 안락하게 보내려면 연금은 필수이다. 공적연금은 노인들이 세상을 떠날 때까지 매월 일정 수준의 수입을 보장해 준다. 그래서 공적연금제도가 잘 구비되어 있는 국가의 노인빈곤율은 매우 낮다.

그래서인지 최근에 와서 국민연금에 대한 인식은 많이 좋아졌다. 2021년 통계청의 사회조사에 의하면 노후 준비 방법으로는 국민연금이 59.1%로 가장 높았고, 예금 · 적금(14.0%), 직역연금(8.5%), 사적연금(6.5%), 부동산 운영(4.7%), 퇴직급여(3.8%), 주택연금(1.6%), 기타(1.9%)의 순으로 조사됐다.

1908년 영국 노동자들의 환호

한국은 1988년에 공적연금제도인 국민연금제도를 도입했지만 영국은 한국보다 80년 일찍 1908년 공적연금제도를 도입했다. 당시 영국의 노동자들에게 연금이 제공된다는 것은 대단한 사건이었다. 프로라 톰슨(Flora Thompson, 1939)은 연금이 지급되던 당시의 상황을 다음과 같이 묘사했다.

> 노령연금제도가 실시되자 늙은 농장노동자들의 생활은 변모되었다. 그들은 걱정으로부터 벗어났다. 그들은 갑자기 부자가 된 느낌이 들었으며 독립적인 생활을 하게 되었다. 연금을 받기 위해 우체국에 간 첫날 그들의 뺨에는 감사의 눈물이 흘러내렸다. 연금을 손에 쥐었을 때, 그들은 “신이여, 조지 경(연금제도 도입에 주도적 역할을 한 Lloyd George를 칭함)에게 은총을 내리소서”라고 말했다. 그리고 그들은 단순히 연금을 건네준 사무원들에게도 꽃과 과일을 건네주었다.

당시 영국에서 가난한 노인들이 구호를 받기 위해서는 반드시 작업장(workhouse)에 입소해야 했다. 하지만 작업장은 너무 열악하고 비참한 환경이어서 구호받을 자격이 있는 노인들도 되도록 들어가지 않으려 했다. 그래서 당시 가난한 노인들에게 연금은 가뭄 때 내리는 단비와도 같은 것이었다. 또한 연금이 우체국에서 지급되어 낙인감도 별로 없었다.

공적연금과 민간연금, 어느 것이 수익률이 더 높은가?

2010년 4월 경기도 판교 신도시에 있는 한 상가 분양업체가 서울 수서~분당 고속화도로 곳곳에 "제2의 국민연금, ○○상가 분양"이라는 현수막을 내걸었다. 이 현수막이 내포하고 있는 의미는 국민연금의 수익비에 버금가는 상가임대소득을 보장한다는 것이다(중앙일보, 2010. 4. 30).

그러면 국민연금의 수익비가 어느 정도 되기에 상가분양업체가 위와 같은 현수막을 내걸었을까? 현재 국민연금 보험료로 낸 금액 대비 수령액 비율인 '수익비'는 2018년 기준으로 보면 월 100만 원 소득자는 3.0배, 2018년 국민연금 평균소득자(월 227만 원)는 1.8배, 월 300만 원 소득자는 1.6배, 최고 소득자(월 468만 원)는 1.4배이다. 이러한 수익비는 민간연금과 비교하면 매우 높은 수익률이다. 그뿐만 아니라 공적연금은 민간연금과 달리 매년 물가상승률을 반영해 수령액이 인상되어 실질가치가 보전된다.[1)]

국민연금이 민간금융회사가 판매하는 민간연금보다 수익비가 높은 이유는 국가가 운영하는 국민연금은 국가가 가입자가 납부하는 보험료를 적립하여 수익을 창출한 후 그 수익금을 연금의 형태로 돌려주는 반면, 민간연금을 운영하는 민간금융회사는 수익을 창출하여 이윤을 남겨 회사에 이득을 가져오는 것이 목적이기 때문이다. 그래서 민간금융회사는 회사가 가져가는 수익을 계산한 후 가입자들에게 돌려줄 연금을 산출하지만 국민연금은 소득이 있는 사람들은 모두 가입하게 하여 규모의 경제를 이용하기 때문에 수익비가 높다.

또한 매달 수령하는 연금은 자산 가치로도 매우 유용하다. 한국 사람들은 부동산 비중이 전체 자산의 70%가량 되고 나머지는 금융자산으로 보유하고 있다. 은퇴설계 할 때도 부동산과 금융자산만 가지고 노후 자금의 과부족을 따지는 경향이 있다. 여기에 빼놓는 것이 있다. 연금 자산이다. 지금은 보이지

1) 국민연금의 소득구간별 수익비는 1.4배에서 4배에 이르는 것으로 추계되었다. 국민연금연구원은 2018년 국민연금 신규가입자가 자신의 소득수준에 따라 20년간 소득의 9%(직장 가입자는 4.5% 본인부담, 4.5% 회사부담)를 보험료로 납부하고 만 65세부터 자신의 노령연금(소득대체율 40% 적용)을 20년간 탈 때의 국민연금 수익비를 계산했다. 수익비는 가입자가 가입 기간 납부한 보험료 총액의 현재가치 대비 생애 기간 수급하게 되는 연금급여 총액의 현재가치 비율을 말한다. 수익비가 1보다 크면 낸 보험료보다 연금으로 받는 금액이 더 많다는 뜻이다. 분석 결과, 소득수준별 수익비를 보면 월 100만 원 소득자는 3.0배, 2018년 국민연금 평균소득자(월 227만 원)는 1.8배, 월 300만 원 소득자는 1.6배, 최고 소득자(월 468만 원)는 1.4배로 나왔다. 국민연금의 소득재분배 효과로 소득수준이 낮을수록 수익비는 더 컸다(연합뉴스, 2019. 1. 24).

않는 미래의 자산이다 보니 간과하는 것이다. 그러나 연금 자산의 정확한 가치를 알아야 노후 자금이 얼마나 되는지 평가할 수 있다. 연금 자산은 공적연금인 국민연금, 사적연금인 퇴직연금과 개인연금으로 구성되어 있다. 먼저 국민연금의 자산 가치를 구하기 위해선 매월 받게 될 수령액을 현재가치로 환산해야 한다. 올해 기준 국민연금을 20년 이상 가입한 사람은 평균 92만 원을 받게 된다. 국민연금은 물가에 연동되어 매년 수령액이 달라지므로 물가라는 변수를 고려해야 한다. 물가는 매년 2.5%씩 오른다고 가정한다. 국민연금은 죽을 때까지 받는 종신형이고 할인율을 3%라고 할 때 국민연금의 현재가치는 3억 6,000만 원가량 된다(중앙일보, 2019. 4. 8).

그래서 재테크에 밝은 사람들은 국민연금의 '임의가입제'를 활용하여 노후에 소득을 더 보충하려고 한다. 소득이 없어 국민연금 가입 의무는 없지만 연금혜택을 받기 원하는 사람들이 가입할 수 있는 '임의가입제'는 원래 전업주부의 노후생활 보장을 위해 도입되었다. 그러나 최근에는 소득이 없어 생활이 어려운 사람보다는 여유가 있는 사람들이 임의가입제를 활용하여 연금의 혜택을 보고 있다. 2014년에는 임의가입자가 20만 명 정도였으나 해를 거듭하면서 계속 증가하여 2021년에는 38만 명으로 증가했다. 그런데 국민연금 임의가입자가 가장 많은 곳은 부자들이 가장 많이 거주하는 서울의 강남 3구(송파·강남·서초)이다.

이와 같이 국민연금의 '임의가입제'를 활용하여 이득을 보려는 생활이 넉넉한 사람들이 있는가 하면, 수익비가 높은 국민연금을 애써 외면하는 가난한 사람들도 있다. 그래서 국민연금의 '국민'이라는 이름이 무색하게 연금의 사각지대에 놓여 있는 사람들이 많이 있다. 2020년 7월 기준으로 국민연금 납부예외자는 348만 명에 이른다. 특히 코로나19 피해로 소득이 줄어들어 납부예외를 신청한 사람이 크게 늘어났다.

연금이 없어도 충분히 넉넉한 생활을 할 수 있는 강남에 거주하는 사람들은 높은 수익비의 국민연금을 유용하게 이용하지만, 정작 연금이 필요한 가난한 많은 사람들은 연금의 혜택을 누리지 못하고 있다.

어느 정도의 연금수준이어야 노후보장이 되는가?

국민연금연구원이 2019년 국민노후보장패널조사 결과를 분석한 결과, 50세 이상 중·고령자들이 주관적으로 판단한 표준적인 생활을 위한 적정 노후 생활비는 개인은 164만 원, 부부는 267만 원이었다. 국민노후보장패널조사는 50세 이상인 사람과 그들의 배우자에게 경제 상황, 건강, 노후 준비 등에 대해 묻는 조사로, 지난해 조사 대상은 7,315명이었다. 적정 노후 생활비는 큰 병 없이 건강한 상태에서 표준적인 노후 생활을 이어가기 위해 필요한 돈이다.

그러면 국민연금의 연금수준은 어느 정도인가?

연금수준을 가늠하는 기준으로 소득대체율을 사용한다. 소득대체율에는 명목소득대체율과 실질소득대체율이 있다. 명목소득대체율은 '40년 동안 연금보험료를 납입했을 때를 기준으로 평균 소득 대비 수령액'이다. 예컨대, 명목소득대체율이 50%라면, 국민연금에 40년간 가입하여 보험료를 납부하는 동안의 월평균 소득 200만 원이었던 사람은 국민연금 수령시기가 되면 월 100만 원의 연금을 받게 된다.[2] 그래서 명목소득대체율이 50%일 때 국민연금에 40년 가입한 월평균 소득이 200만 원인 사람은 국민연금만으로 노후에 최저생활은 유지할 수 있으며, 다른 소득이 64만 원 정도 있으면 노후에 표준적인 생활을 할 수 있다.

국제노동기구(ILO)는 1952년 조약에서 노령연금의 명목소득대체율을 2인 가구 기준으로 30년 가입 때 40%를 제시했으나 1967년 45%로 상향조정했으며, 선진국은 55%까지 올리도록 권고했다. 한국의 국민연금제도는 1988년 도입 당시 명목소득대체율을 70%가 되도록 했다. 당시 명목소득대체율을 70%로 높게 정한 이유는 연금제도에 대한 인식이 낮았기 때문에 연금가입을 유도하기 위한 것이었다. 그래서 국민연금은 초창기에는 보험료율 3% 소득대체율 70%의 저부담 고급여 체제였다. 그러나 국민연금이 성숙해 가면서 기금고갈론이 등장하여 1998년 명목소득대체율을 60%로 낮추었다. 그 후 노무현 정부

2) 명목소득대체율이 50%로 정해졌다 하더라도 모든 연금수령자에 대해 명목소득대체율이 50%로 동일하게 적용되는 것은 아니다. 국민연금은 저소득층들에게 유리하게 소득재분배 기능을 하도록 설계되어 있어서 생애평균소득이 200만 원보다 적은 가입자는 명목소득대체율이 50%보다 높고, 200만 원보다 많은 가입자는 50%보다 낮기 때문이다.

때인 2007년에는 명목소득대체율을 더 낮추어 2008년에 50%가 되도록 했으며, 2009년부터 2028년까지 20년 동안 매년 0.5% 포인트씩 낮춰 2028년에는 40%로 하향 조정하기로 법을 개정했다. 국민연금 지급 개시연령도 원래 60세였지만 2013년부터 5년 단위로 1세씩 올려 2033년에는 65세가 되도록 했다.

2022년 기준 국민연금의 명목소득대체율은 43%이나 국민연금의 역사가 짧아서 보험료를 40년 동안 납부하지 않는 경우가 많아 실질적인 소득대체율은 더 낮다. 그래서 생겨난 개념이 실질소득대체율이다. 평균적으로 보면 보험료를 1년 더 낼 때마다 실질소득대체율은 1% 포인트씩 높아진다. 2018년 기준으로 볼 때 국민연금 평균 가입기간이 18.2년이어서 실질소득대체율은 21.4%에 불과하다. 독일의 경우 연금제도의 역사가 오래되어 명목소득대체율과 실질소득대체율의 차이가 없다. 그러다 보니 2021년 5월 기준 국민연금 노령연금 수령자의 1인당 평균 수령액은 55만 361원에 불과하여 국민연금이 노후소득 보장이라는 제 기능을 하지 못하고 '용돈연금'으로 전락했다는 비판을 받고 있다.[3] 그래서 공적연금 강화 차원에서 국민연금 소득대체율을 끌어올려야 한다는 주장이 나오고 있다.

적정소득대체율은 어느 정도일까?

그러면 어느 수준까지 소득대체율을 끌어올려야 할까?

이 질문에 답하기 위해서는 OECD 국가의 소득대체율을 참조할 필요가 있다. 2016년 기준 OECD 회원국의 평균 연금소득대체율은 62.9%이다. 최근 유럽의 많은 국가들이 연금개혁을 진행하고 있는데 2050년을 목표로 명목소득대체율이 높은 국가는 낮추고, 낮은 국가는 높이는 쪽으로 연금개혁을 추진하고 있다. 그리스는 2050년에는 명목소득대체율이 67.9%가 되도록 하향 조정했으며, 룩셈부르크는 71.7%로, 스페인은 79.1%로, 이탈리아는 58.8% 등으로 명목소득대체율을 낮추었다. 이에 반해 독일은 45.7%로, 덴마크는 56.2%로, 벨기에는 52.7%로 오히려 올렸다. 그래서 2050년이 되면 프랑스(47.3%)를 제외하고 대부분의 유럽 국가들의 연금제도의 명목소득대체율은 최소 50%를

3) 2020년 기준 국민연금을 200만 원 이상 받는 사람은 437명이며, 월 수령 최고액은 227만 원이다.

상회하게 된다. 이러한 경향을 참조하면 한국도 명목소득대체율을 50%로 상향조정해야 연금이 연금기능을 하게 된다고 할 수 있다.[4)]

그러면 명목소득대체율을 높여 국민연금이 연금다운 기능을 하도록 하려면 어떻게 해야 하는가?

결론부터 얘기하면 보험료를 인상해야 한다. 대부분의 유럽 국가들은 20세기를 전후한 시기에 연금제도를 도입했기 때문에 100년 전후의 역사를 지니고 있다. 대부분의 유럽 국가들은 초창기 연금제도를 도입하던 시기에는 보험료를 낮게 책정했다가 시일이 지나면서 보험료를 점차적으로 인상했다. <표 4−1>에서 보는 바와 같이 2012년 기준 유럽 각국의 소득 대비 보험료율은 스페인이 28.3%로 가장 높다. 이어 오스트리아 22.9%, 핀란드 22.9%, 그리스 20%, 독일 19.6%, 스웨덴 18.4%, 네덜란드 17.9%(근로자 17.9%, 사업주 0%) 순이다.

〈표 4−1〉 **OECD 회원국의 근로자·고용주 공적연금 보험료 부담 비율(2012)**

국 가	근로자 부담	고용주 부담	국 가	근로자 부담	고용주 부담
헝가리	10.0	24.0	벨기에	7.5	8.9
이탈리아	9.2	23.8	일 본	8.4	8.4
스페인	4.7	23.6	미 국	4.2	6.2
체 코	6.5	21.5	캐나다	5.0	5.0
핀란드	5.2	17.7	스위스	4.9	4.9
그리스	6.7	13.3	한 국	4.5	4.5
오스트리아	10.3	12.6	이스라엘	3.9	3.1
스웨덴	7.0	11.4	칠 레	28.8	1.0
터 키	9.0	11.0	네덜란드	17.9	0
프랑스	6.8	9.9	평 균	8.4	11.2
독 일	9.8	9.8			

출처 : OECD.

4) 2015년 상반기 공무원연금을 개혁하면서 국민연금의 소득대체율을 50%로 올려야 한다는 논의가 있었으나 박근혜 정부의 반대로 무산되었다.

그러나 한국의 국민연금 보험료는 1988년에서 1992년까지는 3%(근로자 1.5%, 사용자 1.5%), 1993년부터 1998년까지는 6%(근로자 3%, 사용자 3%)였으며, 1998년 이후 9%(근로자 4.5%, 사용자 4.5%)로 인상하여 현재에 이르고 있다. 따라서 현재의 국민연금의 보험료 9%는 OECD 국가들에 비해 매우 낮은 수준이다. 유럽 국가들의 연금 소득대체율이 높고 한국의 국민연금 소득대체율이 낮은 것은 국민연금의 보험료율이 낮기 때문이다.

그렇다 보니 연금급여 수준이 높은 유럽 복지국가와는 달리 우리나라 노인의 전체 소득 구성에서 공적연금 소득이 차지하는 비중은 매우 낮다. OECD의 주요국 노인들의 소득원 구성자료(2013년)를 보면, 노인 전체 소득에서 차지하는 공적이전소득의 비중이 룩셈부르크 81.5%, 벨기에 81.4%, 오스트리아 81%이나 한국은 16.3%밖에 되지 않는다. 이유는 국민연금이 제 기능을 하지 못하고 있기 때문이다. 그 대신 한국 노인들의 근로소득 비중은 63%로 OECD 국가들 중에서 가장 높다. 이러한 자료는 유럽 국가들에 비해 한국에서는 나이가 들어 은퇴해서도 일하지 않으면 생활 자체를 유지하기 어려운 노인들이 많다는 것을 보여준다.

이러한 현상을 종합하면, 국민연금제도의 소득대체율은 2028년에 40%로 되어있는 것을 50% 수준으로 점진적으로 상향조정할 필요가 있으며, 이를 위해 보험료도 인상할 필요가 있다. 정부 추산에 의하면, 2100년에도 기금을 소진하지 않으려면 1998년 이래 9%로 고정되어 있는 보험료율을 점진적으로 인상하여 15.85%로 올려야 한다. 소득대체율을 50%로 높이게 되면 보험료율을 10.1%로 올려야 적립금 소진시점을 2060년으로 맞출 수 있고, 2100년에도 기금이 소진되지 않으려면 18.85%로 올려야 한다. 연금다운 연금제도를 운영하기 위해선 보험료를 더 많이 내고 연금을 더 받아가는 고부담·고급여의 연금제도를 지향하는 것이 올바른 방향이다.

연금재정의 부과방식 운영은 '세대 간 도적질'인가?

한국에서 공무원연금제도 개혁이 한창 논의되던 2015년 5월 7일 당시 보건복지부 장관은 "2060년이면 국민연금 가입자와 수급자 비율이 일대일이 되기 때문에 가입자 1명이 노인 1명의 연금을 내줘야 한다"며 "연금학자 중에는 부과방식으로 국민연금 재정을 운영하는 것은 세대 간 도적질이라고 얘기하는 사람도 있다"고 말했다(경향신문, 2015. 5. 7). 과연 부과방식의 연금제도는 세대 간 도적질인가?

먼저 연금의 재정방식을 살펴보자.

연금의 재정방식에는 적립방식과 부과방식이 있다. 적립방식은 장래에 지급하게 될 연금급여를 위해 보험료로 납부된 금액을 적립하는 방식이다. 그래서 적립방식은 '내가 낸 돈을 내가 나중에 받는 것'과 같다. 이러한 적립방식을 그림으로 표현하면 **|그림 4-1|** 과 같다. 이 그림에서 보는 바와 같이 산에서 내려오는 물로 저수지에 물을 가득 채워두고 필요한 만큼 물을 사용하는 것과 같이 계속 납부되는 보험료로 기금을 적립한 후 그 적립금에서 연금을 지출하는 방식이 적립방식이다.

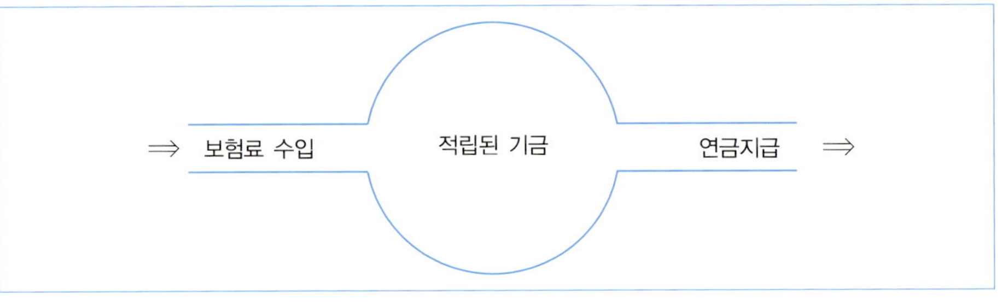

|그림 4-1| 완전적립방식

출처 : 김태성 · 김진수(2005 : 170).

적립방식의 장점은 첫째, 연금지출이 적은 초기부터 제도가 성숙하여 지출액이 증가될 때까지 보험료를 평준화할 수 있어 세대 간의 공평한 보험료 부담이 가능하다. 둘째, 적립된 기금을 금융산업에 투자하여 수익을 창출하여 적립기금을 증액시킬 수 있다. 적립방식은 이러한 장점이 있는 반면, 고령화 현상이 심화되면 보험료 수입은 일정하나 연금지출이 증대되어 적립금이 고갈되는 현상이 발생할 수 있어 보험료율을 높여야 하는 현상이 발생할 수 있다.

민간연금은 대부분 적립방식을 채택하고 있다. 그 이유는 연금을 운영하고 있는 기업이 도산했을 때에도 연금을 제공하기 위해서이다. 그러나 공적연금에서 적립방식을 채택하고 있는 국가는 쿠웨이트 외에는 없다. 쿠웨이트는 석유잉여자금이 바닥났을 때에도 연금약속을 이행하기 위해 막대한 석유자금을 이용하여 완전적립방식을 채택하고 있다. 공적연금에서 적립방식을 채택할 필요성이 낮은 이유는 공적연금에서는 국가가 지속적으로 운영하기 때문에 제도가 종결되는 경우가 없으며, 강제가입을 원칙으로 하고 있어서 신규가입자가 계속 발생하기 때문에 이들이 납부하는 보험료를 연금재원으로 활용할 수 있어서이다. 또한 적립방식은 막대한 적립금을 정부가 소유하게 되는데, 이러한 막대한 적립금은 국가의 경제구조에 좋지 않은 영향을 미칠 가능성이 존재하기 때문이다.

다음 부과방식을 살펴보자. 부과방식을 영어로 표현하면 'pay as you go'이다.[5] 'pay as you go'의 의미는 '수입－지출－균형'이다. '수입－지출－균형'이란 예산을 미리 앞당겨 쓰거나 적자 지출을 하지 말라는 것이다. 연금재정방식으로서의 부과방식은 한해 지출액 정도에 해당하는 미미한 보유 잔고를 남겨두고 그해 연금보험료 수입을 그해 연금급여로 지출하는 것을 말한다. 즉, 부과방식은 수입과 지출의 균형을 맞추는 방식이다. 그래서 부과방식은 '내가 올해 낸 보험료로 노인들이 올해 연금을 받고, 내가 퇴직하여 받게 되는 연금은 그때 일을 하는 젊은 계층이 내는 보험료로부터 받는' 방식이라고 할 수 있다.

부과방식을 그림으로 나타내면 **|그림 4－2|**와 같은데, 적립방식과는 달리 저수지에 물을 모아두지 않고 그해 들어오는 보험료로 그해 지출되는 연금을 지출한다.

---

5) 미국의 선술집에 가면 'pay-as-you-go'라고 쓰여진 게시물을 볼 수 있다. 직역하면 '갈 때 돈을 내라'는 뜻이지만, 의역하면 '외상을 하지 말고 현찰을 내고 마셔라'는 의미이다.

⇒ 보험료 수입 연금급여 지급 ⇒

그림 4-2 **완전부과방식**

출처 : 김태성 · 김진수(2005 : 170).

부과방식을 적용하면 적립금이 거의 없다. 부과방식의 장점은 첫째, 시행 초기에 적은 보험료로 제도를 운영할 수 있고, 둘째, 연금수지차가 거의 없어 연금의 실질가치유지대책이나 연금수리의 장기추계가 불필요하다. 단점으로는 첫째, 제도가 성숙하여 연금수급권자가 늘어나면 보험료 부담이 증가되어 후세대의 가입자가 전 세대의 가입자나 가입했던 자들의 부담분까지 가중 부담해야 한다. 둘째, 노후를 대비한 저축요인이 적다.

적립방식과 부과방식의 장 · 단점을 비교하면 <표 4-2>와 같다.

〈표 4-2〉 **연금재정 운영방식의 장 · 단점**

구 분	장 점	단 점
적립방식	보험료의 평준화 제도성숙기의 적립된 기금 활용 연금재정의 안정운영 개인별 저축 기능	제도 초기부터 과중부담 장기적 예측 곤란 평균보험료 산정 곤란 인플레이션에 취약
부과방식	시행 초의 적은 부담 인플레이션의 영향을 받지 않음 연금수리추계 불필요 세대 간의 소득재분배 효과	후세대 부담 과중 연금재정운영 불안 인구구조 변화에 영향 받음

그러면 연금의 재정방식을 부과방식으로 운영하면 '세대 간 도적질'을 조장하는 것인가?

현재 한국의 국민연금은 일을 하고 있는 계층으로부터 계속해서 거둬들여 적립한 보험료를 주식 · 채권 · 부동산[6] 등에 투자하여 수익을 창출하여 퇴직

6) 영국의 런던이나 독일의 베를린을 여행하다 보면 'NPS'란 간판이 붙은 건물을 볼 수 있는데, 이 건물은 한국의 국민연금공단이 구입한 건물이다. NPS는 한국의 국민연금의 영문 표현인 National Pension System의 첫 철자를 딴 것이다.

한 사람들에게 연금을 지급하는 '부분적립방식'으로 운용되고 있다. 재정추계로는 2021년 2분기 기준으로 900조 원을 넘은 적립금[7)]은 2043년 2,561조 원으로 정점을 찍은 이후 빠르게 소진되어 2060년에 고갈될 것으로 예상되는데, 그렇게 되면 그해 걷은 보험료로 그해 연금을 지급하는 '부과방식'으로의 전환이 불가피해진다. 독일이나 미국과 같이 공적연금제도를 오랜 기간 동안 운용해 온 국가들은 초창기에는 기금을 적립하여 그 적립금에서 연금을 지출하다가 점점 적립기금이 줄어들면서 부과방식으로 바꿔 연금제도를 운용하고 있다. 독일의 경우 6% 정도의 기금만 적립하면서 그해 납부된 보험료로 그해 연금을 지출하고 있다.

부과방식을 운용하고 있는 국가에서 연금을 지급하지 못하는 경우는 없다. 그 이유는 공적연금은 '세대 간 연대'에 바탕을 두고 있기 때문이다. 즉, 현재 내가 내는 보험료는 현재의 노령세대의 연금으로 지급되고, 나의 연금은 후세대가 내는 보험료로 제공될 것이라는 세대 간 묵시적 합의가 있기 때문이다. 만일 공적연금에서 '세대 간 연대'가 없다면 연금제도 자체가 운용될 수 없어 국가 주도의 노후소득보장은 존재할 수가 없다. 만일 부과방식의 연금재정 운용이 '세대 간 도적질'이라면 부과방식의 연금제도를 운영하고 있는 국가들은 모두 '세대 간 도적질'을 부추기고 있다고 보아야 한다. 이런 점에서 보면 부과방식의 연금제도는 '세대 간 도적질'이라는 표현은 연금을 제대로 이해하지 못했거나 아니면 국가 주도의 공적연금제도를 부정하는 것으로 볼 수 있다.

연금제도는 국민 모두를 위한 제도

자유지상론자인 밀턴 프리드먼(Milton Friedman)은 "어떤 사람이 자기 재산을 이용해 젊은 시절을 즐기고 말년을 가난하게 살기로 결정했다면, 대체 무슨 권리로 그의 결정을 막겠는가? 우리는 그 사람에게 퇴직한 후를 생각해 저축

7) 2021년 2분기 기준으로 국민연금기금의 누적 조성액은 1,157조 7,000억 원이었다. 연금보험료 등으로 655조 4,000억 원이 모였으며, 502조 3,000억 원은 운용 수익금이었다. 이 중에서 연금급여 239조 6,000억 원, 관리운영비 등으로 9조 8,000억 원이 지출되고 남은 적립금이 908조 3,000억 원이다.

하라고 권유할 수는 있겠지만 그의 결정을 무슨 권리로 막을 수 있겠는가?"라고 말했다. 이 말은 많은 모순이 있다. 어떤 개인이 젊은 시절 재산을 다 탕진하면서 즐기고 말년을 가난하게 살기로 결정했다면 자신도 노후에 불행해지겠지만 노년기에 국가에 의존하게 되어 국가와 다른 사람에게도 해를 끼치게 된다. 개인의 책임으로 가난하게 되었든 사회의 책임으로 가난하게 되었든 국가는 가난한 사람들이 가난에서 탈피할 수 있도록 노력해야 하기 때문에 이러한 사람들의 생각은 사회에 짐만 될 뿐 아무런 도움이 되지 않는다.

공적연금제도는 빈곤한 노인에게도 도움이 되지만 장기적으로 보면 빈곤하지 않은 사람들에게도 이득이 된다. 빈곤한 노인이 많으면 빈곤의 책임이 개인에게 있든 국가에게 있든 국가는 정부재정으로 노인의 소득을 보충해 주기 위한 제도를 마련해야 한다. 한국의 경우 소득 하위 70%의 노인들에게 월 30만 원을 제공하는 기초연금이 여기에 해당한다. 한국에서 기초연금이 필요한 이유는 노후를 대비하여 저축을 해두지 못한 노인들이 많고, 국민연금의 가입대상에서 제외되어 퇴직하였음에도 연금을 수령하지 못하는 노인들이 많기 때문이다. 국민연금이 연금다운 역할을 제대로 하고 있다면 기초연금의 필요성은 반감된다. 기초연금의 재원은 전액 조세에서 충당한다. 조세의 대부분을 부담하는 사람들은 일을 하고 있는 젊은 계층과 장년 계층이다. 연금의 역할을 제대로 할 수 있는 연금제도가 잘 구비되어 있으면 노인빈곤율은 감소한다. 노인빈곤율이 감소하면 일을 하고 있는 젊은 계층과 장년 계층의 부담이 줄어들게 된다. 노인들의 소득보장을 위한 연금제도가 잘 구비되어 있으면 퇴직한 세대와 젊은 세대 모두에게 도움이 된다. 그래서 정부가 강제가입을 원칙으로 하는 연금제도를 도입하게 된다.

05 사회복지의 확대는 경제의 활력을 잃게 하는가?

사회복지가 확대되면 국민들을 나태하게 만들고 경제를 비효율적으로 만들어 시장은 활력을 잃게 된다는 논리는 평등을 추구하는 사회복지가 개인의 일하고자 하는 욕구에 부정적으로 영향을 미친다는 데서 찾고 있다. 더 구체적으로 이야기하면, 가난하지 않은 사람들은 자신들이 납부한 세금이 가난한 사람들에게 제공되는 사회복지급여의 재원으로 이용되기 때문에 근로동기가 약화되고, 가난한 사람들은 일을 하지 않아도 소득이 주어지기 때문에 근로동기가 약화된다는 것이다. 또한 노령연금과 같은 사회복지정책으로 인해 노후의 소득이 보장되기 때문에 노후의 생활을 위해 저축이나 투자할 의지가 약화된다는 것이다.

이러한 논리는 1970년대에 널리 퍼졌다. 1970년대 당시 영국의 경제가 활력을 잃자 그 원인을 사회복지의 확대에서 찾으면서 '복지병'이라는 유행어도 탄생시켰다. 이러한 논리는 2010년 글로벌 경제위기가 왔을 때 다시 등장하여 남부유럽의 포르투갈, 그리스, 스페인의 국가신인도가 추락한 이유를 복지확대에서 찾고 있다.

그러면 복지의 확대는 사람들의 근로동기를 약화시켜 경제의 활력을 저해하는가?

사회복지의 확대는 생활이 넉넉한 사람들의 근로동기에 어떤 영향을 미칠까?

경제학이론에서는 사람들의 근로동기를 소득효과(income effects)와 대체효과(substitution effects)라는 개념을 사용하여 설명한다. 납세율이 높아지면, 즉 조세가 증가하면 시간당 노동력 제공에 대한 실제 보수가 낮아지기 때문에 대체효과로 인해 근로동기가 약화될 수 있다. 반면 납세율이 높아지면 납세한 후에도 납세 전과 같은 소득수준을 유지하기 위해 일을 해야겠다는 인식을 심어주어 소득효과로 인해 근로동기가 강화되는 면도 있다(Goodin, 1988 : 232).

그러면 사회복지의 확대로 인한 조세의 증가는 생활이 넉넉한 가진 자들의 근로동기에 어떤 영향을 미치는가? 조세의 증가가 근로동기에 미치는 영향에 관한 여러 연구결과들을 종합한 앳킨슨과 스티그리츠(Atkinson & Stiglitz, 1980 : 49-50)는 65%에서 80%의 근로자들은 영향을 미치지 않는다고 응답하고 있고, 나머지 사람들의 절반은 근로동기가 강화된다고 응답하고, 절반은 근로동기가 약화된다고 응답하고 있다고 보고함으로써 조세가 근로자들의 노동력 제공결정에 미치는 영향은 미미하다고 결론짓고 있다.

구딘(Goodin, 1988 : 232)은 소득이 높은 사람들은 그들이 실제 수령하는 납세 후 가처분소득보다 납세 전 소득, 즉 그들이 일을 하며 이룩한 성과에 영향을 받기 때문에 사람들은 납세율이 어느 정도이든 간에 어떤 수준의 납세 전 소득을 유지하기 위해서 일을 한다고 주장했다.

이러한 연구결과를 종합하면, 생활이 넉넉한 사람들이 일을 할 것인가 말 것인가 하는 것은 그들이 종사하고 있는 직업의 요구나 건강에 의해 결정되는 것이지 조세제도에 의해 결정되는 것은 아니다. 따라서 사회복지정책의 확대로 인한 조세의 증가는 생활이 넉넉한 가진 자들의 근로동기에 별로 영향을 미치지 못할 것으로 추론된다(박병현, 2011 : 225).

사회복지 확대는 가난한 사람들의 근로동기에 어떤 영향을 미칠까?

그러면 사회복지의 확대는 가난한 사람들의 근로동기에는 어떠한 영향을 주는가? 가난한 사람들의 근로의욕은 그들이 지급받는 사회복지급여액의 수준과 사회복지급여 삭감률(benefit reduction rate)의 정도에 달려있다. 사회복지급여액의 수준이란 가난한 가구에게 일정 수준의 현금소득을 보장하는 수준을 말한다. 일반적으로 사회복지급여액의 수준이 높으면 높을수록 근로의욕이 감퇴된다고 본다.

사회복지급여 삭감률은 가난한 사람들이 근로를 통해 추가적인 소득을 획득할 경우 근로소득의 일정 비율을 사회복지급여에서 삭감하는 것으로서, 일종의 근로소득에 대한 암묵적 조세의 형태이다. 만일 급여 삭감률이 100%이면 가난한 사람들이 일을 해서 소득이 있다면 그 소득만큼 사회복지급여가 삭감된다. 이 경우 가난한 사람들은 일을 했지만 현금소득의 측면에서는 아무런 이득이 없다. 따라서 급여 삭감률이 100%여서 가난한 사람들이 일을 해서 번 소득의 전액이 사회복지급여액에서 삭감되면 가난한 사람들의 근로의욕은 감소한다. 반면 사회복지급여액의 수준이 낮고 급여 삭감률도 낮다면 가난한 사람들의 근로의욕이 약화될 가능성은 별로 없다. 극단적으로 급여 삭감률이 0인 경우(근로소득으로 인한 현금소득이 사회복지급여의 감소에 아무런 영향을 미치는 않는 경우)에는 가난한 사람들이 근로소득이 있어도 전혀 사회복지급여액이 줄지 않으므로 근로동기가 약화될 가능성은 줄어든다(박병현, 2011 : 226).

댄지거, 헤이브만, 플롯닉스(Danziger, Haveman, & Plotnicks, 1981 : 996)는 사회복지의 확대가 가난한 사람들의 근로동기에 어떤 영향을 미치는가에 관한 기념비적인 연구결과를 발표했다. 그들의 연구결과에 의하면, 미국의 경우 사회복지의 확대로 인해 가난한 사람들의 노동시간이 4.8% 감소했다. 이러한 4.8%의 노동력 감소에는 사회보험제도가 4/5 정도 기여하고 있는 반면에 저소득층을 대상으로 하는 공공부조제도(AFDC, SSI, Food Stamps 등)는 단지 1/5 정도 기여하고 있다고 보고했다. 4.8%의 노동력 손실은 사회보험제도나 공공부조제도의 대상자들이 대체로 노인, 장애인, 비숙련 노동자 등 처음부터 비생산적인 계층이고, 모든 사람들이 고용되는 것이 아닌 점을 감안하면 미미한 것이다. 이러한 면에서 연구자들은 4.8%의 노동력 감소는 실제로는 3.5% 감소에 불과하다고 주장한다. 이러한 노동력의 감소는 인적자본의 향상과 생산성 증가 등과 같은 사회복지의 긍정적인 경제적 효과에 의해 충분히 상쇄될 수 있다.

또한 레비와 미첼(Levy & Michel, 1986 : 399-404)은 임금에 대한 복지의 비율이 높아질수록 사람들은 일보다는 복지를 선택할 것이라는 가설을 종단적 분석을 통해 검증했다. 이들은 복지급여가 임금에 비해 상대적으로 증가한다면 복지급여 대상자의 규모는 증가할 것이고, 반대로 임금에 비하여 복지급여가 감소하고 있다면 복지 대상자의 규모는 작아질 것이라는 가설을 세워 연구를 하였다. 그들은 미국의 가장 대표적인 공공부조제도였던 AFDC 프로그램의 급여를 받는 사람들의 25년간의 자료를 분석한 결과 임금에 대한 복지급여의 수준이 감소함에도 불구하고 복지대상자의 수는 증가하고 있기 때문에 이 가설은 성립하지 않는다고 결론을 내렸다.

이와 같은 연구결과를 종합하면, 사회복지가 매우 관대한 수준이 아니라면 가난한 사람들의 근로동기가 약화되지 않는다. 한국의 경우 사회복지의 수준이 가난한 사람들의 근로동기를 약화시킬 정도로 높은 수준이 아니다.

사회복지 확대는 저축과 투자동기에 어떤 영향을 미칠까?

국민연금제도는 강제가입이 원칙이기 때문에 소득이 있는 사람은 국민연금 보험료를 본인 의사와 관계없이 납부해야 한다. 만일 사적인 저축이 국민연금 보험료를 납부한 만큼 감소된다면 실제적인 총저축량의 감소는 없다. 국민연금제도가 부과방식으로 운영된다면, 현재 일하고 있는 세대가 내는 보험료(공적인 저축)가 퇴직한 세대로 이전되는 것이기 때문에 공적인 저축은 없게 된다.

펠드스테인(Feldstein, 1974)은 젊은 시절 동안의 저축은 사회보장제도로 인해 보다 길어진 퇴직기간의 소비에 대비하게 되는 퇴직효과(retirement effect)에 의해 증가한다고 보고함으로써 총저축량의 감소는 없다고 보고하고 있다. 오히려 노령연금제도가 도입되어 조기은퇴가 가능하면서 은퇴 후의 생활에 대한 대비의 필요성이 더 높아진다든지 혹은 국민연금제도로 인하여 은퇴 후의 생활상 욕구에 대한 보다 광범위한 정보를 얻게 되어 저축의 필요성이 더 높아질 수도 있다(Danziger, Haveman, & Plotnick, 1981).

사람들은 살아가는 동안 일어날 수 있는 재난에 대비해서 혹은 자녀들에게 교육투자와 같은 인적인 면과 재산 증여 혹은 상속과 같은 물적인 면으로 도움을 주기 위해서도 저축을 한다. 사람들의 저축행위가 이러한 다양한 동기에 의하여 이루어진다면 사회보장제도, 특히 그중에서도 연금제도가 저축감소에 미치는 영향은 상대적으로 적을 것이다.

이 외에도 퇴직이 인식되면 사적인 저축동기가 유발되는 '인식효과(recognition effect)'가 저축량을 늘리기도 하며(Cagan, 1965), 어떤 수준의 저축량을 정해놓고 퇴직급여가 목표한 수준에 미달하면 정해놓은 목표를 성취하고자 저축을 늘리는 '목표를 정하는 효과(goal gradient effect)'로 인해 저축이 증가하기도 한다(Aaron, 1982; Katona, 1965). 연금제도로 인하여 퇴직한 사람들의 생활이 상당 부분 보장된다면 연금이 없을 때 퇴직노인들의 생활을 책임졌던 사람들의 소득이 실질적으로 증가하게 되는데 이렇게 증가된 소득이 모두 소비로 사용되지 않는 한 이러한 사람들의 저축은 증가할 수 있을 것이다(Lampman & Smeeding, 1983).

이외에도 사회복지정책은 경제성장을 위한 자본축적에 필요한 국민의 저축습관을 학습시킨다. 현금이나 현물을 제공하는 공공부조제도나 탁아나 보건과 같은 사회복지서비스는 국민의 가처분소득을 증가시킴으로써 자발적 저축을 증가시킬 수 있다. 사회보험제도에서 급여를 받기 위해서는 일정 기간 일정액을 정기적으로 기여해야 하기 때문에 강제저축의 성격을 띠고 있지만 저축습관을 배우게 하는 저축학습 효과가 있다(박병현, 2011 : 228).

복지가 발달한 나라일수록 경제성장률이 높다

미국의 사회복지 역사를 깊이 있게 서술한 책의 제목에는 '투쟁'이라는 단어가 등장하는 것을 쉽게 볼 수 있다. 예컨대, 로이 루보브(Roy Lubove, 1986)는 미국 사회복지의 역사를 '사회보장을 위한 투쟁(The Struggle for Social Security)'으로, 제임스 패터슨(James Patterson, 1986)은 '빈곤 퇴치를 향한 미국의 투쟁(America's Struggle Against Poverty)'로 묘사했다. '투쟁'이라는 단어가 포함된 책 제목은 미국에서 빈곤 퇴치나 사회보장제도 도입을 위해 오랜 기간 동안의 투쟁이 필요했음을 은연중에 보여준다. 또한 마이클 캐츠(Michael Katz, 1986)는 미국을 '미완성 복지국가(Incomplete Welfare State)'로 규정했고, 브루스 얀슨(Bruce Jansson, 1984)은 '마지못해 하는 복지국가(Reluctant Welfare State)'로 불렀다. 림링거(Rimlinger, 1971)는 미국을 '복지후진국(welfare laggard)'으로 명명했다.

사회복지 발달이 더뎠던 미국을 사회복지가 발달한 유럽의 국가들과 비교하면, 미국은 1980년대까지 유럽의 국가들보다 훨씬 낮은 경제성장률을 보였다. 1980년 국내총생산에서 공공사회복지 지출이 차지하는 비율은 EU 15개국이 19.9%인 데 반해 미국은 13.3%에 불과했다. 스웨덴은 이 비율이 28.6%에 달했으며 네덜란드는 24.1%, 독일(서독)은 23%에 달했다. 1950년에서 1987년 사이에 미국은 유럽 어느 국가보다 성장속도가 더뎠다. 이 기간 동안 1인당 국민소득의 증가율을 보면 독일이 연 3.8%, 스웨덴이 연 2.7%, 네덜란드가 연 2.5%를 기록한 데 반해 미국은 연 1.9%에 그쳤다(장하준, 2010 : 298). 그뿐만 아니라 세계에서 가장 평등한 국가 중 하나인 핀란드는 선진국 가운데 가장 불평등한 국가인 미국보다 더 빠르게 성장했다. 1960년부터 2010년 사이 핀란드의 1인당 연간 평균 소득 성장률은 2.7%였던 데 비해 미국은 2.0%였다. 이는 같은 기간에 미국인의 소득이 2.7배 오른 반면 핀란드인의 소득은 3.8배 증가했다는 것을 의미한다(장하준, 2014 : 312). 그래서 다른 조건이 비슷하다면 보다 더 평등한 사회가 불평등한 사회보다 경제성장 속도가 빠르다.

1990년 이후 미국의 경제성장률이 상대적으로 높아지기는 했지만 동시에 복지제도의 규모가 큰 나라 중에서 미국보다 더 빨리 성장한 나라들도 있다. 1990년 이후 OECD 핵심 국가들 중 경제가 가장 빨리 성장한 나라는 핀란드(2.6%)와 노르웨이(2.5%)였다. 이 두 나라는 사회복지제도가 매우 잘 갖추어져 있다. 2003년 핀란드의 경우 국내총생산에서 공공사회비용이 차지하는 비율이 22.5%였으며, 노르웨이는 25.1%였다. 그에 비해 OECD 국가 평균은 20.7%였으며, 미국은 16.2%였다. 국내총생산에서 공공사회비용의 비율이 31.3%로 미국의 거의 두 배에 달해 사실상 가장 복지선진국인 스웨덴의 경제성장률은 연 1.8%로 미국과 차이가 없다. 2000년에서 2008년까지 2000년대 자료만 살펴보면 스웨덴의 경제성장률은 2.4%, 핀란드는 2.8%로 미국의 경제성장률 1.8%보다 훨씬 높다(장하준, 2010 : 299). 이런 자료를 보면 사회복지가 발달하면 경제가 활력을 잃어버린다는 논리는 성립되지 않는다.

유럽 국가들 중에서는 위도가 높은 국가들이 복지제도가 제일 발달했으며 위도가 낮을수록 복지제도가 발달하지 못한 경향이 있다. 2010년 글로벌 경제 위기 때 국제통화기금(IMF)으로부터 구제금융을 받은 포르투갈, 아일랜드, 스페인, 그리스는 유럽 국가들 중에서 복지수준이 가장 뒤떨어지는 국가들이다.

복지제도는 경제에 활력소를 제공한다

영국 케임브리지대학교에서 왕성한 연구활동을 하고 있는 장하준은 불경기에 경제를 활성화시키는 최선의 방법은 '가난한 사람들을 위한 소득재분배'라고 주장한다. 소득이 적을수록 가용소득에서 더 많은 몫을 지출하는 경향이 있다. 그래서 저소득 가계에 복지지출을 늘리는 방식으로 10억 달러를 추가 지원할 때 얻을 수 있는 경기활성화 효과는 같은 액수의 돈을 부자들에게 감세해 줄 때보다 더 크다. 더욱이 임금이 최저생계 수준 혹은 그 이하가 아니라면, 노동자들은 추가 소득을 자신의 교육이나 건강에 더 투자할 수 있고, 이에 따라 노동생산성과 경제성장이 촉진될 수 있다. 그뿐만 아니라 소득분배가 더 평등해지면 파업이나 범죄가 줄어들면서 '사회적 평화'가 이루어지고 이는 다시 투자를 촉진한다. 사회적 평화가 이루어지면 재화를 생산하고 부를 생성하는 과정이 방해받을 위험이 줄어든다. 상당수의 학자들은 소득불평등 수준이 낮으면서 빠른 경제성장이 이루어졌던 '자본주의의 황금기'는 이 같은 메커니즘이 작동한 덕분에 가능했다고 믿는다(장하준, 2010 : 196).

사회복지제도는 패자부활전을 가능하게 한다

올림픽에서 권투나 레슬링 경기를 보면 예선에서 패한 선수가 패자부활전을 거쳐 동메달을 목에 거는 모습을 볼 수 있다. 예선에서 강한 상대를 맞아 혹은 예기치 않은 실수로 경기에 패했지만 패자부활전에서 승리하게 되면 금메달이나 은메달은 아니지만 동메달을 목에 걸 수 있는 기회가 주어진다. 운동경기에서 한 번 패했더라도 두 번째의 기회를 주는 것이다.

일본인 작가 시오노 나나미(塩野七生)가 쓴 『로마인 이야기』는 패자부활전으로 인해 로마가 기원전 2세기에서 3세기에 걸쳐 지중해 지역의 패권자가 될 수 있었다는 것을 우리들에게 알려준다. 당시 로마에서는 능력이 있는데도 불운하게 패장이 된 사람에게 설욕의 기회를 주는 제도가 있었다. 당시 로마의 이웃 나라인 카르타고나 그리스에서는 전쟁에서 패했을 때에는 이유를 불문하고 패장을 처형했다. 이들 국가에서는 전쟁에서의 한 번의 실수도 용납하지 않았다. 그러나 로마에서는 비록 전쟁에서 패했지만 그 패장이 능력이 있다고 인정되면 군사를 이끌고 다시 전쟁터에 나갈 수 있었고, 당시 로마의 최고 권력인 집정관에 선출될 수도 있었다. 푸블리우스 코르넬리우스 스키피오(Publius Cornelius Scipio)는 기원전 218년에서 기원전 202년까지 16년 동안이나 지속된 제2차 포에니 전쟁에서 한니발을 무찌르고 로마를 구했다. 그러나 그의 아버지 스키피오는 한때 한니발과의 전쟁에서 패한 적이 있는 사람이었다. 그럼에도 불구하고 로마 시민은 그의 능력을 인정해서 그에게 다시 군사를 주어 전쟁을 치르게 했다. 패자부활전의 기회를 준 것이다. 그리고 후일 그의 아들 스키피오는 제2차 포에니 전쟁에 나오는 그 유명한 자마전투에서 한니발을 무찌르고 쓰러져 가던 로마를 구했다. 만일 그의 아버지 스키피오가 전쟁에서 한 번 졌다고 처형당했다면 그의 아들이 로마를 구하는 일은 일어나지 않았을지도 모른다. 패자부활전의 존재가 로마를 구했다고 해도 과언이 아니다.

파산법은 기업가에게 패자부활전을 가능하게 한다. 기업가들은 파산법이 있기 때문에 위험을 더 적극적으로 감수하게 되고 도전정신을 갖게 된다. 파산법과 마찬가지로 사회복지제도는 실패한 사람들에게 제2의 기회를 준다. 사람들은 사회복지제도의 덕분으로 한 번 실패해도 다시 일어설 수 있는 기회를 얻을 수 있다. 그래서 사회복지제도는 패자부활전을 가능하게 한다. 실패를 경험한 후 그대로 포기하는 것이 아니라 사회복지의 도움을 받아 빈곤에서 벗어나고 장애나 질병을 극복하여 다시 경제활동을 시작하게 되는 것이다.

실업보험제도나 의료보험제도와 같은 사회복지제도가 잘 갖추어져 있지 않으면, 노동자들은 실직하거나 아프면 어떡할까 하는 두려움 속에 변화에 더 폐쇄적이 되어간다. 국가에서 시행하는 공공의료보험제도가 없는 미국과 같은 나라에 사는 사람들은 일자리를 잃어버리면 모든 것을 잃어버리는 느낌을 갖는다. 그 이유는 미국의 실업보험은 자격요건이 매우 까다롭고 실업급여 지급기간도 유럽의 국가들과 비교하면 짧은 데다, 일자리를 잃게 되면 직장에서 제공하는 의료보험을 잃게 되기 때문이다. 의료비가 매우 높은 미국에서 의료보험을 잃게 되면 생활이 매우 불안하게 된다. 그래서 미국에서는 직장을 선택할 때 그 직장이 의료보험 기여금을 제공하는지의 여부가 중요한 요인이다. 이처럼 복지정책은 노동자들이 변화에 더 개방적이고 그에 따른 위험을 더 기꺼이 감수하는 태도를 갖도록 해준다. 한 번 실패하더라도 두 번째의 기회가 있다는 것을 알면 사람들은 첫 번째 직업을 선택할 때 더 대담해질 수 있으며 직업을 바꿀 때에도 더 개방적이 될 수 있다.

스웨덴과 같은 복지국가에 사는 사람들은 일자리를 잃게 되어도 큰 걱정을 하지 않는다.[1)] 스웨덴에서는 실업자에게 제한된 기간 동안 실업급여를 제공하거나 퇴직을 유도하는 '소극적인' 방법보다 충분한 기간 동안 충분한 실업급여를 제공하면서 직업훈련이나 재교육 프로그램에 참여하게 하여 그들이 노동시장으로 다시 돌아오도록 유도하는 '적극적인' 노동시장정책에 더 많은 지출을 하고 있다. 스웨덴에서는 실업에 처하게 되었을 때 300일 동안 실업급여를 받게 되는데, 처음 100일 동안은 지난 1년간 평균 월급의 80%를, 이후 200일간은 70%를 받으면서 정부에서 지원하는 재교육을 받거나 새로운 기술을 습득해 피고용 능력을 향상시킨 뒤 이전보다 높은 수준의 노동시장에 진출한다. 그래서 스웨덴과 같은 나라들은 복지제도로 인해 경제가 활력을 유지한다.

한국의 경제상황을 살펴보자. 경제가 활력을 얻으려면 노동자들이 일자리를 잃어버리는 것에 대한 두려움이 없어야 한다. 비록 일자리를 잃었다 하더

1) 이것을 스웨덴에는 노동력이 탈상품화되어 있다고 얘기한다.

라도 새로운 기술을 습득해서 새로운 일자리를 찾을 수 있다는 믿음을 갖도록 해야 한다. 사회복지제도는 일자리를 잃어버리는 것에 대한 두려움을 감소시키기 때문에 산업구조 조정이 더 쉬워질 수 있어 경제발전을 촉진시키는 효과가 있다.

06 낙수효과는 존재하는가?

1896년, 미국 민주당 대통령 후보 지명 전당대회에서 윌리엄 제닝스 브라이언(William Jennings Bryan)은 역사에 길이 남을 감동적인 연설을 했다. 후일 그의 연설은 '금 십자가 연설'로 이름 붙여졌는데, 다음은 그의 연설 중 일부이다.

> 도시를 불태우고 농장을 남겨두면 도시는 마술처럼 다시 솟아오를 것입니다. 그러나 농장을 파괴하면 이 나라의 모든 도시에는 잡초만 무성히 자랄 것입니다. … 노동자의 이마에 가시면류관을 씌우려 하지 말라. 십자가에 못 박힌 예수 그리스도처럼 인류를 금 십자가에 못 박지 말라.

이 연설은 전당대회에 참석한 사람들로부터 엄청난 호응을 받았으며, 브라이언은 36세의 나이로 미국 역사상 최연소 민주당 대통령 후보가 되었다.[1)]

브라이언은 민주당 대통령 후보로 지명된 뒤 다음과 같이 말했다. "두 가지 성격의 정부가 있다. 첫 번째는 부자들을 더 번창하게 하면 그들의 번영이 위에서 아래로 새어 나온다고 믿는 정부이다. 두 번째는 대중의 번영이 모든 계층으로 차오르리라고 믿는 정부이다. 민주당은 두 번째 성격의 정부를 추구한다" 브라이언이 언급한 첫 번째 성격의 정부가 '낙수효과(trickle down effect, 落水效果)' 개념의 유래이다(경향신문, 2015. 6. 16).

2015년 2월 11일 한국에서 '증세 없는 복지' 논쟁이 한창일 때, 새누리당 김무성 대표는 최고중진연석회의에서 "밀물은 모든 배를 띄운다"고 언급하며 "경제가 성장하면 국민 삶도 좋아지고 세수도 늘어나는 등 성장은 최고의 해결책"이라고 말했다(동아일보, 2015. 2. 12). 김무성 대표의 언급 또한 자유시장론자의 낙수효과를 말한 것이다.

---

1) 브라이언은 부유층을 지지기반으로 하는 공화당 후보의 자금력에 막혀 대통령 선거에서 세 번 모두 낙선했다.

그러면 낙수효과는 정말 있는가?

낙수효과의 존재 여부에 앞서 산업화 단계에서 심화되었던 불평등이 완숙한 경제시기가 되면 불평등이 줄어든다는 쿠즈네츠의 역 U자 가설부터 살펴보자.

쿠즈네츠의 역 U자 가설

사이먼 쿠즈네츠(Simon Smith Kuznets, 1901~1985)는 미국경제학회 회장으로 재직하던 1954년 2월, 미국과 독일을 포함한 여러 국가의 국민소득 분배 경향을 분석하면서 "산업화 이전 단계에서는 소득불평등 수준이 낮다가 산업화 단계에는 소득불평등이 증가하고 경제가 성장하고 완숙한 경지에 접어들면 소득불평등도는 다시 낮아진다"는 흥미로운 경험적 규칙성을 발견하여 미국경제학회 디트로이트 총회에서 발표했다. 그날 강연 내용은 1955년 「경제성장과 소득불평등」이라는 논문으로 출간되었는데, '쿠즈네츠 곡선(Kuznets curve)' 가설이 부상한 것은 바로 그 강연이었다. 이 가설은 U자를 거꾸로 보는 것과 같다고 하여 역 U자 가설로 불려졌다. 역 U자 가설을 그림으로 나타내면 ❙그림 6-1❙과 같다.

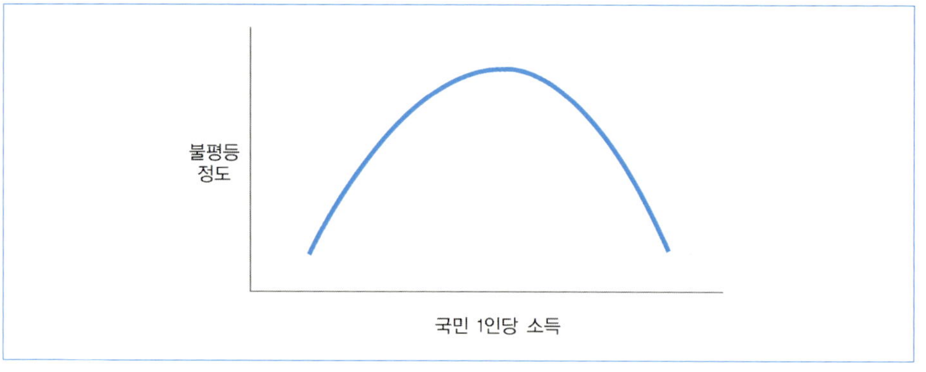

❙그림 6-1❙ 쿠즈네츠 곡선

쿠즈네츠 역 U자 가설을 설명하면 다음과 같다. 경제 발전의 초기 단계에는 대부분의 사람들이 농사를 지으며 살기 때문에 소득분배가 상당히 평등하다. 소득이 특별히 많은 사람도 없고 그렇다고 소득이 매우 낮은 사람도 없다. 그러나 산업화가 진행되면 농업에 종사하던 많은 사람들이 농사일보다 돈을 더 많이 벌 수 있는 산업으로 직업을 옮기거나 자영업에 종사하게 되어 소득불평등이 심화된다. 그러다가 경제가 더 발달하게 되면 농업에 종사하는 사람들의 숫자는 급격하게 줄어들면서 대부분의 사람들이 산업부문에 종사하거나 산업부문에 서비스를 제공하는 직종으로 직업을 옮기면서 사람들 간에 소득수준이 비슷해져 불평등 정도가 낮아지기 시작한다.

낙수효과를 믿는 자유시장론자들에게 복음과도 같았던 쿠즈네츠 역 U자 가설

이러한 쿠즈네츠 역 U자 가설은 널리 받아들여졌다. 특히 자유시장정책을 옹호하는 사람들은 구즈네츠 역 U자 가설을 경제개발이론에 적용했다. 그들은 경제개발 초기에 적절한 소득불평등은 경제발전에 도움이 되며, 궁극적으로는 가난한 사람들에게도 이득이 된다고 생각했다.

그들이 내세우는 논리는 다음과 같다. 경제성장 초기에는 투자를 위한 자원이 필요한데, 이러한 자원을 확보하기 위해서는 자본이 있어야 한다. 만일 소득이 평등하게 분배되어 모두 소비되면 자본이 부족하게 된다. 그러나 고소득층과 기업에 돈이 더 많이 집중되면 그 돈은 투자에 사용되고, 투자로 인해 이윤이 창출되면 가난한 사람에게도 '낙수'처럼 돈이 흘러내려 결국은 가난한 사람들의 소득도 증가된다는 것이다. 그래서 경제성장 초기에 좀 더 효율적으로 저축과 투자로 연결되려면 소득불평등도가 높을 필요가 있다는 얘기다.

자유시장주의자들은 경제성장 초기에는 적절한 분배는 경쟁을 감소시킨다고 주장한다. 소득불평등도가 높으면 경쟁의 승자가 누리는 상대적 몫이 늘어나고, 결국은 경쟁이 촉진된다. 예컨대, 8시간 일한 노동자나 15시간 일한 노동자가 비슷한 임금을 받게 되면 굳이 15시간씩 일할 이유가 없다. 모두 8시간씩만 일하게 되고, 그만큼 생산도 줄어들 것이라는 것이다.

자유시장정책을 옹호하는 사람들은 경제가 완숙한 단계에 들어선 단계에서도 적절한 소득불평등은 해악보다는 이득이 더 많다고 보았다. 부자가 돈을 많이 가지고 있으면 기업에 투자를 더 많이 해서 더 많은 사람을 고용하고, 하청업체에서 더 많은 부품을 사들이게 되어 부자가 아닌 사람들의 소득도 늘어나게 된다는 것이다. 개인소득이 늘어난 부자들은 고급 스포츠카나 의류에 소비를 더 많이 해서 고급 스포츠카나 의류를 생산하는 기업에 고용되어 있는 사람들의 임금이 올라가게 된다. 이렇게 보면 부자들의 소득이 늘어나면 다른 사람에게도 '낙수'처럼 돈이 흘러내려 모든 사람이 전보다 더 잘살게 된다는 논리이다. 비록 국민소득 전체에서 가난한 사람들에게 돌아가는 비율은 작지만 절대치로 따지면 더 잘살게 된다는 것이다. 그래서 자유시장정책을 옹호하는 사람들이 "밀물이 들면 모든 배가 같이 떠오른다"라는 경구를 가장 신봉한다.

이러한 점을 종합하면 자유시장주의자들은 경제성장과 함께 소득불평등이 자연스럽게 줄어들어 인위적인 소득분배를 시행할 필요가 없다고 주장한다. 지난 30여 년 동안 많은 국가들이 역 U자 가설에 기인한 '낙수효과'를 믿고 부자들에게 유리한 정책을 시행했다. 그래서 자유시장을 옹호하는 경제학자들에게는 쿠즈네츠의 역 U자 가설은 마치 복음과도 같은 것이었다.

그러나 낙수효과는 없다

대부분의 개발도상국에서는 경제발전이 시작되면서 불평등이 증가했으나, 경제발전이 지속되었음에도 불구하고 불평등은 감소하지 않았다. 오히려 기업에 대한 규제가 완화되어 기업을 소유한 부자가 더 쉽게 돈을 벌기 쉬운 환경이 조성되면서 기업과 고소득자에 대한 세금이 삭감되어 벌어들인 돈을 쥐고 있기도 더 쉬워졌다. 선진국들의 경우 1970년대 전후까지 하락추세 내지 안정추세를 보이던 소득불평등 정도가 1980년대를 기점으로 상승했다.

예컨대, 피케티(Piketty, 2014)에 의하면, | 그림 6-2 | 에서 보는 바와 같이 미국의 경우 상위 10% 계층은 1910년대와 1920년대에 국민소득의 45~50%나

차지하고 있었다. 하지만 이들의 몫은 1940년대 말까지 30~35%로 줄어들었고, 이러한 수준은 1970년까지 지속되었다. 여기까지는 쿠즈네츠의 역 U자 가설은 맞아떨어진다. 그러나 1980년대에는 불평등이 크게 증가해 2010년까지 상위 10%의 몫은 국민소득의 45~50% 수준으로 되돌아갔다. 즉, 역 U자를 보이는 것이 아니라 그 반대인 U자 형태를 보이고 있다.

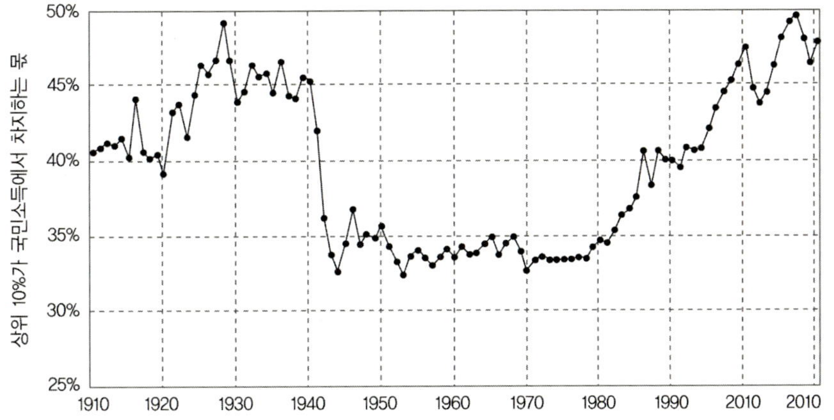

미국 국민소득 중 상위 10%가 차지하는 몫은, 1910년대와 1920년대에 45~50%에서 1950년대에 35% 미만으로 줄었다(이는 쿠즈네츠가 기록한 것이다). 그 후 1970년대에 35% 미만에서 2000년대와 2010년대에 45~50%로 늘어났다.

|그림 6-2| 미국의 소득불평등(1910~2010)

출처 : Piketty(2014), p. 24.

여기서 1980년대를 기점으로 미국사회의 불평등이 심화되기 시작했다는 사실에 주목할 필요가 있다. 1980년의 미국은 공화당 소속의 로널드 레이건(Ronald Reagan)이 대통령에 당선되면서 신보수주의가 등장한 시기이다. 신보수주의 이데올로기하에서 레이건 정부는 민간기업에 대한 규제를 완화하고 최고 소득세율을 70%에서 28%까지 인하하였으며 빈민에게 주어지는 사회복지비를 감축했다. 또한 레이건 정부는 1970년대의 투자 감소와 세금과 인플레이션의 증가는 정부의 민간기업에 대한 과도한 개입과 공공부문에 대한 과잉보호에서 비롯된 것이라고 믿으면서 재분배, 사회개발, 사회복지와 같은 부분에 정부가 적극적으로 개입하기보다는 정부는 관리와 보호만 하는 자유방임정책을 추진했다(박병현, 2005 : 130-132). 피케티의 연구결과에 의하면, 이 시기부터 미국 사회의 불평등이 심화되기 시작했다. 쿠즈네츠의 가설과는 정반대의 결과이다.

OECD의 낙수효과 부정

이와 같은 상황을 주시하면서 2014년 5월 5월 경제협력개발기구(OECD)는 「OECD 국가들의 최상위 소득과 세금, 위기는 과연 게임 체인저인가?」라는 보고서를 냈다. 미국, 영국, 독일, 캐나다, 스위스, 아일랜드, 포르투갈, 일본, 이탈리아, 호주, 스페인, 프랑스, 노르웨이, 핀란드, 뉴질랜드, 스웨덴, 덴마크, 네덜란드 등을 대상으로 연구한 이 보고서에서 OECD는 이들 18개 회원국들의 소득 상위 1%층이 각국 전체 소득의 얼마를 점하는지를 보여주며, 경제위기가 각국 최상위 소득층에 끼친 영향을 분석했다. 이 보고서에 따르면, 18개국 소득 상위 1%층이 각국 소득에서 점하는 비중은 1981년 평균 6.5%에서 2012년 9.7%로 높아졌다. 특히 미국은 1980년부터 2012년까지 이 수치가 두 배 가까이 늘어 2012년에는 20%에 육박했다. 그래서 OECD는 빈부격차를 좁히기 위해 부자에게 유리한 면세제도 등을 철폐하고 부동산이나 금융자산에 대한 과세를 강화해야 한다고 주장한다.

그러면서 경제협력개발기구(OECD)는 '낙수효과' 이론에 사망선고를 내렸다. OECD는 2014년 12월 9일 64쪽에 이르는 「불평등과 성장」이라는 제목의 연구보고서를 내고 "소득불평등이 오히려 경제성장을 방해한다"면서 "낙수효과의 환상에서 벗어나 양극화를 해소해야 경제가 성장할 수 있다"고 밝혔다. OECD는 소득불평등이 경제성장에 미치는 영향을 분석하기 위해 회원국의 1985년부터 2005년까지의 지니계수(소득분배의 불평등 정도를 나타내는 수치, '0'은 완전 평등, '1'은 완전 불평등)와 1990년부터 2010년까지의 누적성장률을 분석틀로 사용했다. 분석결과 지난 30년 동안 소득불평등은 계속 악화돼 OECD 회원국 인구 가운데 상위 10%의 소득은 하위 10%에 비해 9.5배 많았다. 1980년대는

7배 차이가 났다. 한국의 소득 차이는 10대 1이었다. 특히 지니계수가 0.03포인트 악화되면 경제성장률도 0.35% 포인트씩 떨어졌다. 불평등 심화로 지난 25년 동안 OECD 전체 경제성장률이 8.5% 포인트 손해를 봤다는 결론에 도달했다. 신자유주의를 표방한 대처리즘과 레이거노믹스를 바탕으로 '낙수효과'를 신봉했던 영국과 미국은 이 기간에 각각 50%와 45%의 성장을 이룰 수 있었으나 양극화 때문에 41%, 38% 성장에 그쳤다. OECD는 "단순한 빈곤층 지원을 넘어 하위 40%의 소득을 끌어올리는 게 관건"이라고 밝혔다. 이를 위해서 소득세 및 법인세 최고세율 인상, 세금우대(감세) 폐지, 부동산 및 금융자산에 대한 조세 강화, 교육 강화, 의료보험 등 복지정책 강화 등을 권고했다. OECD는 특히 "단순히 증세에 머물러서는 안 되며 정부의 복지 전달체계를 조정해 재분배 정책을 극대화해야 한다"고 강조했다. 앙헬 구리아(Angel Gurria) OECD 사무총장은 "낙수효과가 아니라 불평등 해소가 성장의 지름길이라는 사실이 명백해졌다"면서 "불평등을 빨리 해소하는 국가가 빨리 성장할 것"이라고 말했다(서울신문, 2014).

국제통화기금(IMF)의 낙수효과에 대한 사망선고

낙수효과 존재 여부에 대한 완결판은 2015년 6월 16일 국제통화기금(IMF)이 발표한 "소득불평등의 원인과 결과(Causes and Consequences of Income Inequality : A Global Perspective)"이다. 국제통화기금은 이 보고서에서 "낙수효과는 완전히 틀렸다"고 선언했다. 신자유주의의 본거지인 국제통화기금이 신자유주의자들이 줄기차게 내세우고 있는 낙수효과에 대해 사망선고를 내린 것이다. 국제통화기금은 150여 개국 사례를 분석한 결과, 상위 20% 계층의 소득이 1% 포인트 증가하면 이후 5년의 성장이 연평균 0.08% 포인트 감소하는 것으로 분석됐다고 전했다. 반면 하위 20%의 소득이 1% 포인트 늘어나면 같은 기간의 성장이 연평균 0.38% 포인트 확대되는 것으로 분석됐다고 덧붙였다. 보고서는 "지난 10년 사이 선진 국가들에서 부자들과 가난한 이들의 차이가 더욱 커지고 있다"며 "이런 현상은 더 많은 나라에서 나타나고 있다"고 밝혔다. 또한 "부의 불평등은 정치적 영역을 포함한 부분들에서 사회적 충돌을 불러온다"고 전했다. 보고서는 또한 저소득층을 쥐어짜는 것이 결국 노동 생산성 저하로 이어져 소득불균형을 더욱 심각하게 만드는 악순환을 불가피하게 한다고 말했다. 높은 수준의 소득불평등은 가난한 사람들이 보건과 교육비를 지출하는 것을 더 어렵게 만들기 때문에 경제성장을 오히려 가로막는다는 설명이다. 이어서 지금과 같은 불평등을 해결하기 위해서 정부의 정책적 지원이 필요하다는 해결책을 내놨다. 보고서는 "정책 운영을 통해 가난한 이들과 중간 계급이 부의 불균형에서 벗어날 수 있도록 해야 한다"며 "특히 교육과 의료에 대한 지원이 필요하다"고 말했다(경향신문, 2015. 6. 16).

한국에서도 낙수효과는 없다

고도경제성장기의 한국경제에서 낙수효과는 신화와도 같은 것이었다. 고도경제성장기에는 대기업이 발전하면 중소기업이 대기업이 창출한 과실을 받았으며, 중소기업 발전의 과실은 모든 국민에게 돌아갔다. 최근 들어 한국에서 낙수효과를 믿고 경제정책을 추진한 시기는 2008년 2월 집권한 이명박 정부 시절이다. 이명박 정부는 "감세를 하게 되면 내수와 가처분 소득이 늘어나 경제가 회복되는 선순환 구조가 살아난다"는 논지로 법인세율을 단계적으로 인하했다. 이명박 정부는 2008년 2억 원 이하 구간 법인세율을 13%에서 11%로 2% 포인트 인하했으며, 2009년 2억 원 초과구간 세율을 25%에서 22%로 3% 포인트 인하했고, 2010년 2억 원 이하 구간세율을 11%에서 10%로 1% 포인트 추가 인하한 데 이어서, 2011년 2억~200억 원 이하 과표 구간 신설 후 세율을 22%에서 20%로 2% 포인트 인하했다. 이명박 정부는 법인세 인하를 위한 주요한 이론적 근거로 낙수효과를 활용했다.

그러나 최근에 와서 낙수효과는 작동을 하지 않고 있다. 오히려 소득분배의 불균형을 심각하게 만드는 양상이다. 이와 같은 불균형이 계속될 경우 낙수효과는 성장의 신화가 아닌 불평등 악화의 신화로 변화할 수 있다. 이명박 정부가 낙수효과를 기대하며 진행한 법인세 인하는 경제회복의 선순환 구조를 이끌었을까?

평가는 그렇지 않다. 오히려 법인세 인하가 낙수효과를 일으키기는커녕 되레 세수 부족을 야기하고 기업들의 이익만 늘었다는 비판이 제기되고 있다. 한국의 국세수입 증가율은 2000년대 들어 금융위기 이전까지 연평균 8.3% 수준이었다가 2010년 이후 연평균 4.6%까지 하락했는데 법인세수 감소가 세수 부진의 가장 큰 요인이다.

강두용과 이상호(2013)는 한국산업연구원에서 발간한 「한국경제의 가계·기업 간 소득성장 불균형 문제」에서 한국에서 가계와 기업의 가처분소득 격차가 벌어지는 '성장 양극화' 현상이 벌어지고 있다며, 이와 같은 경향이 내수부진, 가계부채, 체감성장 부진 등의 악영향을 미치고 있다고 진단했다. 이 논문에서 강두용과 이상호는 먼저 각 가계와 기업의 가처분소득 성장세에 주목했다. 한국은행의 개인 및 법인 순가처분소득 자료를 통해 가계와 기업 소득(잉여금)을 추산한 뒤, 증가율 격차를 비교한 것이다. 그 결과 <표 6-1>에서 보는 바와 같이 1975~1997년 한국경제의 압축성장 시대에는 가계 및 기업 소득이 각각 연평균 8.1%, 8.2%의 증가율을 기록했다. 기업의 성장과 국민 개개인의 소득이 '동반성장'하는 모양새를 보였던 것이다.

그러나 이런 추세는 1997년 외환위기를 거치며 변했다. 외환위기를 극복한 뒤인 2000~2010년의 가계 및 기업소득을 분석한 결과, 기업소득은 연평균 16.4%씩 증가한 데 비해, 가계소득은 연평균 2.4% 정도만 늘어난 것으로 나타났다. 단순 격차만으로도 14% 포인트 이상 벌어진 것이다. 특히 이와 같은 양극화 경향은 갈수록 심해졌다. 2006년 이후로 기업소득 연평균 증가율은 18.6%로 가계소득 증가율(1.7%)의 10배를 넘어섰다. 이명박 정부가 출범한 2008년 이후로 3년 동안은 역대 최고 격차 기록을 해마다 갈아치웠다. 이와 같은 가계와 기업 간 성장불균형은 신자유주의 정책을 추진한 세계 각국과 비교해 보더라도, 이례적으로 높은 수준이라고 보고서는 경고했다. 실제 경제협력개발기구(OECD) 회원국 가운데 경제성장률보다 가계소득 증가율이 1.5% 포인트 이상 낮게 나타난 나라는 한국뿐이었고, 기업소득과 가계소득의 불균형 성장 정도 역시 헝가리에 이어 2위를 차지했다.

〈표 6-1〉 가계소득, 기업소득, GNI 증가율 변화 추이 비교

	1975~1997	2000~2010	2000~2010	
			2000~2006	2006~2010
가계소득	8.1	2.4	2.8	1.7
기업소득	8.2	16.4	14.9	18.6
GNI	8.9	3.4	3.8	2.8

출처 : 강두용 · 이상호(2013).

그렇다면 국민 경제의 두 축인 가계와 기업의 성적표는 왜 이렇게 엇갈리기 시작했을까? 강두용과 이상호는 근본적인 답을 내놨다. 먼저 기업이 창출한 이윤 가운데 노동자에 돌아가는 몫을 뜻하는 노동분배율이 갈수록 낮아지고 있다. 또 세금(조세 · 준조세)을 통한 2차 분배도 갈수록 줄어들고 있는 것으로 나타났다. 결과적으로 기업이 창출한 이윤이 국민과 사회에 돌아가지 않고 기업에 잉여금 형태로 쌓이고 있다는 것이다. 이러한 현상은 한국에서 낙수효과가 존재하지 않다는 것을 보여준다.

그러면 낙수효과가 작동하지 않는 상황에서 무엇을 하여야 하는가?

먼저 낙수효과의 허상을 멀리하고 중산층을 키워서 경제를 살려야 한다. 대기업을 밀어주는 정책에서 탈피해 서비스업과 같은 내수를 키울 수 있는 중소기업을 육성하고 대기업의 사내 유보금을 국내 산업에 투자하여 고용창출이 될 수 있도록 유도할 필요가 있다. 또한 양극화를 좁히기 위해 부자에게 유리한 면세제도를 개선하고 부동산이나 금융자산에 대한 과세를 강화할 필요가 있다. 사회복지정책을 통해 가난한 계층과 중간 계층이 부의 불균형에서 벗어날 수 있도록 교육과 건강에 대한 지원을 확대할 필요가 있다. 이를 위해서는 증세가 필요하다.

07 증세 없는 복지는 허구인가?

증세에 대한 반대의견

아서 래퍼(Arthur Laffer)는 증세를 반대하는 미국의 경제학자이다. 그는 어느 날 레스토랑에서 식사하던 중 갑자기 생각난 **|그림 7-1|** 과 같은 솥뚜껑 모양의 곡선을 냅킨에 그렸다. 이 곡선은 '세율이 적정수준에 이르기까지는 정부의 세수가 늘어나지만 세율이 적정수준 이상으로 올라가면 이때부터는 정부의 세수가 오히려 줄어든다'는 내용을 담은 것이다. 이 곡선은 세금이 지나치게 많으면 투자나 소비가 줄어들어 경제성장을 억제하게 된다는 '래퍼곡선 효과' 이론으로 발전했다.

래퍼곡선의 한쪽 끝은 세율 0%이고, 이 지점에서는 세금으로 들어오는 정부수입은 전혀 없다. 반대쪽 끝은 세율 100%이며, 수입의 100%를 모두 세금으로 지출하면서 일을 할 사람은 없기 때문에 여기에도 세금으로 인한 정부수입은 전혀 없다. 따라서 상식적으로 판단하면, 세율은 0%와 100% 사이 어느 지점에 세수가 최대치를 보이는 (래퍼곡선의 정점) 세율이 있을 것이다.

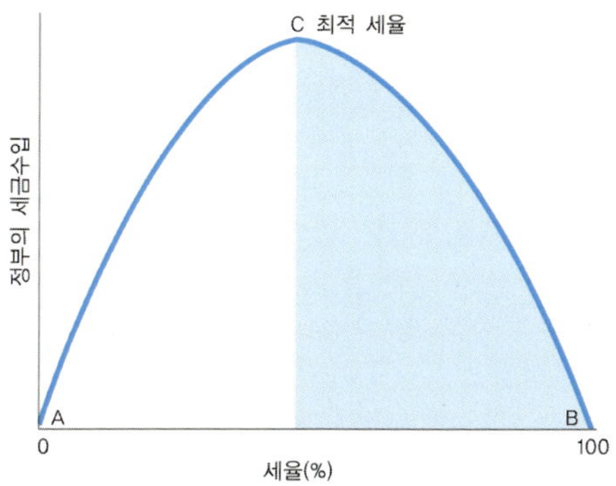

|그림 7-1| 래퍼곡선

래퍼는 '래퍼곡선 효과'를 설명하면서 감세를 해도 세수가 줄어들지 않는다는 주장을 폈다. 그의 논리는 다음과 같다. 기업의 법인세율을 낮추고 부자들의 소득세와 상속·증여세를 감면해 주면 기업의 투자와 부자들의 소비를 증대시켜 경기가 좋아질 것이고, 경제성장으로 인해 감세정책에도 오히려 걷히는 세금이 증가하고, 결국에는 감세로 인한 경제성장의 과실이 중산층과 서민층에게 돌아간다는 것이다.

래퍼는 세율을 50% 줄여도 세수가 반으로 줄어들지 않는다고 주장했다. 그 이유는 사람들이 더 활발하게 경제활동을 하기 때문이라고 설명했다. 래퍼곡선은 1980년대 미국 레이건 행정부 집권 시기 실물경제에 적용되었다. 당시 래퍼는 레이건 대통령의 경제담당 고문이었다. 래퍼는 당시 레이건 대통령이 최고 세율을 70%에서 28%로 대폭 인하했음에도 불구하고 1980년부터 1990년까지 연방정부의 세수는 거의 두 배로 증가했다고 주장했다.

한국에서는 이명박 정부(2008~2013)가 감세정책을 추진했다. 핵심 내용은 법인세율 5% 인하, 소득세율 2% 인하, 상속·증여세율 대폭 인하, 양도소득세율 3% 인하, 최고가 주택에 대해서도 1가구 1주택자일 경우 양도세 대부분 비과세, 그리고 종합부동산세 동결 등이었다. 당시 감세조치로 인해 매년 발생하는 감세규모가 연간 15조 원씩이고, 2012년까지 총 감세규모는 75조 원에 이를 것이라는 분석이 있었다.

증세에 대한 찬성의견

증세에 대해 찬성하는 사람들은 부자들에게 본격적으로 중과세가 부과되기 시작한 후에도 자본주의는 파멸하지 않았으며, 오히려 자본주의는 고율의 세금 덕에 더욱 공고해졌다고 말한다. 제2차 세계대전 이후 대다수의 부유한 자본주의 국가들에서는 누진세제가 시행되고 사회복지 지출이 증가했다. 그럼에도 불구하고, 아니 부분적으로는 오히려 그 때문에 부유한 자본주의 국가들은 1950~1973년에 사상 최고의 성장률을 기록했다. 이 시기를 '자본주의의 황금기'라고 부르는데, 황금기 이전에는 부유한 자본주의 국가의 1인당 국민소득은 연간 1~1.5% 증가하는 정도였다. 그러나 황금기에 1인당 소득은 미국과 영국에서 2~3%, 서유럽에서 4~5%, 일본에서는 8% 성장했다(장하준, 2010 : 191).

이와 같이 선진 자본주의 국가들의 경우 세율이 높았던 1950년대에서 1970년대 사이에 경제가 가장 급격하게 성장했다는 것은 높은 세율이 경제성장에 방해가 된다는 주장이 맞지 않다는 것을 보여준다. 미국의 경우 1950년대와 1970년대 사이에 최고소득에 대한 세율이 70% 이하로 내려간 적이 없다. 이 시기에 미국은 경제적으로 유례 없는 호황을 유지했다.

반면 1980년대와 1990년대 미국과 영국에서 세율을 대폭 인하했다. 특히 미국의 레이건 정부는 고소득자들에 대한 최고 세율을 70%에서 28%까지 대폭 인하했다. 세율 인하에는 부자들이 투자해서 생긴 이익의 많은 부분을 다시 투자할 것이고, 이로 인해 일자리가 더 증가하여 가난한 사람들을 포함한 모든 사람들의 소득이 증가하게 될 것이라는 '낙수효과'에 대한 믿음이 있었다.

세율을 낮추고도 정부의 세수가 증가했다는 래퍼의 주장은 1980년대에는 적용 가능했으나 그 이후의 시기에는 적용되지 않는다는 비판을 받는다. 미국에서 빌 클린턴(Bill Clinton) 대통령은 첫 번째 임기 중에 증세를 단행했으나 경제성장이 둔화되지 않았으며 임기 첫 2년 동안 약 25만 개의 새로운 일자리가 생겼다. 이것은 낙수효과에 대한 부정이기도 하다. 부자에 대한 증세의 찬성론자인 폴 크루그먼(Paul Krugman)은 클린턴 행정부 기간 동안 상위 1%의 부유층에 대한 세율은 아버지 부시 정권 또는 아들 부시 정권하의 어느 연도보다 높았으나 미국 경제는 급성장을 했다고 주장한다. 증세로 인한 재원은 빈곤층과 중산층을 위한 양질의 공공서비스에 투자되며 소비주도형 경제성장에 도움이 된다. 폴 크루그먼은 래퍼곡선에서 세수가 감소로 돌아서는 최고세율 지점은 70%로 추정했다. 즉, 그는 세율이 70%를 초과해도 세수는 줄어들지 않는다고 말한다(Papandreou, 2015 : 23).

미국의 경제학자 삭스(Sachs, 2011 : 93)는 고소득자에 대한 세율을 대폭 낮춘 결과는 수천만 명에 이르는 사람들의 삶의 파괴였다고 주장한다. 모든 관련 지표에서 1981~2010년은 1955~1970년 시기보다 좋아지기는커녕 훨씬 더 나빠졌다. <표 7-1>에서 보는 바와 같이 1970년대에는 실업률, 수익 성장, 예산 적자, 인플레 등 많은 영역에서 경제상황이 악화되었다. 레이건 대통령이 최고세율을 대폭 인하한 이후 경제상황은 더 좋지 않았다. 경제성장은 쇠퇴했고, 고용창출도 마찬가지였다. 실업률은 평균적으로 6% 이상이었다. 최상위 1%가 차지하는 가계소득의 비중이 1980년 10%에서 2009년 21%로 늘어난 가운데 불평등이 급격하게 확대되었다. 소득은 정체되었고 적자는 늘어났다. 인플레만이 1970년대와 비교해 눈에 띄게 개선되었다. 즉, 레이건 대통령의 최고세율 인하는 경제적으로 볼 때 실패했다.

〈표 7-1〉 **미국의 경제적 성과(1955~2010)** (단위 : %)

지 표	1955~1970	1971~1980	1981~2010
최고 한계 세율	82.3	70.0	39.3
GDP 대비 연방 세수 비율	17.7	17.9	18.0
GDP 성장률	3.6	3.2	2.8
1인당 GDP 성장률	2.2	2.1	1.7
총 고용 성장률	1.7	2.7	1.1
평균 실업률	4.9	6.4	6.3
소득불평등의 변화 : 최상위 1%가 차지하는 소득의 비중	−2.0	0.6	10.9
국민빈곤율의 변화	−9.8	0.5	0.3
남성 상시 근로자 소득의 성장률	2.9	0.5	0.2
GDP 대비 예산균형 비율	−0.7	−2.4	−3.0
인플레율	2.3	7.7	3.2

출처 : Sachs(2012 : 93).

부자들에 대한 세금인상이 경제성장에 기여한 예를 아이슬란드에서도 찾아볼 수 있다. 아이슬란드는 2008년 10월 미국에서 시작된 금융위기의 영향을 받아 경제가 위기에 봉착했다. 2008년 1.8%이던 실업률은 2009년에 8%로 치솟았고, 1인당 부채가 5억 원에 달해 국제통화기금(IMF)으로부터 구제금융을 받았다. 국제통화기금은 1997년 한국이 경제위기에 처했을 때 구제금융을 제공하면서 요구했던 것처럼 아이슬란드 정부에도 긴축재정을 추진할 것을 요구했다. 그러나 아이슬란드 정부는 경제위기 속에서도 국민이 빈곤해지지 않도록 하는 것을 목표로 정하고 긴축재정 대신 복지지출을 늘리는 정책을 추진하면서 정부 지출의 50%를 사회보장에 썼다. 건강보험 예산을 대폭 늘리고, 실업수당을 받는 기간을 2년에서 4년으로 늘렸다. 가계와 중소기업의 부채를 탕감해 소비와 고용을 늘렸다. 아이슬란드는 경제가 위기인 상황에서 사회보장 확충을 하면서 부족한 세수는 증세를 통해 고소득층과 기업으로부터 확충했다. 법인세와 자본이득세를 15%에서 단계적으로 올려 2010년에는 20% 수준까지 인상되었다. 소득세는 원래 35.7%로 단일세율이었지만, 소득에 따라 세 계층으로 나누어 저소득층의 세율은 그대로 두면서, 월수입이 620만 원을 넘는 고소득층에 46.22%의 세금을 부과했다. 2010년부터 2013년까지 한시적으로 부유세를 도입했다. 연소득이 7,500만 크로나(약 6억 3,000만 원) 이상이거나 부부 합산 연소득이 1억 크로나(약 8억 4,000만 원)를 넘는 상위 2.2%의 고소득층에 소득의 1.5%를 부유세로 징수했다. 그 결과 2013년 아이슬란드의 실업률은 4.9%로 줄었다. 마이너스 성장률을 보이던 경제는 2011년 플러스로 전환되어 2013년에는 2.8%의 성장률을 보였다(경향신문, 2015. 2. 6).

감세정책이 초래할 결과

감세정책은 어떤 결과를 초래하는가?

감세정책은 소득의 양극화를 가져온다. 감세정책은 일을 더 열심히 하도록 하기 위해 부자들을 더 부자로 만들고, 가난한 사람들을 더 가난하게 만들어야 한다는 논리이다. 그러나 이 논리에 대해 장하준(2014 : 97)은 “왜 일을 더 열심히 하도록 하기 위해 부자를 더 부자로 만들고, 가난한 사람은 더 가난하게 만들어야 하는 것일까?”라고 반문한다. 복지국가들은 조세와 사회보장제도를 통해 소득불평등을 감소시키고 소득수준의 양극화를 방지한다. 스웨덴이나 핀란드의 경우 경상소득으로 산출한 소득불평등도는 한국보다 더 높다. 그러나 높은 조세부담률과 잘 만들어진 사회복지제도로 소득불평등을 낮추면서 소득수준의 양극화를 완화시킨다. 한국의 경우 부자들의 세금을 감면해 줌으로써 부자들은 더 부자가 되어 소득수준의 양극화가 더 심해지고 있다.

감세정책은 정부의 재정적자를 초래해 사회복지 지출을 억제하게 될 것이다. 1980년대 미국 레이건 행정부는 '래퍼곡선 효과' 이론에 따라 미국의 세율이 최적수준을 넘는 것으로 보고 법인세와 소득세에 대한 대폭적인 감세정책을 실시했다. 그 결과 미국은 정부의 재정적자가 크게 늘어나 사회복지지출을 억제하는 정책을 추진했다. 정부의 세수가 감소되면 가장 쉽게 지출을 줄일 수 있는 곳은 가난한 사람들을 위한 복지 분야이다. 그 이유는 가난한 사람들은 노인들에 비해 정치적 힘이 없는 약자이기 때문이다. 사회복지급여 수급자격을 엄격하게 한다든지 효과성 검증을 통해 효과가 미미하다고 판단되는 사회복지 프로그램을 축소시키는 방법으로 사회복지 지출을 줄일 것이다. 또한 감세정책이 반드시 기업의 투자활성화로 이어지는 것은 아니다. 한국의 기업들은 법인세 인하 후 고용과 투자를 늘리는 대신 500조 원의 사내유보금을 쌓아두고 있다.

2010년에 가장 심각한 경제위기를 맞은 나라들은 정부지출이 가장 높은 나라도 가장 낮은 나라도 아니며 세수가 가장 낮은 나라들이다. **|그림 7-2|** 에서 보는 바와 같이 이러한 나라들은 그리스, 아일랜드, 포르투갈, 스페인, 영국, 그리고 미국이다. 이들 국가들은 막대한 예산적자를 보이고 있으며, 공공서비스를 제공하고 소득이전을 하려고 하지만 공공의 세금을 통해 그 비용을 지불할 의사는 없는 나라들이다.

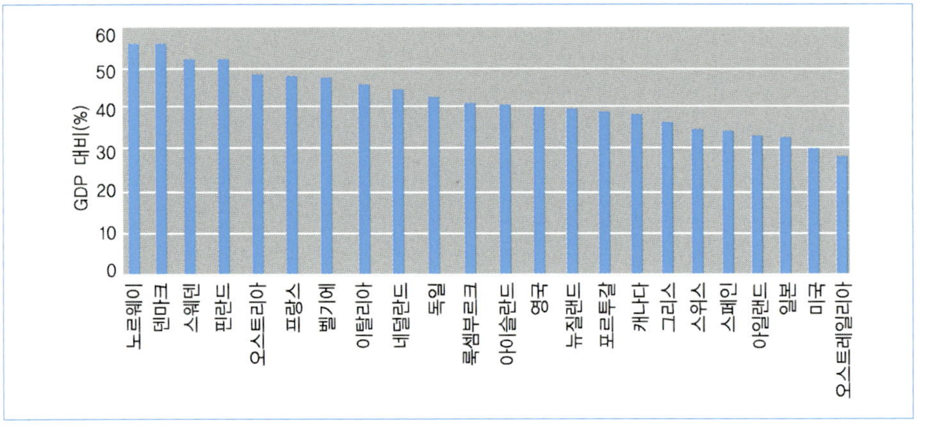

|그림 7-2| OECD 국가들의 GDP 대비 세수(2009)

출처 : OECD Statistics Database.

한국이 증세정책을 펴야 하는 이유

한국은 전형적인 저부담 저복지 국가이다. 한국의 GDP 대비 사회복지 지출 비율은 2000년 4.8%에서 2010년 9%, 2013년 10.2%로 올라갔고 2019년 12.2%를 기록했다. 한국의 2019년 사회복지 지출 비율(12.2%)은 경제협력개발기구(OECD) 38개 회원국 중 최하위권인 35위에 해당된다. 한국보다 낮은 곳은 터키, 칠레, 멕시코 등이다. OECD 회원국 중에서는 프랑스의 GDP 대비 지출 비율이 31%로 가장 높다. 이어 핀란드와 벨기에 29%, 덴마크와 이탈리아 28%, 오스트리아 27%, 독일 26%이다.

한국의 GDP 대비 사회복지 지출이 낮은 이유는 세금이 적기 때문이다. 국세청의 「국제통계연보」에 의하면 납세대상자 중 근로소득세 면세자 비율은 2019년 35.8%를 기록했다. 즉, 2019년의 납세대상자 1,097만 명 중에서 705만 명이 근로소득세를 전혀 내지 않았다. 이는 영국의 6배에 해당하는 수치이다.

더불어 조세부담률의 하락도 세수부족을 부르는 문제점으로 지적되고 있다. 조세부담률은 경상 GDP에서 조세 총액이 차지하는 비율이다. 2019년 기준 한국의 조세부담률은 20.0%로 OECD 평균 24.9%보다 낮다. 한국은 조세부담률뿐만 아니라 국민부담률도 OECD 국가들에 비해 매우 낮은 수준이다. 국민부담률은 국민이 1년간 낸 세금에 국민연금·건강보험 등 사회보험료를 더한 총액이 GDP에서 차지하는 비중을 말한다. 2019년도 한국의 국민부담률은 26.7%로서 OECD 평균에도 미치지 못한다. 프랑스는 국민부담률이 45.4%이고, 벨기에, 핀란드 등은 40%를 넘었으며, 체코, 포르투갈, 에스토니아 등 14개국은 30%를 웃돌았다. 즉, 한국의 복지지출 예산 비율은 OECD 통계에 편입된 1990년, 국민부담률은 1972년 이후부터 줄곧 최하위 수준을 벗어나지 못하고 있다.

한국이 근로소득세 면세자 비율이 높고, 조세부담률과 국민부담률이 OECD 국가들에 비해 매우 낮은 수준인 것은 증세정책을 펼 수 있는 여지가 충분히 있다는 것을 의미한다. 여론조사에서도 증세를 하더라도 복지가 확대되어야 한다는 의견이 우세하게 나오고 있다. 문화일보는 2015년 2월 16일 발표한 여론조사에서 증세 여부와 복지수준에 대한 의견을 물은 결과, '세금을 올리고 복지수준도 높여야 한다'는 응답이 29.7%, '현재의 복지수준을 유지하는 한도 내에서 세금을 올려야 한다'는 응답이 26.4%, '세금을 그대로 두고 복지수준을 낮춰야 한다'는 응답이 24.3%, '세금을 내리고 복지수준도 낮춰야 한다'는 응답이 11.5%로 나왔다. 즉, 세금을 올리더라도 복지수준을 후퇴시켜서는 안 된다는 응답이 56.1%로 복지수준을 낮추더라도 세금을 올려서는 안 된다는 응답 35.8%보다 많다. 이 조사에서 주목할 만한 부분은 고소득층들이 복지확대를 선호한다는 것이다. 소득수준별로는 세금을 올릴 경우 일반적으로 세금부담이 더 많이 늘어나는 고소득층에서 오히려 '복지 축소 불가' 응답이 높게 나왔다. 월 소득 500만 원 이상 고소득층에서는 '복지 축소 불가' 응답과 '세금 인상 불가' 응답이 각각 '59.3% 대 33.0%'로 나타났다. 300만 원 이상 500만 원 미만 계층에서는 '55.8% 대 37.2%', 300만 원 미만 계층에서는 '53.4% 대 38.0%' 등으로 나타났다.

또한 「시사IN」과 여론조사 전문기관 미디어리서치가 2015년 2월 8~9일 성인 남녀 1,000명을 대상으로 세금·복지 이슈에 대해 물었던 심층 여론조사를 주목할 필요가 있다. 기존 여론조사 중에는 '복지 확대+증세'와 '복지 축소+세금 수준 유지' 조합으로 양자택일을 묻는 질문이 있었다. 이 경우 후자가 우세한 경향이 나타난다. 하지만 이 양자택일은 현실을 정확히 반영했다고 보기 힘들다. 현재 수준의 복지를 유지하더라도 고령화 추세 때문에 향후 복지에 들어가는 돈은 갈수록 늘어나기 때문이다. 그래서 「시사IN」은 질문에서 이런 현실을 먼저 안내한 후, '세금을 더 걷어서 복지수준을 유지하거나 높여야 한다'와 '세금을 더 걷지 않고 복지수준을 줄여야 한다'의 양자택일의 문항에 대해 질문했다. 그 결과 '증세+복지 유지 또는 확대' 조합이 50.3%, '세금 유지+복지 축소' 조합은 41.2%로 나왔다. 이러한 여론조사 결과는 한국 국민들은 증세를 하더라도 복지를 확대해야 한다는 의견이 복지확대를 위해서는 증세를 해서는 안 된다는 의견보다 더 많은 것으로 주목할 만하다.

「시사IN」·미디어리서치 조사결과는 복지를 위한 증세논란이 있는 상황에서 복지 유지를 위해서도 증세가 불가피하다는 사실이 명시될 때, 여론은 일방적인 조세 저항에서 벗어나 증세에도 귀를 기울일 준비가 되어있다는 것을 보여준다. 또한 이 조사에서 '사회복지세'에 대한 인식에도 주목할 필요가 있다. 이 조사에서 복지에만 쓰는 사회복지세가 신설된다면 세금을 더 낼 의향이 있는지에 대한 질문에는 응답자의 51.6%가 '있다'고 답했으며 44.8%는 '없다'고 답했다. 자기 주머니에서 나오는 사회복지 확충을 위한 세금 지출에 긍정적 답변이 더 많이 나왔다는 것은 국민들의 복지에 대한 인식이 긍정적으로 변화하고 있음을 보여준다. 따라서 한국에서 증세·복지 이슈에 대한 여론은 무조건 조세 저항으로만 치우지지 않음을 보여준다.

역설적이게도 한국에서 세금으로 가장 불이익을 받고 있는 계층은 부자들이 아니라 가난한 사람들이다. 가장 과중한 세율이 부과되는 것은 부유층이 아니라 빈곤층이다. 왜냐하면 소득이 오를수록 공공부조제도의 대상에서 제외되기 때문이다. 빈곤층과 중산층의 소득이 정체된 반면 최상위의 부유층은 거액의 자산소득(예금이자와 주식배당 등)을 누리고 있다. 이런 점을 감안하면 부자에 대한 증세를 통해 부의 재분배를 실현하는 것은 공정하며 현명한 공공정책이다.

누구나 다 문명이 발전한 좋은 사회에서 살고 싶어 한다. 한국은 지난 세월 동안 경제성장으로 인해 문명사회로 진입하고 있다. 문명사회가 된다는 것은 유아기와 아동기에는 좋은 보육과 교육을 받을 수 있고, 청년기와 장년기에는 괜찮은 일자리가 주어지며, 노년기에는 행복한 노년을 보낼 수 있는 기본소득이 주어질 때 가능하다. 그러나 문명사회에서 살려면 그 대가로 세금을 내야 한다. 그래서 세금은 문명사회에서 사는 대가라고 할 수 있다. 그러나 현재의 조세부담률과 국민부담률로는 좋은 보육과 교육, 괜찮은 일자리, 노년기의 기본 소득을 제공할 수 없다. 그래서 한국사회가 복지제도가 잘 구비된 문명사회가 되기 위해서는 증세가 필요하다. 따라서 증세 없는 복지는 허구이다.

미국 컬럼비아대학교 교수로 있는 경제학자 제프리 삭스(Jeffrey Sachs)가 그의 저서 『문명의 대가(The Price of Civilization)』에 기술한 다음의 내용은 사회복지와 조세와의 관계에서 많은 시사점을 제공한다.

스칸디나비아 반도에 있는 나라들의 부자들은 비교적 과중한 세금을 부담함에도 불구하고 계속해서 열심히 일할 것이고, 가난한 사람들은 정부의 지원을 활용하여 자신들의 생산성을 높인다. 이들 국가에서는 높은 세율이 노동활동을 방해하기보다는 자극한다는 경제이론을 뒷받침한다. 예컨대, 집을 사거나 수업료를 충당하기 위해 목표한 특정 소득수준에 도달하기 위해서는 더 많은 노동활동이 필요하다. 많은 경우에 빈곤층에 대한 지원은 단기적인 소비를 위한 소득이전이 아니라 가난한 가계들의 장기적인 생산성 향상을 가능하게 하는 정부보조금으로 이루어진다. 이러한 정부 프로그램 중에서 핵심적인 몇 가지를 들자면, 어머니와 아동들의 영양 상태, 유치원 교육비, 대학등록금, 직업훈련비에 대한 지원 등이다. 이들은 인적자본에 대한 정부의 투자이자, 특히 가난한 가계들이 장기적 생산성을 높일 수 있는 방법이다. 그러면 빈곤층을 돕기 위한 부유층에 대한 과세는 결국 부자들의 호화로운 소비를 줄여 고수익 인적자본에 투자하는 것을 의미한다. 그 성과는 보다 공정하며 효율적이다. 대표적인 국가는 스웨덴이다(Sachs, 2012 : 66).

08 사회복지는 시장에 대한 정부 개입을 전제로 한다

"국가는 균형있는 국민경제의 성장 및 안정과 적정한 소득의 분배를 유지하고, 시장의 지배와 경제력의 남용을 방지하며, 경제주체 간의 조화를 통한 경제의 민주화를 위해 경제에 관한 규제와 조정을 할 수 있다." 이 구절은 대한민국 헌법 제119조 제2항에 규정된 내용으로, 시민의 힘으로 쟁취한 1987년 헌법에 포함된 '경제민주화 조항'이다. 이 조항은 대한민국 정부는 자유시장에 개입하여 적정한 수준의 소득의 분배를 유지해야 한다는 것이다.

자유주의 경제학자들의 주장

현대적 자유주의 정치철학은 토마스 홉스(Thomas Hobbes, 1588~1679)가 1651년에 발간한 『리바이어던(Leviathan)』에서 시작한다고 할 수 있다. 홉스는 구약성서 욥기[1)]에 언급되는 바다 괴물의 이름을 딴 이 저서에서 정부 없이 자유로운 개인들이 존재하는 '자연 상태'를 설정하면서 논리를 전개했다. 그는 '자연상태'를 '만인의 만인에 대한 전쟁(war of all against all)'로 정의했다. 즉, '자연상태'에서는 '모든 사람이 모든 사람을 대상으로 싸워야 하는 전쟁'을 해야 하기 때문에 모든 사람들이 고독하고, 빈곤하고, 짐승 같은 생활을 하게 된다. 홉스는 이런 상태를 극복하기 위해 개인들은 자신들의 절대적 안전을 보장해 줄 수 있는 정부가 필요하다고 보았다. 그래서 개인들은 '자연상태'에서 태어

1) 성서 「욥기」 41장에는 다음과 같이 적혀 있다. "견고한 비늘은 그의 자랑이라. 서로 연함이 봉한 것 같구나. 이것저것이 한데 붙었으니 바람도 그 사이로 들어가지 못하겠고, 서로 연하여 붙었으니 능히 나눌 수도 없구나. 그것이 재채기를 한즉 광채가 발하고 그 눈은 새벽 눈꺼풀이 열림 같으며, 그 입에서는 횃불이 나오고 불똥이 튀어나오며 그 콧구멍에서는 연기가 나오니, 마치 솥이 끓는 것과 갈대의 타는 것 같구나. 그 숨이 능히 숯불을 피우니 불꽃이 그 입에서 나오며 힘이 그 목에 뭉치었고 두려움이 그 앞에서 뛰는구나. … 그것이 일어나면 용사라도 두려워하고 놀라며 칼로 찔러도 쓸데없고 창이나 살이나 작살도 소용이 없구나. … 땅 위에는 그것 같은 것이 없나니 두려움 없게 지음을 받았음이라."

난 자신들을 비명횡사의 위험으로부터 보호하기 위해서 정부를 세워 자신들의 자유를 어느 정도 제한하는 것에 동의하게 된다. 이러한 홉스의 주장을 사회계약(social contract)라고 부르는 것은 정부란 독립의지를 지닌 개인들 사이에 맺어진 계약이기 때문이다. 이런 관점에서 보면, 정부 혹은 국가의 행위는 모든 개인이 동의했을 때에만 정당성을 갖는다고 할 수 있다.

홉스 자신은 절대왕정을 정당화하기 위해 이 이론을 사용했다. 그는 개인들이 왕권에 완전히 승복하는 것을 지지했다. 왕권은 인류를 끌어올려 자연 상태를 벗어나게 할 능력이 있기 때문에 이런 승복이 정당하다고 보았던 것이다. 그러나 철학자 로버트 노직(Robert Nozick, 1938~2002)과 1986년 노벨 경제학상 수상자인 제임스 뷰캐넌(James McGill Buchanan, 1919~2013)을 비롯한 현대적 사회계약설의 추종자들은 홉스의 사회계약설을 다른 방향으로 발전시키면서 최소한의 정부를 추종하는 새로운 정치철학을 탄생시켰다. 친자유시장적인 이 계약설은 미국에서 자유지상주의(libertarianism)로 알려져 있는데, 정부는 리바이어던처럼 괴물로 변할 수 있는 잠재력을 가지고 있기 때문에 제어할 필요가 있는 존재로 묘사한다(홉스의 의도와는 전혀 다른 것이다). 이 견해는 로널드 레이건(Ronald Reagan)의 다음과 같은 발언에 가장 잘 녹아들어 있다. "정부는 우리를 서로에게서 보호하기 위해 존재한다. 정부가 우리를 우리 자신으로부터 보호하겠다고 마음먹으면 그때부터 월권을 하는 것이다."(장하준, 2014 : 268).

자유주의 경제학의 창시자인 애덤 스미스(Adam Smith)의 핵심 사상은 '시장균형'이 정부의 개입이 없어도 가능하며 이 과정을 통해 높은 생산성과 부의 형태가 창출되어 결과적으로 국가에 바람직한 결과를 가져온다는 것이다. 애덤 스미스는 수백만 명의 개인과 기업들이 개별행동을 통해 공공선을 창출하는 과정에는 "보이지 않는 손"이 있다는 유명하고도 영원한 말을 남겼다. 애덤 스미스는 다음과 같이 잘 알려진 문구에서 시장에서의 이기심이 공공선을 낳을 수 있다고 역설했다.

> 우리가 식사를 제대로 할 수 있는 것은 정육점 주인, 술집 주인, 빵집 주인들이 관대해서가 아니라 그들은 자신의 이익을 추구하는 사람들이기 때문이다.

애덤 스미스에 의하면, 모든 기업과 가계가 자신의 이기심을 추구하면서도 그 결과로 나타나는 시장균형은 놀랍게도 모든 사람들에게 이득이 되는 결과로 나타난다. 이와 같이 시장에서 '보이지 않는 손'이 잘 작동한다면 사회의 자원을 이리저리 이동시킬 중앙집권적 권력, 즉 정부의 개입은 필요가 없게 된다.

자유지상주의자들에 따르면, 정부가 할 수 있는 정당한 행위는 법질서 유지, 재산권 보호, 국가방위, 사회기반시설의 제공뿐이다. 이러한 서비스들은 시장경제가 존재하는 데 절대적으로 필요하므로 국가가 이를 제공하는 것에 모든 개인이 동의한다. 이와 같은 최소한의 기능을 벗어나는 것은 그것이 최저임금에 관한 법이든 복지국가든 보호관세든 간에 개인의 주권을 침해하는 것이며, 1944년 발간된 프리드리히 하이에크(Friedrich Hayek)의 유명한 책 제목처럼 『노예의 길(The Road to Serfdom)』[2]을 향한 첫 발걸음으로 여겨진다(장하준, 2014 : 369).

자유지상주의자들이 목표로 하는 것은 사회 전체에 대한 부자들의 사회적 책임 면제이다. 사상 사조로서 자유지상주의는 다음의 세 가지 주장에 기반을 둔다. 첫 번째는 모든 개인은 자유로울 권리가 있고, 이것은 다른 무엇보다 우선이다. 다시 말해, 개인은 방해받지 않을 권리, 세금과 규제 혹은 국가의 다른 요구들로부터 자유로울 권리를 갖는다. 두 번째는 정치적으로 실용적인 측면에서의 주장으로, 자유시장만이 정부의 전제정치로부터 민주주의를 보호할 수 있다. 세 번째는 경제적인 것으로, 자유시장만이 번영을 보장할 수 있다고 주장한다(Sachs, 2012 : 60).

자유지상주의자들보다는 강도가 약하지만 시장의 기능을 강조하는 학자로는 오스트리아 출신이면서 영국에서 활동한 프리드리히 하이에크(Friedrich Hayek)와 미국 경제학자 밀턴 프리드먼(Milton Friedman)이 있다. 하이에크는 『자유헌정론(The Constitution of Liberty, 1960)』에서 경제적 평등을 성취하려는 시도는 모두 강압적이며, 자유사회를 파괴하게 될 것이라고 경고했다. 미국 경제학자 밀턴

2) 하이에크는 『노예의 길』에서 정부 개입이 증가되면 개인은 노예처럼 근본적인 자유를 잃게 된다고 역설했다.

프리드먼은 『자본주의와 자유(Capitalism and Freedom, 1962)』에서 국가가 해야 하는 일이라고 널리 인식된 행위 가운데 상당수가 개인의 자유를 침해하는 위법행위라고 주장하면서 사회보장제도나 정부가 국민의 의무로 규정해 운영하는 퇴직 프로그램이 대표적인 위법행위라고 주장했다.

하이에크와 프리드먼과 같은 자유시장 경제학자들은 과세를 통한 부의 재분배를 비롯해 누가 누구를 도와야 한다는 일체의 법 규정을 반대한다. 그들은 부자가 자선사업의 형태로 가난한 사람들을 돕는 행위는 바람직할지라도, 그런 일은 개인에게 맡길 일이지 정부가 강제로 할 일은 아니라고 주장한다. 그들은 재분배를 위한 과세는 강압행위이며, 심지어 절도로 본다. 국가는 부유한 납세자에게 가난한 사람들을 위한 사회복지 프로그램을 지원하라고 강요할 권리가 없으며, 그것은 자비로운 도둑이 부자의 돈을 훔쳐 가난한 사람에게 나눠줄 권리가 없는 것과 마찬가지라고 본다. 즉, 자유시장 경제학자들은 자유시장에 간섭하는 것은 개인의 자유를 침해하는 것이며, 자유시장은 두 사람이 거래할 때 둘 다 이익을 얻게 되기 때문에 전체의 공리(행복)를 증진시킨다고 말한다.[3)]

시장에 대한 정부개입을 옹호하는 사회복지

그러나 시장에서 언제나 수요와 공급이 균형을 이루는 것은 아니다. 시장이 실패하는 경우가 있다. 시장에서 자원이 효율적으로 자원이 배분되지 않는 경우를 살펴보자.

시장이 스스로 공급할 의지가 없거나 적절한 규모로 공급하지 않는 재화가 있다. 사유재를 구입하기 위해서 개인은 비용을 지불해야만 하고, 비용을 지불하지 않는 개인에 대해서는 그 사용을 막을 수 있어, 사유재는 시장에서 자유로운 경쟁을 하는 가운데 '보이지 않는 손'에 의해 가격이 결정되어 균형적으로 배분될 수 있다. 그러나 경찰서, 소방서, 군대, 고속도로망, 등대의 운영

3) 극단적인 사례이긴 하나 노숙자가 자기 집에서보다 거리에서 노숙하는 것이 노숙을 좋아하는 취향(개인의 자유)에서 나온 것인지 아니면 집에서 잘 형편이 못되어 그런 것인지를 알 필요가 있다.

에는 경제 논리상 하나의 공급자만 있으면 된다. 한 사회에서 서로 경쟁하는 경찰이나 군대 또는 소방서를 필요로 하지 않는다. 이와 같은 재화를 공공재라고 부르며, 공공재의 제공에 있어서 자유시장은 실패한다. 공공재의 경우에는 그 재화를 소비하는 데 드는 비용이 없으며, 다른 사람이 그 재화를 사용하는 것을 막기도 어렵다. 예를 들면, '등대'의 경우 불빛 제공 서비스에 대한 요금을 지불하지 않아도 서비스를 받을 수 있고(무임승차 할 수 있고), 요금을 지불하지 않는 배에 대해 등대의 불빛 제공 서비스 사용을 금지시킬 수도 없다. 따라서 등대와 같은 공공재는 시장기제에서 효율적으로 배분되기 힘들다.

자유시장에서 구매자와 판매자 사이의 정보가 '비대칭'일 때 정부의 개입이 필요하다. 일반적으로 어떤 재화가 시장에서 효율적으로 배분되기 위해서는 수요자나 공급자 모두 그 재화의 질과 가격에 대한 충분한 정보를 갖고 있어야 한다. 어떤 재화에 대해 소비자가 정보를 수집하기가 힘들거나 정보를 수집하였다 하더라도 그 정보를 이해하기 어렵거나 이해하는 데 시간이 많이 걸릴 경우에는 그 재화는 시장에서 효율적으로 배분되기 어렵다. 예컨대, 사회보험, 의료서비스, 교육서비스, 주택서비스는 소비자가 정확한 정보를 수집하기 어렵거나 정보를 수집했다 하더라도 이해하기 위해서는 많은 비용과 시간이 소요된다. 의료영역에서 몇몇 의사들은 불필요한 검사와 처방으로 의료수가를 높일 수 있다. 그러나 환자들은 의사의 진찰내용을 평가하지 못하는 경우가 대부분이다. 이럴 경우에는 이러한 재화에 대한 정보를 더 많이 갖고 있는 국가나 전문 관료들이 주도하여 재화를 제공하는 것이 더 효율적이다. 복잡한 기술적인 정보가 포함되어 있는 사회보험이나 의료서비스, 교육서비스를 정부가 주도하여 제공하는 이유가 바로 여기에 있다.

어떤 경우에는 소비자가 공급자보다 정보를 더 많이 소유하는 경우도 있다. 질병이나 실업과 같은 사회적 위험의 경우에는 개별 당사자인 소비자가 자신이 당면할 질병이나 실업에 대해 더 많은 정보를 가지고 있다. 이럴 경우에도 정부가 질병이나 실업에 대한 서비스를 제공하는 것이 효율적이다. 질병이나 실업과 같은 사회적 위험에 대비하기 위해 민간에서 보험을 제공할 경우를 살펴보자. 보험에 가입할 개인들은 민간보험회사보다 자기 자신의 위험 발생 가능성에 대해 더 많은 정보를 갖고 있기 때문에 민간보험회사는 각 개인들에 대한 적정한 보험료를 책정하기 어렵다. 반대로 위험이 발생할 확률이 높은 개인들은 그 개인들이 합리적이라면 보험에 가입하게 된다. 이렇게 되면 민간보험회사들은 이익을 남기기 위해서 이들에 대해서는 높은 보험료를 부과하게 되고, 위험 발생 가능성이 낮다고 판단되는 사람들은 높은 보험료 때문에 보험가입을 주저하게 된다. 특히 건강하면서 가난한 사람들은 보험가입을 회피하게 된다. 결과적으로 이러한 역의 선택문제로 인해 질병이나 실업과 같은 사회적 위험에 대한 보험상품은 자유시장에서 효율적으로 제공되지 못한다. 따라서 정부가 모든 개인들을 대상으로 강제적으로 보험에 가입시키는 사회보험제도를 도입하게 된다.

시장에서 재화가 효율적으로 배분되지 못하는 이유로 외부효과가 있다. 외부효과란 어떤 사람의 행동이 다른 사람의 복지에 시장기제 밖에서 영향을 주는 것을 말한다. 외부효과에는 부정적인 것과 긍정적인 것이 있다. 만일 아무도 소유하지 않는 강 상류에 공장을 소유하고 있는 갑이라는 사람이 공장 폐기물들을 그 강에 버려 강 하류에서 물고기를 잡아 그것으로 생계를 유지하는 을이라는 사람의 복지에 시장가격의 변화 없이 해를 준다면 부정적인 외부효과로 볼 수 있다. 긍정적인 외부효과는 어떤 사람의 행위를 통하여 다른 사람들이 어떤 대가를 지불하지 않고도 이득을 보는 것을 말한다. 예를 들면, 우리 이웃의 어떤 사람이 자선을 해서 이웃의 가난한 사람들이 줄어든다면 자선을 안 한 다른 사람도 가난한 사람들이 줄어든 것으로 인한 이득(예를 들어, 범죄율의 감소, 집값의 상승 등)을 볼 수 있다. 사회복지의 재화나 서비스를 국가가 제공해야 하는 이유는 이러한 재화들이 긍정적인 외부효과를 많이 만들어 내기 때문이다(김태성 · 성경륭, 1993 : 204).

경제적 효율성도 중요하지만 경제적 공정성도 중요하다. 공정성이란 소득의 분배를 의미한다. 사회복지는 어떠한가? 단순하게 이야기하면, 사회복지는 부자에게서 세금을 받아 가난한 사람들이 보다 행복한 삶을 살 수 있도록 돕는 데 목적이 있다. 또한 정부는 사회보장제도를 시장에 맡겨두지 않고 직접

운영한다. 그래서 사회복지는 개인(특히 부자들)의 자유와 자유시장을 침해하는 면이 있다.

그러면 왜 사회복지는 개인의 자유와 자유시장을 침해하면서 실행되는 것일까? 이유는 여러 가지이다. 부자들의 비용으로 가난한 사람들의 삶의 질을 높이게 되면 대부분의 사람들이 행복을 느낄 수 있을 수 있다. 이럴 경우 소수의 부자들은 소득의 감소로 자신들이 소유한 행복감은 줄어들겠지만 반면에 다수인 나머지 사람들이 느끼는 행복감은 늘어날 것이다. 그러나 보다 근본적인 이유는 자유시장은 때로는 합리적이지 못해 효율적으로 자원이 배분되지 않기 때문이다.

사회복지서비스는 공공재인 경우가 많다. 사회복지서비스가 제공되면 그 나라 국민 모두가 혜택을 받을 수 있다. 예를 들면, 국가가 어떤 사회복지 프로그램을 통하여 그 나라의 모든 아동들의 건강과 교육수준을 높이면 그 아동들이 건전한 시민으로 성장하고 또한 생산성을 높여 사회 전체가 이득을 보게 되는데, 이때 이러한 혜택은 그 나라 국민 모두가 받게 되는 것이다. 그러가 개인은 자발적으로 사회복지사업을 할 동기는 약하다. 서로우(Thurow, 1971)는 공공재의 개념을 더 확대하여 소득재분배 자체를 공공재로 본다. 즉, 한 나라의 소득분배가 공평하게 이루어지면 사회구성원 모두는 좋은 사회에서 사는 것으로 만족을 얻고, 어떤 사람도 그러한 만족으로부터 배제하지 못하기 때문에 공공재로 본다(김태성 · 성경륭, 1993 : 201).

또한 사회복지서비스는 어떤 사람들의 소득이 일시적으로 중단되었거나 혹은 영구적으로 상실되었을 때 소득보장을 제공하고, 국민들의 건강수준을 높이며, 아동들의 교육수준을 높이는 것 등이 있다. 이러한 서비스는 서비스를 받는 사람들에게 이득을 줄 뿐만 아니라 받지 않는 사람들에게도 이득을 줄 수 있다. 주위 사람들의 생활이 어느 수준으로 보장되고 항상 건강한 사람들만을 접촉하게 되어 생활상의 스트레스를 덜 받게 된다. 또한 국민 전체의 생산성 향상으로 인해 전반적인 국민소득의 증대를 가져오는 외부효과가 있게 된다. 그러나 이러한 서비스는 시장기제에 맡겨두면 제대로 제공되지 않는다. 왜냐하면 개인의 효용을 극대화하려는 사람들은 이러한 재화나 서비스에 관한 지출을 자발적으로 지불하는, 즉 자선을 할 동기가 약하기 때문이다(김태성 · 성경륭, 1993 : 204).

시장에만 맡겨두면 결국에는 세상이 공평해질 것이라는 자유주의 이데올로기는 매우 위험한 신화에 불과하다. 왜냐하면 그 중심에는 자유라는 이데올로기가 자리 잡고 있기 때문이다. 이 자유주의 이데올로기는 오직 자유만을 추구하며 규범이나 규제는 장애물에 불과하다고 보고 있다. 사실상 자유주의 이데올로기는 자본을 위한 자유에 지나지 않으며, 무엇이 인간에게 진정으로 필요한 것인가는 생각하지 않은 채 경제적 효율이라는 개념만을 추구하고 있을 뿐이다. 이와 같은 사상은 평등, 공평, 연대성을 추구하는 사회복지와는 정반대의 길을 걷고 있다.

이러한 점들을 고려하면 "국가는 균형 있는 국민경제의 성장 및 안정과 적정한 소득의 분배를 유지하고, 시장의 지배와 경제력의 남용을 방지하며, 경제주체 간의 조화를 통한 경제의 민주화를 위해 경제에 관한 규제와 조정을 할 수 있다"는 대한민국 헌법 제119조 제2항에 규정된 내용을 바탕으로 국가의 정책을 추진해야 할 것이다.

09 애덤 스미스, 벤담, 맬서스와 사회복지[1)]

사회복지는 저절로 발전하지 않는다. 과거는 현재 일어나고 있는 현상에 영향을 미친다. 그래서 현재의 사회복지제도는 과거에 존재했던 사회복지제도를 점진적으로 때로는 획기적으로 변화시킨 제도이다. 또한 사회복지는 그 시대의 주류 이데올로기, 정치·경제·사회적 상황과 서로 영향을 주고받으면서 발전해 왔다. 때로는 그 나라 문화의 영향을 받기도 한다. 달리 표현하면, 사회복지는 자본주의가 발전하는 과정 속에서 발전하기도 하고 정체 혹은 퇴보하기도 했다.

2010년 아나톨 칼레츠키(Anatole Kaletsky)는 『자본주의 4.0 : 새로운 경제의 탄생(Capitalism 4.0 : The Birth of a New Economy)』[2)]에서 자본주의의 발전 과정을 네 단계로 나누었다. 첫 번째 단계는 애덤 스미스가 『국부론(The Wealth of Nation)』을 출간하고, 미국이 자본주의 국가를 천명하며 독립을 선언한 1776년[3)]부터 대공황이 일어나기 직전인 1920년대까지의 '자본주의 1.0 시대', 두 번째 단계는 1930년 대공황 시기부터 석유파동과 금 기반 통화시스템이 붕괴된 1970년대 말까지의 '자본주의 2.0 시대', 세 번째 단계는 1979년 초기 통화주의와 노동조합의 대립시기부터 2009년 그린스펀과 부시 대통령 체제의 시장근본주의 시기까지의 '자본주의 3.0 시대', 그리고 네 번째 단계는 2010년 경제위기시대 이후의 '자본주의 4.0 시대'이다.

아이러니하게도 거대한 흐름 속에서 보면, 사회복지는 칼레츠키가 구분한 자본주의 변천과정 속에서 발전해 왔다. 자본주의가 안정될 때에는 사회복지

1) 이 부분의 내용은 박병현의 『사회복지의 역사』(경기 : 공동체, 2010)의 내용을 재구성한 것이다.

2) 이 책은 한국에서 위선주가 『자본주의 4.0 : 신자유주의를 대체할 새로운 경제 패러다임』으로 번역 출판하여 많은 주목을 받았다.

3) 1776년은 조선 영조시대(1724~1776)에서 정조시대(1776~1800)로 넘어가던 시기이다.

가 발전하지 않았으나 자본주의가 위기에 처할 때마다 사회복지는 발달했다. 그러면 역사적으로 사회복지가 언제 발달했고 언제 정체했는지 살펴보자.

1795년 스핀햄랜드법

영국 사회복지 역사에서 가장 빛나는 제도를 선택하라면 필자는 지체 없이 1795년에 제정된 스핀햄랜드제도를 선택할 것이다. 1795년 5월 6일 버크셔(Berkshire)의 뉴베리(Newbury) 근처 스핀햄랜드(Speenhamland)의 펠리컨 인(Pelican Inn)에 모인 치안판사(Justice of the Peace)들은 다음과 같이 결정했다.

> 빵 1갤런이 1실링하는 경우에 모든 빈민과 노동자들은 그 자신의 노동 혹은 가족의 노동으로 인한 임금, 그리고 구빈세에서 나오는 구제수당을 합쳐 일주일에 3실링을 생계비로 지급받고, 처와 가족의 부양비로 각각 1실링 6펜스를 지급받으며, 빵의 가격이 오를 때마다 본인 몫으로 3펜스, 가족 몫으로 1펜스씩 더 지급받는다(Polanyi, 1944 : 78).

이 내용을 요약하면, 버크셔의 치안판사들은 자신들이 만든 척도에 따라 단위 갤런의 빵의 값이 1실링이라면 노동자의 구제수당과 임금을 합한 총수입이 주 3실링, 만일 그에게 부인이 있다면 총수입이 주 4실링 6펜스, 부인과 자녀가 각각 1명이 있다면 총수입이 6실링이 되도록 했다.[4] 이러한 결정은 두 가지 중요한 의미를 지니는데 첫째는 빈민들의 최저소득을 보장한 것이며, 두 번째는 가구 규모에 따라 제공되는 구제수당의 액수를 차등화한 것을 위미했다.

이와 같은 내용을 결정한 회의의 개최지역 이름을 딴 스핀햄랜드법은 노동자의 임금이 생계유지에 필요한 빵의 구입에도 미치지 못하는 경우 그 부족분을 본당(parish)이 구빈세에서 지급해 주는 임금보조 성격을 지닌 법이었다. 스핀햄랜드제도라고 지칭되는 프로그램을 통해서 노동자들은 가족의 규모와

4) 이 수치는 주에 따라 약간씩 차이가 있었지만 대부분의 경우 스핀햄랜드의 수치에 따랐다.

빵값의 변화에 따라 그들의 임금을 보충받는 임금-물가 연동의 소득을 보장받게 되었다. 사회보장에 있어서 중요한 문제인 가족의 규모가 임금과 생활수준에 미치는 영향을 고려했다는 사실은 역사적으로 큰 의의를 갖는다. 그래서 폴라니(polanyi, 1944)는 스핀햄랜드법은 사회복지의 기본 철학인 생존권을 처음으로 도입함으로써 사회적·경제적 혁신을 초래했다고 했다.

그러면 왜 이 시기에 빈민들에게 우호적인 스핀햄랜드법이 제정되었는가?

스핀햄랜드법이 제정되던 1795년을 전후한 시기의 상황을 살펴보자. 이 시기는 빈민들과 농민들에게 많은 고통을 안겨준 제2차 엔클로저 운동, 이웃 나라 프랑스의 혁명(1789), 1793년부터 1815년까지 이어졌던 프랑스와의 전쟁, 18세기 마지막 10년 동안 지속되었던 흉작, 그리고 산업혁명으로 인한 수공업자들의 몰락과 농민의 궁핍화로 인해 곳곳에서 폭동이 발생하던 시기였다.

먼저 엔클로저 운동에 대해 살펴보자.

1700년대의 영국 농민들은 자신들이 거주하는 오두막 주위의 얼마 되지 않는 소택지 외에 마을에 속한 넓은 공유지와 유휴지를 이용할 수 있는 권리가 있었다. 농민들의 최후의 경제적 보루는 누구나 사용할 수 있었던 마을의 공유지와 유휴지였다. 그들은 공유지와 유휴지에서 소와 양의 먹이를 찾았고 황무지를 개간하여 농사를 짓고, 땔감을 구했으며, 야생동물을 잡아 식용으로 사용했다. 그들에게 공유지와 유휴지는 빈곤으로의 추락을 막아주는 든든한 배경이었다.

그러나 1700년대 영국에서 공유지와 유휴지에서 생계를 이어가는 사람들은 소멸해 가는 집단이었다. 농업자본주의가 양모 생산을 위해 방목형태로 발전함에 따라 대토지 소유주들이 토지에 울타리를 치면서 점차 땅을 잃어버린 소농의 저항이 일어났다. 그러나 이러한 저항에도 불구하고 결국 영국의 소농들은 토지를 보유하기 위한 투쟁에서 패배했고 토지를 경작할 권리를 잃었다. 1750년대에 이르러 토지는 일부 하층 지주계급(gentry)과 대토지 소유자들에게 집중되었다(김 영·박기남·장영선, 2008 : 32-33).

이와 같은 제2차 엔클로저 운동으로 지주들은 자신들의 토지를 확장하기 시작했고 의회에서는 공유지와 황무지를 구분하여 이를 공동사용에서 개인 사용으로 전환할 수 있는 입법을 시작했다. 그래서 1760년을 기점으로 의회에서 엔클로저를 승인한 건수는 그 전 40년간에 비해 적어도 10배 이상 늘어났으며, 이로 인해 300만 에이커 이상의 토지가 목장화되었다(Schweinitz, 1947 : 70). 또한 1761년과 1844년 사이에는 약 4,000건의 의원입법이 이루어져 약 600만 에이커가 목장화되었다(임영진 · 이영찬 공역, 2003 : 15).

이와 같이 토지가 목장화되는 과정에서 글을 읽을 줄도 쓸 줄도 몰랐던 무지한 농민들은 그들에게 불리하게 진행되는 입법에 대해 알지 못했다. 오랫동안 공유지에서 지내던 농민들은 자신들도 모르는 사이 불법체류자가 되면서 쫓겨났다. 농민들은 공유지와 유휴지에서 무상으로 얻을 수 있었던 농작물과 땔감, 식용으로 사용하던 야생동물 등과 같은 생필품을 이제는 시장에서 구입해야 했다. 그래서 그들의 생활은 더 궁핍화되었다.

올리버 골드스미스(Oliver Goldsmith)는 그의 시 "버려진 마을(Deserted Village)"에서 제2차 엔클로저 운동이 농민들에게 미쳤던 영향을 다음과 같이 묘사하고 있다(남찬섭, 2001 : 131; Schweinitz, 1947 : 70).

> 달콤하게 웃는 마을, 사랑스런 초원
> 네가 주던 즐거움은 다 사라져 버렸고
> 너의 매력도 다 없어져 버렸다.
>
> 단 한 사람의 주인이 모든 땅을 집어삼켰고
> 경작지의 절반은 더 이상 향기를 뿜지 않게 되었다.
>
> 영국의 비탄이 시작되기 전에
> 모든 땅이 그 위의 사람들을 지탱하던 때가 있었다.
> 그러나 그 시절은 다 지나가고
> 산업이라는 무감각한 행렬이

토지를 다 집어삼키고 땅이 애인들을 쫓아내 버렸다.
아! 어디로,
가난은 어디로 가야
전염병처럼 퍼지는 지주들의 욕심을 피할 수 있나?

누구나 들어갈 수 있었던 공유지로
얼마 남지 않은 풀이라도 뜯기려고 양떼를 몰고 가나
공유지는 이미 부(富)의 아들들이 다 나누어 가져
그에게는 벌거숭이 공유지조차 거부된다.

폴라니(Polanye, 1944 : 35)는 그의 역작『거대한 전환』에서 "엔클로저 운동은 빈민에 대한 부자의 혁명"이었다고 기술했다. 지주와 귀족들은 때로는 폭력을 사용하여, 때로는 강압과 협박을 사용하여 사회질서를 뒤엎었으며 이전의 법과 관습을 타파했다. 그들은 빈민으로부터 공유지를 박탈하고 빈민들이 자기들 것이라고 여겼던 가옥들을 허물었다. 엔클로저 운동은 도시를 피폐하게 만들었으며 인구를 감소시켰고, 예절 바른 농부를 걸인과 폭도로 만들면서 사회의 근간을 허물어뜨렸다.

또한 이 시기에 전개되었던 산업혁명은 영국사회에 정치, 경제, 사회적으로 많은 영향을 미쳤다. 영국에서 산업화가 진행된 시기는 1750년 이후부터였으며 처음에는 면직물 산업에서 시작되었다. 산업화는 노동과 자원이 일차 산업(농업, 어업, 임업)에서 분리되어 제조업과 상업, 서비스 활동으로 이동하는 것을 의미했다. 생산규모는 증가했고, 공장은 가구를 대신해 생산활동의 중심지가 되었다. 우리 시대 용어로 표현하면, 가내생산양식이 산업생산양식으로 대체되었다. 결국 소규모 생산단위의 감소는 자작 소농과 장인의 수가 감소하여, 임금을 위해 일하는 토지 없는 무산대중이 증가했다는 것을 의미했다(김영 · 박기남 · 장영선, 2008 : 103). 이와 같이 산업혁명으로 인해 기계문명이 발달하면서 수공업자들이 몰락하기 시작했고 농촌 가내공업이 쇠퇴했다. 산업혁명은 노동시장을 형성했다. 고용주들은 산업혁명이 요구하는 노동력을 구하기 위해 빈민들의 이동을 금지했던 1662년 정주법의 철폐를 요구했다.

이러한 시대적 상황과 전쟁, 흉작에 대한 일시적인 대책으로, 기술혁신에 대한 사회적 적응수단뿐만 아니라 혁명을 예방하기 위해서도 구빈정책이 필요하게 되었고, 지주들과 부유한 농업경영자들은 이러한 문제들에 대한 해결책의 하나로서 노동자들의 임금을 올려주는 것을 고려하기 시작했다. 스핀햄랜드법은 이러한 사회적 위기상황 중에 나온 공공재원인 구빈세 재정으로 빈민들의 저임금을 보충해 주는 구빈대책 중의 하나였다.

사회복지 학문 분야에 시민권 이론을 처음으로 언급한 마셜(Mashall, 1963 : 80)은 스핀햄랜드법을 일할 권리와 함께 최저한의 임금과 가족수당을 보장하면서, 구빈법의 영역을 훌쩍 뛰어넘는 사회복지급여 수급의 권리를 의미하는 사회권(social right)의 실체로 보았다. 사실 스핀햄랜드법만큼 평판이 좋았던 빈곤 관련 법은 이전에는 없었다. 부모들은 자녀양육에서 해방되었으며 아이들은 더 이상 부모에 의존하지 않아도 되었다. 고용주는 자기의 의도대로 임금을 낮출 수 있었으며, 노동자는 바쁘거나 한가하거나와 관계없이 기아로부터 해방되었다. 인도주의자는 스핀햄랜드법을 공정한 것은 아니지만 자선적이라고 갈채를 보냈다(Polanyi, 1944 : 79).

그러나 스핀햄랜드법은 당시의 고전경제학, 자유방임주의, 공리주의로 대표되는 빅토리아 시대의 사회사상 전통 속에서 신구빈법이 제정된 1834년까지의 39년 동안만 존속하고 폐기되었다.

애덤 스미스의 고전경제학과 사회복지

칼레츠키(Kaletsky, 2010)는 자본주의는 1776년 봄 애덤 스미스(Adam Smith)가 『국부론(The Wealth of Nation)』을 출간하고 미국이 1776년 7월 4일 대륙회의에서 세계에서 가장 먼저 자본주의 국가임을 천명하면서 독립을 선언하면서 시작되었다고 주장한다. 애덤 스미스는 국부론에서 시장경제는 서로 관련 없는 수많은 사람들이 분업화된 특정 업무만을 수행하지만 몇 가지 간단한 상거래 규칙과 상호 간의 신뢰만 지켜지면 대체로 무리 없이 운영되는 자기조절적 메커니즘이라고 주장했다. 이 자기조절적 메커니즘에서는 초자연적 힘이나 신의 개입이 없어도 마치 '보이지 않는 손'이 이끄는 것처럼 서로 만족스러운 결과가 생성된다. 그리고 개인들은 이러한 서로 합의된 사회의 틀 안에서 예상대로 행동하는 한, 자신의 이익을 추구함으로써 다른 사람의 물질적 필요도 충족시켜 줄 수 있다. 다른 사람들에게 유용한 서비스를 제공한다고 해서 이들을 개인적으로 알거나, 이들을 사랑하거나, 이들의 욕구를 예상할 필요는 없다. 그래서 애덤 스미스는 "우리가 식사를 할 수 있는 것은 정육점 주인, 술집 주인, 빵집 주인들이 관대해서가 아니라 그들은 이익을 추구하는 사람이기 때문"이라고 했다(위선주, 2011; Kaletsky, 2010 : 64).

애덤 스미스는 인간의 이기심은 훌륭한 자원이 될 수 있기 때문에 정부가 이기적인 인간들을 억압하는 것은 옳지 않다고 비판했다. 관용, 인정, 동포애 같은 것에 의존하게 되면 사람들은 더 나태해지고 국가는 빈곤해진다고 주장했다. 인간은 타인의 도움이 필요한 때도 있지만, 무작정 타인의 도움이나 국가의 보호에 의존해서는 안 된다고 보았다. 스미스는 공공복지는 자기 절제나 금욕과 같은 전통적 덕성의 함양을 파괴시킨다고 주장했다. 동시에 그는 이타주의 속에 깃든 허구와 기만의 오류를 적시하면서 인간의 본능적 욕구, 그중에서도 '탐욕' 본능이 충분히 발휘되도록 하는 것이 사회의 번영과 진보에 필수적이라고 보았다(허구생, 2002 : 257). 이러한 애덤 스미스의 관점은 자유경쟁하에서의 사회복지는 최소한의 수준으로 제한되어야 한다는 것을 의미한다. 애덤 스미스는 간섭하지 말고 가만히 있어만 주는 정부가 가장 좋은 정부라고 생각했다. 그래서 애덤 스미스를 비롯한 고전경제학은 스핀햄랜드법을 신랄하게 비판했다.

벤담의 공리주의와 사회복지

제레미 벤담(Jeremy Bentham)은 '최대다수의 최대행복'으로 알려진 공리주의를 주장한 철학자로 알려져 있다. 그러나 벤담은 공리주의를 내세워 빈민들에게 최저한의 임금과 가족수당을 제공하는 스핀햄랜드법을 신랄하게 비판한 반사회복지적 철학자였다. 공리주의의 핵심 사상은 도덕의 최고 원칙은 행복을 극대화하는 것, 쾌락이 고통을 넘어서도록 하여 전반적으로 조화를 이루는 것이라는 주장이다. 벤담에 따르면, 옳은 행위는 '공리(功利, 유용성)'를 극대화하는 모든 행위이다. 그가 말하는 '공리'란 쾌락이나 행복을 가져오고, 고통을 막는 것 일체를 가리킨다(Sandel, 2009).

그래서 벤담은 거리를 떠돌아다니는 거지를 작업장에 몰아넣자고 주장했다. 그 이유를 벤담은 다음과 같이 설명했다. "거지와 마주치면 두 가지 측면에서 다수의 행복이 줄어든다. 정이 많은 사람이라면 동정심이라는 고통이, 정이 없는 사람이라면 혐오감이라는 고통이 생긴다. 그래서 어떤 경우든 거지와 마주치면 일반적으로 사람들의 공리가 줄어든다." 벤담은 최대다수의 최대행복을 위해 거지를 작업장에 몰아넣는 것이 옳다고 주장했다(Bentham, 1797). 벤담이 이런 주장을 한 이유는 작업장에 끌려가는 소수 거지들의 불행보다 거지들을 바라보는 다수 대중들의 고통의 합이 더 크다고 보았기 때문이다. 결국 스핀햄랜드법을 대체한 신구빈법에서는 빈민들을 한 곳에 몰아넣은 작업장제도가 핵심이 되었다.[5]

벤담은 애덤 스미스와 마찬가지로 시장의 역할을 낙관적으로 보았다. 벤담은 각 개인의 이익 추구는 시장에서 이루어지는 자연스러운 현상으로 보았다. 그는 정부의 역할은 시장이 정상적으로 가동될 수 있도록 파수꾼 역할을 하는 것이며, 개인의 활동을 국가 권력이 제약하는 것은 공리주의 원칙에 어긋나는 것으로 보았다. 벤담은 구빈법을 통한 국가복지, 공장조건을 통제하는 법률, 실업대책으로서의 공공작업장 제도는 찬성했지만 그것은 어디까지나 시장의 정상적 기능을 유지시키기 위한 방법이었다. 즉, 벤담에게 있어서 진정한 사회복지는 시장기능에 의해 자연발생적으로 이루어지는 것이었고, 국가의 역할은 시장의 정상적 가동을 담보하기 위한 단순 보조활동에 그쳐야 한다는 것이었다(허구생, 2002 : 259-260).

5) 벤담의 제자였던 채드윅(Chadwick)은 한 걸음 더 나아가 신구빈법의 핵심 원칙인 열등처우의 원칙을 개발했다.

맬서스의 인구론과 사회복지

토드 부크홀츠(Todd Buchholz)가 1989년 저술하고 이승환이 1994년 한국어로 옮긴 『죽은 경제학자의 살아있는 아이디어(New Ideas from Dead Economist)』를 보면 맬서스를 '멍청한 야구선수'와 비교한 흥미로운 이야기가 나온다.

> 1908년 내셔널 베이스볼 리그의 패권을 놓고 시카고 컵스 팀은 뉴욕 자이언츠 팀을 맞아 중요한 일전을 벌이고 있었다. 손에 땀을 쥐게 하는 9회 말, 자이언츠 팀의 1루 대주자가 실수로 2루 베이스를 밟지 않고 지나가 버렸다. 컵스 팀은 즉각 주심에서 항의했고 주심은 그 안타가 무효임을 선언했다. 컵스 팀은 결국 이 경기에서 이겨 패권을 차지했다. 실수를 범한 젊은이의 이름은 프레드 머클이었다. 하지만 그 순간부터 죽을 때까지 그에게는 '멍청이 머클'이라는 별명이 붙여졌고, 온갖 노력에도 불구하고 끝내 그는 자신의 불명예스러운 별명을 떨쳐버리지 못했다.

그러면 맬서스(Thomas Malthus, 1766~1834)는 무슨 주장을 하였길래 부크홀츠가 맬서스를 '멍청한 야구선수'와 비교했을까?

맬서스는 1798년 출간한 『인구론(Essay on the Principle of Population)』에서 식량은 1, 2, 3, 4, 5, 6, 7, 8, 9…의 속도로 증가하는 반면 인구는 1, 2, 4, 8, 16, 32, 64, 128, 256…의 속도로 증가할 것이라고 예언했다. 맬서스는 이 두 수열의 증가 속도에 대해 다음과 같은 좋은 예를 제시했다. 맨 처음에는 일 년치 식량으로 1인당 한 가마니씩의 쌀이 배당되었다고 하자. 즉, 현재 인구를 백만으로 잡으면 연중 쌀 생산량은 백만 가마니이다. 매 25년마다 인구는 두 배로 증가하기 때문에, 백 년 후에는 현재의 16배, 2백 년 후에는 현재의 256배, 즉 2억 5,600만 명으로 증가할 것이다. 그럼 2백 년 후 쌀 생산량은 얼마나 증가되었나? 고작 9배, 즉 9백만 가마니로 증가했다. 이는 쌀 9가마니를 256명이 나눠 먹어야 한다는 것을 뜻한다. 여기서 다시 1백 년만 더 지나면 13가마니의 쌀을 4,096명이 나눠먹어야 하는 끔찍한 사태가 발생한다(이승환, 1994 : 79).

식량생산을 훨씬 초과하는 인구의 급증으로 인해 인류가 멸망하게 될 것이라는 맬서스의 예언은 19세기를 유토피아적 환상으로 낙관하던 사람들의 낭

만적 꿈을 앗아가 버렸다. 그는 인류가 환희에 넘치는 미래를 맞기는커녕 인구과다로 인하여 사회 붕괴와 소멸을 맞게 되리라고 예언했다. 그의 예언은 공포의 예언이었다.

그러나 그의 예언은 빗나갔다. 인구는 기하급수적으로 증가하지 않았다. 식량생산은 밑바닥 성장률을 맴돌지 않았다. 맬서스가 범한 가장 큰 실수는 농업과 공업의 혁명적 발달을 예견하지 못했다는 점이다.[6] 그래서 맬서스는 경제사에서 가장 큰 엉터리 예언을 한 경제학자인 셈이다. 그래서 부크홀츠는 맬서스를 야구경기에서 2루 베이스를 밟지 않고 지나가 경기를 그르친 '멍청이 머클'과 비교했다(이승환, 1994 : 88).

맬서스에 대한 비판은 부크홀츠에서 그치지 않는다. 스위스 태생의 교수이자 유엔 식량특별조사관으로 있는 장 지글러(Jean Ziegler)는 아프리카의 기아상태를 목격하면서 저술한 『왜 세계의 절반은 굶주리는가?』에서 다음과 같이 맬서스를 평가하고 있다.

> 오늘날 우리 지구는 인구가 지금의 두 배가 되어도 너끈히 먹여 살릴 수 있다. 그래서 맬서스 이론은 근본적으로 틀렸지만 심리적 기능은 충족시키고 있다. 날마다 기아에 시달리는 사람들과 구호시설에서 웅크린 채 죽어가는 아이들, 수단의 덤불 속으로 버쩍 마른 몸으로 뛰어다니는 아이들을 보는 것은 일반적인 감성을 지닌 사람들에게는 참을 수 없는 일이다. 그래서 양심의 가책을 진정시키고, 불합리한 세계에 대한 분노를 몰아내기 위해 많은 사람들이 맬서스의 신화를 신봉하고 있다. 끔찍한 사태를 외면하고 무관심하게 만드는 사이비 이론을 말이야!(유영미, 2007 : 41-43).

그러면 맬서스의 이와 같은 예언은 스핀햄랜드법에 어떤 영향을 미쳤는가?

맬서스는 『인구론』에서 빈곤에 대한 정부의 구제책임을 규정하고 있는 스핀햄랜드법은 인구를 증가시키고[7] 빈민들의 생활수준을 더 낮게 만들 뿐만

---

6) 현재는 미국이 생산할 수 있는 곡물 잠재량만으로도 전 세계 사람들이 먹고 살 수 있고, 프랑스의 곡물생산으로 유럽 전체가 먹고 살 수 있는 전 세계적 식량 과잉의 시대이다(유영미, 2007).

7) 당시 영국의 인구는 700만 명 정도였다.

아니라 빈민들의 수도 증가시킨다고 주장하면서 스핀햄랜드법의 폐지를 주장하였다. 다음 내용은 1798년 『인구론』 초판의 내용 중 일부이다.

> 영국의 구빈법(스핀햄랜드법을 지칭함)은 가족을 부양할 능력이 없는 빈민들도 결혼을 하게 만들어 생산을 증가시키지 않고 인구를 증가시키는 결과를 초래하고 있다. 인구 증가로 인해 식량이 훨씬 더 적게 배분되어 교구로부터 보호받을 수 없는 노동자들은 식량을 전보다 더 적게 구입할 수밖에 없게 된다. 그 결과 점점 더 많은 노동자들이 구제를 신청하게 된다. 사회에서 가장 가치가 적은 사람이라고 생각되는 사람들이 수용되어 있는 작업장(workhouse)에서 소비되는 식량은 근면한 사람들에게 돌아가야 하는 식량을 감소시킴으로써 근면한 사람들의 독립심을 저하시킨다(인구론 제6장; Rimlinger, 1971 : 39).

맬서스는 스핀햄랜드법이 비생산적인 경제적 결과 이외에도 사회에 해악을 끼친다고 강조했다. 그는 빈민구제가 개인의 자립정신을 해치고 근면정신을 파괴한다고 주장하면서 하층계급은 자신들이 당하고 있는 곤경을 지배자의 탓으로 돌리는 습관을 가졌다고 비판했다. 또한 그는 빈곤은 장래에 대한 대비와 검약정신이 결여되어 발생한 것이며 빈민들을 구제하는 것은 자연법을 거역하는 것이고 더 큰 불행을 가져오기 때문에 빈민을 구제하는 스핀햄랜드법은 폐지되어야 한다고 주장했다. 그는 스핀햄랜드법을 폐지함으로써 인구증가를 억제할 수 있고 자립정신이 손상되는 것을 예방할 수 있으며, 도덕적으로나 물질적으로 사회를 개선할 수 있다고 보았다(Rimlinger, 1971 : 40). 맬서스는 질병과 배고픔은 가슴 아픈 일이기는 해도 이 사회에 필수적인 기능을 한다고 주장했다. 지구상의 인구를 줄여주는 자연적인 수단이라는 것이었다.

보나르(Bonar, 1885)가 『인구론』을 통해 스핀햄랜드법에 대한 토론이 제기되지 않았다면 1834년의 신구빈법이 제정되지 않았을 것이라고 이야기했을 정도로 맬서스의 『인구론』이 당시 영국의 사회복지정책에 미친 영향력은 대단했다(Rimlinger, 1971 : 51). 그래서 보나르는 맬서스를 '신구빈법의 아버지(father of new poor law)'라고 불렀다. 맬서스는 1834년 세상을 떠났는데, 그해는 스핀햄랜드법이 빈민에게 가혹한 형태의 신구빈법으로 변화된 해였다.

그러면 맬서스가 인간의 근면성을 파괴한다고 비판했던 스핀햄랜드법을 대체한 신구빈법은 어떠한 모습이었는가?

애덤 스미스, 맬서스, 벤담이 옹호한 1834년 신구빈법의 모습

애덤 스미스, 맬서스, 벤담이 빈민들에게 우호적이었던 스핀햄랜드법을 비판한 이후 스핀햄랜드법을 대체하여 1834년 신구빈법이 제정되었다. 영국 사회복지 역사에서 가난한 사람들에게 가장 우호적이었던 법이 가장 가혹한 법으로 대체되는 데에는 39년밖에 걸리지 않은 셈이다.

그러면 신구빈법은 어떤 모습을 지녔는가?

신구빈법의 핵심에는 작업장제도와 '열등처우의 원칙(principle of less eligibility)'이 있다. 먼저 작업장제도를 살펴보자. 신구빈법하에서는 어떤 빈곤한 남자가 구제를 요청하여 그와 그의 가족이 구제를 받기 위해서는 작업장에 입소해야만 했다. 작업장에 가족이 입소하면 가족은 각각 헤어져야 했고 부모는 정해진 시간에만 자녀를 만날 수 있었다. 폴라니(Polanyi)는 신구빈법하의 작업장의 잔혹성을 다음과 같이 기술하고 있다.

> 1834년의 신구빈법은 스핀햄랜드제도에서 시도되었던 생존권을 폐기했다. 그 잔혹성은 1830년대, 1840년대의 대중적 정서에 큰 충격을 주어 엄청난 저항을 받았다. 시설외구제의 폐지로 인해 더욱 곤궁해진 대다수의 빈민들은 참혹한 상태로 방치되었고, 비참하게 고생하던 사람들 중에는 수치로 가득 찬 작업장에 입소하기에는 자존심이 허락하지 않았던 '구제받을 자격이 있는 빈민(deserving poor)'들도 있었다. 아마도 근대 사상사에서 이 이상 무자비한 사회개혁이 실행되었던 적은 없었을 것이다. 진정한 빈곤의 기준을 제공하는 체하면서 작업장 입소심사를 한답시고 수많은 사람들의 생활을 짓밟았다. 노동이라는 제분기의 톱니바퀴에 기름치는 격인 심리적 고문이 온건한 자선사업가들의 냉정한 변호 아래 서슴없이 실행되었다(박현수, 1991 : 107; Polanyi, 1944 : 82).

그래서 「브래드포드 아구스(Bradford Agus)」 신문은 "신이 함께 결합하도록 한 가족을 따로 떼어놓은 신구빈법은 살인을 부추기고, 가난을 범죄시하며, 빈민을 굶어죽게 하고, 빵과 물이 없이 살 수 있는지를 증명하려고 하고 있다"고 신구빈법을 묘사했다. 당시의 신구빈법 항의 집회에는 '빌어먹을', '악마 같은', '신을 거역하는', '매우 사악하고 반기독교적인', '반사회적이고 지옥에 관한 설교' 등으로 신구빈법을 묘사하는 표현들이 등장했다(임영진 · 이영찬, 2003 : 28; Jones, 2000 : 12). 또한 니콜스(Nicholls, 1898)에 의하면 노동자들은 작업장을 '바스티유 감옥'이라고 불렀으며, 빈민뿐만 아니라 건강한 사람에게도 '넌더리나고 혐오스러운 곳(irksome and disagreeable)'이었다고 했다(Schweinitz, 1947 : 135).

신구빈법이 제정되고 3년 후인 1837년 2월 찰스 디킨스(Charles Dickens)는 『올리버 트위스트(Oliver Twist)』라는 장편소설을 발표하면서 작업장에서 벌어지는 비인간적인 모습들을 묘사했다.[8] 다음 사진은 영화 '올리버 트위스트'에서 작업장에서 올리버 트위스트가 "죽 한 그릇 더 주세요"라고 말하는 모습이다. 이 장면은 이 영화에서 가장 압권으로 평가되고 있다.

8) 찰스 디킨스의 장편소설인 『올리버 트위스트』의 내용은 출산 중에 사망한 미혼모로부터 작업장에서 태어난 올리버가 신구빈법의 전체 체제에 도전하는 것이었으며, 1948년 같은 제목인 '올리버 트위스트'로 영화로 제작되었다. 이 영화는 사회복지 역사 강의 간에 자주 상영된다. 이 영화의 사회복지에 대한 함의에 대해서는 유동철 · 장명희의 『영화로 보는 사회복지』(경기 : 양서원, 2008)를 참조하기 바란다.

신구빈법의 또 다른 핵심은 벤담의 제자였던 에드윈 채드윅(Edwin Chadwick)이 만든 것으로 알려진 열등처우의 원칙이다. 열등처우의 원칙은 구제를 받는 자의 생활상태는 실질적으로 또는 명목적으로, 구제를 받지 않는 최하층 독립노동자의 생활보다 '덜 바람직스럽고(less desirable)', '덜 만족스러워야(less satisfactory)' 한다는 것이다.[9] 스핀햄랜드법이 빵의 가격과 가족의 수에 의해 결정되는 객관적인 최저생계비를 설정하여 운영하려 했던 것과는 달리 열등처우의 원칙은 빈민들의 생활 여건을 독립노동자 계층의 생활 여건과 상대적 관점에서 비교했다. 열등처우의 원칙은 1800년대 영국의 지배가치였던 고전경제학의 자유시장에 대한 믿음이 확고했기 때문에 지속될 수 있었다. 자유시장에 대한 믿음이 영국사회의 지배가치로 남아있으면서 빈곤의 주요 원인으로 성격결함이 강조되었고, 치료수단으로 열등처우의 원칙과 작업장제 원칙이 계속되었다(박병현, 2008 : 61).

신구빈법은 빈민이 가난하게 된 것은 전적으로 빈민 개인의 책임으로 간주하였다. 사실상 신구빈법은 영국에서 가난은 범죄라는 사실을 공포한 것이었다(Monypenny, 1910 : 374). 스핀햄랜드법 아래에서는 사람들이 어떠한 동물보다도 보호를 받아왔다면, 신구빈법 아래에서는 그들은 모든 불운을 감수하면서 스스로 자신을 돌보지 않을 수 없게 되었다(Polanyi, 1944 : 83). 1834년 신구빈법은 당시 고전경제학에 기초한 자유방임주의, 벤담의 공리주의, 맬서스의 인구론이 있었기 때문에 가능했다.

9) 왕립위원회의 1834년 최종보고서에는 '덜 누릴 만한'으로 번역될 수 있는 'less eligible'로 되어있다.

10 사회복지는 대공황을 극복하게 했다[1)]

1929년 주식가격의 폭락으로 시작된 대공황

1929년 10월 24일 월요일, 미국 주식시장에서 주식가격이 폭락했다. 당시의 사람들은 주식가격이 폭락할 수도 있는 것이라고 생각했지 그날의 주식가격의 폭락이 10년 이상 경제가 침체된 대공황으로 이어질 것이라고 예상하지 못했다. 더군다나 그날의 주식가격 폭락이 미국 사회복지발전의 전환점이 될 것이라고는 아무도 예상하지 못했다.

대공황은 자유방임주의에 기초하여 생성되었던 미국경제 전반의 신용구조를 파괴시켰으며 실업을 증가시켰고 소득을 격감시켰다. 무엇보다도 대공황의 충격이 컸던 것은 한창 번영하던 시기에 공황이 일어난 것과 공황이 장기간에 걸쳐 지속되었다는 것이다. 역사적으로 어느 경제침체도 1930년대 대공황과 같은 대규모가 아니었으며 10년 이상 오래 지속되지 않았다.

경기침체의 정도

대공황의 심각성은 다음의 통계를 보면 알 수 있다. 미국의 국민총생산(GNP)은 1929년 대공황 이전 1,031억 달러에 달했으나, 대공황이 시작되자 격감하여 1933년에는 556억 달러로 반토막났다. 국민총생산은 1934년부터 조금씩 증가하기 시작하여 1937년에는 904억 달러에 달했으나 그다음 해 1938년에 847억 달러로 다시 감소하였으며, 1941년이 되어서야 대공황 이전의 수준을 회복했다. 실업률도 급증하여 1929년에는 3.2%이던 실업률이 1933년 여름에는 24.9%로 치솟았다. 대공황 시기 동안 소비는 18% 감소했으며, 건축은 78%, 제조업

1) 이 부분의 내용은 박병현의 『사회복지의 역사』(경기 : 공동체, 2010)의 내용을 재구성한 것이다.

매출은 54%, 투자는 98% 감소했다. 1932년 자동차산업은 20%만 가동되었다. 경제가 가장 침체하였던 1933년 3월에는 전체 노동인구의 약 29%인 1,500만 명 정도가 실업상태였으며, 1932, 1933, 1934, 1938년에도 실업자가 연간 1,000만 명을 상회했다. 노동자들은 실낱같은 희망으로 일자리를 구하기 위해 여기저기 돌아다녔으나 일자리를 찾지 못했으며, 비상급식소가 곳곳에 설치되었다. 경기회복 프로그램에 힘입어 1937년에 실업률이 14%로 줄어들었으나 1938년에는 다시 19%로 증가하였다.[2] 연방긴급구제청(Federal Emergency Relief Administration)의 통계에 의하면, 가장 실업률이 높았고 소득이 격감하였던 1933년 10월에는 전 인구의 약 10%에 해당하는 300만 가구의 1,250만 명이 실업구제에 의존하였다(Axinn & Levin, 1992 : 176; Katz, 1986 : 207; Rimlinger, 1971 : 196).

또한 미국 전체에서 1인당 연간 가처분 소득은 1929년의 682달러에서 1933년에는 364달러로 감소했다. 이를 1964년 가격으로 환산하면 1,273달러에서 938달러로 감소한 것으로 1940년이 되어서야 1929년의 1인당 실질소득 수준으로 회복되었다. 은행도 도산하기 시작하여 1932년 말에서 1933년 초 사이에 4,000개의 은행이 도산했다. 많은 노동자들이 은행에 저축계좌를 소유하고 있었으나 은행의 파산으로 저축을 모두 잃었으며, 집과 농장을 잃어버린 사람들도 많았다(Rimlinger, 1971 : 197).

미약했던 공공복지제도

경제가 침체하더라도 연금제도나 실업보험제도와 같은 사회복지제도가 잘 구비되어 있으면 경기침체의 충격을 완화할 수 있다. 그러나 당시의 미국에는 사회복지제도가 구비되어 있지 않았다. 다음의 풍자화는 대공황 당시 미약했던 미국의 공공복지제도를 사실적으로 보여준다. 당시 영국의 노동자들은 1900년 전후에 제정된 산업재해보상보험제도, 연금제도, 의료보험제도, 실업보험제도로 노령이나 실업으로 인한 소득의 단절, 질병, 재해의 위험에 대해 신속하게 대처할 수 있었다. 그러나 노동자재해보상제도를 제외하고는 아

2) 대공황 이후 최고의 실업률은 1982년 후반의 10.8%였다.

무런 사회보험제도가 없었던 미국에서는 수백만 명의 노동자들이 대공황 시기 소득의 완전상실이라는 위험에 처했다. 특히 실업이 대규모로 발생했지만 실업보험제도가 존재하지 않아 실업자 구제에 속수무책이었다. 1930년의 미국 인구는 약 1억 2,300만 명이었다. 그중에서 약 4,900만 명이 노동자였으며, 65세 이상 인구는 약 650만 명이었다. 그러나 1930년에 약 107,000명의 노동자들만 실업보험의 혜택을 받은 것으로 추정된다. 그중에서 약 33,500명은 노동조합이 운영하는 보험에, 약 65,000명은 고용주-노동조합연합보험에, 그리고 단지 8,500명만이 고용주 단일보험에 가입되어 있었다. 이러한 통계는 1930년대 초반에 대부분의 노동자들이 실업보험의 혜택을 보지 못하고 있었음을 알 수 있다(박병현, 2008 : 138). 또한 노인들 중에서 연금을 받는 사람은 10% 정도였으며 그중 80%는 군인연금 수급자였다.

PUBLIC SOCIAL SPENDING

Figure 1. A Cartoon about British and U.S. Social Insurance

출처 : John Andrews(1919). Labor Problems and Labor Legislation. New York : American Association for Labor Legislation.

연방정부, 주 정부, 지방정부의 사회복지지출을 합한 금액이 1920년대에 연간 1억 달러 수준이었으나 대공황 초기인 1932년에는 2억 800만 달러에 지나지 않았을 정도로 사회복지의 발전은 미미했다. 이 수준은 1인당 사회복지 지출이 1.67달러이며 국가소득의 0.5%에 지나지 않는 것이었다(Patterson, 1986 : 56). 이와 같이 대공황 초기에 사회복지의 발전이 미미했던 이유는 미국인들이 민간의 자선이나 민간사회복지기관들로 빈곤문제를 해결할 수 있을 것으로 보았기 때문이었다.

연방정부 차원의 구제정책 전개

1929년 10월 주식가격의 폭락으로 시작된 경제침체가 회복되지 않고 점점 심해진 데는 경제상황에 대한 잘못된 처방이 한몫을 했다. 당시는 통화량이 절대적으로 부족한 시기였으나 오히려 허버트 후버(Herbert Hoover) 행정부는 통화량을 줄이는 긴축재정정책을 폈다. 후버 대통령은 정부의 지원이 없어도 민간기관, 적십자사, 가족서비스기관 등이 실업이나 빈곤문제에 대해 대처할 수 있을 것이라고 믿었다. 경제위기에 대해 후버 대통령이 취한 첫 번째 조치는 1930년 10월 긴급고용위원회(Emergency Committee for Employment)의 구성이었다. 그러나 이 위원회는 구제자금이 주어지지 않았기 때문에 아무런 실적이 없었다. 또한 후버 대통령은 이 위원회가 건의한 연방도로 건설, 농촌전기시설 확충, 도시주택 건설, 전국실업통계 수집, 전국에 걸친 공공고용사무소 설치, 실업보험 도입계획을 모두 거부했다. 후버 대통령은 경제가 더욱더 악화되는 데도 자원봉사와 지방정부의 구호책임을 강조했다. 즉, 후버 대통령은 급증하는 실업자들에 대한 구제책임을 지방정부와 민간기관의 몫으로 돌렸다. 그러나 지방정부는 경제위기를 극복할 수 있는 행정능력도 재정자원도 없어 주 정부에 구제자금 요청을 했다. 그러나 주 정부 또한 대규모 구호를 제공할 만한 재정이나 행정조직이 갖추어지지 않았다(Katz, 1986 : 215).

경제침체가 점점 심해지는 가운데 1932년 11월 뉴욕 주지사이던 프랭클린 루즈벨트(Franklin D. Roosevelt)는 대통령 선거에서 현직 대통령 후버(Hoover)를 압도적으로 물리치고 1933년 3월 4일 대통령에 취임했다. 취임 후 루즈벨트 대통령은 신속하게 경제위기에 대응하면서 케인스(Keynes)의 경제이론을 바탕으로 정부의 과감한 재정지출을 의미하는 뉴딜(New Deal)정책을 펴나갔다.

케인스 경제이론은 '공급이 수요를 창출한다'는 '세이(Say)의 법칙'을 부정하면서 시작했다. 세이의 법칙은 상품생산을 통해 벌어들인 돈을 다른 상품 구입에 소배하기 때문에 시장 전체의 공급과 수요는 맞아 떨어지고 공급과다 현상은 발생하지 않는다는 것이다. 따라서 세이의 법칙이 사실이라면 장기간의 실업이나 대공황은 발생하지 않아야 한다. 그러나 세이의 법칙을 비웃듯 대공황은 일어났다. 대공황이 일어나기 직전인 1920년대 후반에 소비자들은 소비를 줄이고 빚을 갚으려 했으며, 하필 그때 미국 중앙은행인 연방준비은행은 물가상승압력을 억제하기 위해 통화량을 감소시키는 금융긴축정책을 폈다. 케인스는 경제불황은 총수요가 총소득에 미달할 때 발생한다고 보았다. 케인스의 주장이 사실이라면 대공황을 극복하기 위해 소비를 통해 수요를 늘려야 하는데 이미 대부분의 기업들은 파산했고 개인은 직장을 잃어버려 소비할 여력이 없었다.

케인스는 이러한 시기에 소비를 늘려 생산량과 수요량의 차이를 줄일 수 있는 주체는 정부뿐이라고 보아 루즈벨트 행정부에게 정부지출을 과감하게 늘리라고 충고했다. 루즈벨트 행정부는 케인스의 충고를 받아들여 대규모 공공사업과 사회보장급여를 늘려 소비자의 구매력을 늘렸다. 케인스는 또한 '승수이론(theory of multiplier)'을 제안했다. 승수이론의 요지는 한 사람의 소비량 변화가 눈덩이처럼 불어나는 파급효과를 낳아 국가 전체의 소비량에 최종적으로 미치는 영향은 처음의 몇 배가 된다는 것이다.

뉴딜정책을 지탱하는 철학은 연방정부가 자유주의 시정정책에서 탈피하여 공공복지에 더 많은 투자를 해야 한다는 것이었다. 이것은 1854년 피어스(Pierce) 대통령이 '불행한 사람을 돕는 권한은 주 정부에 있으며 구제를 이유로 연방정부가 주 정부를 간섭해서는 안 된다'는 이유로 미국 최초의 정신건강법안에 대해 거부권을 행사한 이후 고수되어 왔던 연방정부의 사회복지 불개입원칙에서 탈피하는 것이었다.

뉴딜정책 아래에서 사회복지 지출이 급격하게 증가했다. 1933년 초반 의회는 5억 달러의 직접구제비를 추인했으며, 루즈벨트 대통령은 실업자들에게 비상구호를 제공하기 위해 1933년 5월 12일 연방긴급구제청(FERA : Federal Emergency

Relief Administration)을 설립하고 5월 22일 청장에 사회사업가인 해리 홉킨스(Harry Hopkins)를 임명했다. 빈곤의 광범위함과 빈곤문제를 해결하기 위한 방안의 핵심은 구매력(purchasing power)이라는 것을 인식한 해리 홉킨스는 청장으로 임명받은 지 2시간도 채 지나가기 전에 5백만 달러의 구호비를 지출했다.

대부분의 구제비는 빈민들에게 현금으로 지출되었다. 경제침체가 가장 심했던 1933년 5월 말에서 11월 말까지 연방긴급구제청은 3억 2,400만 달러를 45개 주에 배분했고, 1934년 3월까지 370만 가구에 구제를 제공했으며, 한 달 후에는 구제받는 가구가 450만 가구로 증가했다. 연방긴급구제청은 1933년 5월에서 1936년 6월 30일까지 비상구제금으로 30억 달러를 지출했다.[3] 연방긴급구제청은 실업자들에게 구호를 제공하는 면도 있었지만 고용창출 효과도 있었다. 1934년 10월에 긴급구제를 담당하는 공무원의 수는 4만 명에 이르렀으며, 연방긴급구제청이 고용한 사람은 12만 명에 이르렀다(Katz, 1986 : 219).

루즈벨트 대통령은 연방긴급구제청에 이어 토목사업청(CWA : Civil Works Administration)을 설립하여 1933년 말에서 1934년 초의 재앙과도 같았던 겨울을 극복하도록 했다. 이 노동구제 프로그램은 자산조사 없이 제공되었으며 1934년 1월에 400만 명이 구제를 받아 절정을 이루었다. 토목사업청에 참여하여 받는 급료는 평균 주 15달러였는데, 이 수준은 연방긴급구제청에서 제공하는 평균급여보다 두 배 혹은 두 배 반 정도 많은 것이었다. 토목사업청은 1943년 문을 닫을 때까지 850만 명의 실업자들에게 근로구제를 제공하기 위해 110억 달러(85%는 임금으로 지출)를 지출했다. 뉴딜정책 중에서 토목사업청보다 더 관대한 정책은 없었으며, 만일 토목사업청이 없었다면 미국은 많은 사람들이 영양실조에 허덕였을 것이고 사회불안이 조성되었을 것이다(Patterson, 1986 : 56-57).

1934년 2월까지 연방긴급구제청, 토목사업청, 젊은이들을 삼림 프로젝트에 고용한 시민자원보존단(CCC : Civilian Conservation Corps)에 의해 고용된 사람은 800만 가구에 당시 미국 인구의 22.2%에 달하는 2,800만 명에 이르렀다. 이것은 미국 역사상 최대 규모의 공공복지 수준이며 대부분의 자금은 연방정부에서

3) 당시 홉킨스가 연방긴급구제청장으로 지출한 자금은 단일 사업으로는 미국 역사상 최고이다.

지출되었다. 그래서 1940년 한 사회사업가는 “미국의 1929년부터 1939년까지의 10년간은 그 이전의 300년 동안 사회복지가 발전한 것보다 더 발전했다”고 회고했다(Patterson, 1986 : 57).

대공황은 자본주의는 정부가 통제하지 않으면 파멸을 가져올 정도로 본질적으로 불안정하다는 것을 보여준 것이었다. 비록 진보주의 시대를 거쳐 오면서 빈곤의 원인이 개인적 성격의 결함이라는 자유주의 철학이 공격을 받기는 했지만 자유주의 사상은 미국의 주류 이데올로기였다. 그러나 대공황은 개인의 성격결함이 아니라 사회의 구조적 결함에 의해서도 가난해질 수 있고 실업상태에 놓일 수도 있다는 의식을 가져왔다. 또한 대공황은 빈곤문제 해결에 연방정부가 개입해야 한다는 주장이 힘을 얻어 사회보장법이 제정되는 등 사회복지의 획기적인 발달을 가져왔다. 이것은 정부는 시장경제에 개입하지 말아야 한다는 고전경제학에 대한 부정을 의미했다. 미국 역사상 사회복지가 대중적이 된 것은 대공황 시기가 처음이었다.

타운센드 운동의 전개

대공황 시기의 미국의 사회보장법 도입과정에서 눈길을 끄는 것은 타운센드(Townsend) 운동이다. 타운센드 운동은 내과의사였던 프란시스 타운센드(Francis Townsend)가 1933년 9월 30일자 캘리포니아 지역신문인 「롱비치 텔레그램(Long Beach Press-Telegram)」에 ‘공황의 치유(Cure for Depressions)’라는 짧은 글을 기고하면서 시작되었다. 기고문의 내용은 “연방정부는 60세가 넘은 모든 노인들에게 ‘일하는 것을 중단하고 미국 내에서 한 달 안에 모두 소비하는 조건’으로 매월 200달러의 연금을 지급하고, 여기에 드는 재원은 판매세로 충당해라”는 것이었다. 이 계획의 기본 아이디어는 노인이 200달러의 연금을 수령한 즉시 소비한 돈은 소비자의 구매력을 증진시킴으로써 경제가 활성화되는 데 기여하며 그 결과로 경제위기를 극복할 수 있다는 것이었다. 이러한 타운센드의 제안은 1930년대 대공황을 극복하는 데 이론적 기초를 제공한 케인스 경제학과 유사한 것으로 볼 수 있다.

이 기고문은 기고자인 타운센드조차도 놀랄 정도로 엄청난 반응을 있었다. 기고문을 게재한 신문의 모든 지면에는 이 계획의 장점을 검토한 글들이 매일 게재되었으며, 이 놀라운 공황치유책을 적용하기 위한 방법을 지도해 달라는 요청이 쇄도했다. 이러한 놀라운 반응은 타운센드 운동으로 전국에 확산되어 이 운동을 지지하는 성명서에 2,500만 명이 서명했을 정도였으며 노령연금제도 도입에 정치적 압력으로 발전했다. 타운센드 운동에 동의하는 타운센드클럽에 참여한 회원의 수가 1936년에 220만 명에 달했으며 그중 2/3는 60세 이상의 노인이었다(Holtzman, 1963 : 35). 타운센드 운동은 루즈벨트 대통령이 "만일 노령연금제도를 도입하지 않았으면 의회는 타운센드 계획의 압력을 이겨내지 못할 것이다"라고 회고했을 정도로 사회보장법에 노인의 소득보장이 우선순위에 포함되는 데 많은 기여를 하였다.

사회보장법 제정

대공황을 극복하기 위한 뉴딜정책의 핵심 내용은 연방정부 주도의 사회복지의 확대였다. 대공황 시기에 민간부문이 충분한 수준으로 소비하려 들지 않았기 때문에 공공부문이 이 틈을 메워야 했다. 루즈벨트 행정부는 사회복지제도와 공공투자 프로젝트를 수행하여 일자리를 창출했으며, 이를 통해 대중들의 소비가 늘어나고 이는 더 많은 일자리 창출로 이어졌다. 따라서 미국이 대공황을 극복하는 데는 사회복지의 확대가 큰 기여를 했다고 할 수 있다.

대공황 시기 사회복지 확대의 결실 중의 하나는 연방정부가 주도하는 사회보험과 공공부조제도를 사회복지정책의 핵심이 되게 한, 1935년 8월 14일 루즈벨트 대통령이 서명한 사회보장법(Social Security Act of 1935)이다. 1935년 사회보장법은 미국에서 5년 전만 해도 상상할 수 없었던 사회복지 프로그램들을 제도화했다. 사회보장법은 사회복지에 대해 확대된 연방의 책임으로 볼 수 있으며, 동시에 빈곤을 사회구조적 관점에서 조명하는 새로운 사회철학의 탄생으로 볼 수 있다.

사회보장법의 기본 개념은 고용이 가능한 사람들과 고용이 가능하지 않은 사람들을 구분하여 각각에 적합한 제도를 도입했다. 고용이 가능한 사람들에 대해서는 실업과 노령이라는 두 가지의 정형화된 위기상황에 대비하기 위해 연방정부가 사회보험 프로그램을 운영하며, 고용이 불가능한 사람들을 위해서는 공공부조 프로그램을 만들어 연방정부가 주 정부나 지방정부의 프로그램에 보조금을 제공했다. 이러한 기본 개념에 따라 사회보장법은 소득보장을 세 가지 방법으로 접근하고 있다. 첫째, 연방정부가 운영하는 사회보험 프로그램으로 노령연금(OAI : Old Age Insurance)과[4] 실업보험 프로그램이 여기에 속한다. 둘째, 연방정부가 재정보조하고 주 정부가 운영하는 공공부조 프로그램으로 여기에는 ADC 프로그램이 있다. 셋째, 주 정부나 지방정부가 재정을 책임지는 프로그램이다.

4) 노령연금제도는 1939년 유족연금(SI : Survivors Insurance), 1956년 장애연금(DI : Disability Insurance)을 추가하여 사회보장으로 불리는 OASDI가 되었다.

11 전화위복이었던 IMF 경제위기

한국이 건국 이래 최대의 경제위기로 인해 기업의 도산과 대량실업에 허덕이던 1998년 3월, 필자는 당시 미국 MIT에 재직하고 있던 경제학자 폴 크루그먼(Paul Krugman)[1)]이 경제전문지인 「Fortune」에 기고한 "아시아 : 무엇이 잘못되었는가?(Asia : What Went Wrong?)"라는 글을 읽은 적이 있다. 크루그먼이 기고한 글의 내용 중 일부는 다음과 같다.

> 내 마음속 한편에선 아시아 재정위기에 흥분하고 있을 뿐만 아니라 행복감을 느끼기조차 한다. 내가 뭐라고 하더냐? 내가 20년 전에 아시아 경제모델은 위기에 봉착할 때가 올 것이라고 얘기하지 않았더냐? 그리고 모든 것이 순조로울 때보다 이번처럼 잘못되고 있을 때 국제 경제의 원리에 대해 더 많이 배울 수 있다.

다른 나라의 경제가 곤두박질치는 상황을 보고 행복하다고 말하는 크루그먼을 비정한 경제학자로 비판할 수 있다. 그러나 필자는 이 글을 읽는 순간 나도 모르게 다음과 같이 속으로 소리쳤다.

> 아! 나도 행복하다. 나도 우리나라의 경제위기를 보고 있으니 행복감을 느낀다. 내가 뭐라고 하더냐? 사회복지제도가 잘 구비되어 있으면 사회·경제적 위험들이 초래할 충격을 잘 극복할 수 있다고 얘기하지 않았느냐? 그리고 경제가 순조로울 때보다 이번처럼 잘못되고 있을 때 사회복지가 발전하는 사례들이 역사책 속에 있으니 이제 우리나라에도 사회복지가 발전할 수 있는 최고의 기회가 왔다.

1) 폴 크루그먼은 2008년에 노벨경제학상을 수상했다.

그리고 경제위기 이후 거짓말처럼 한국에서 사회복지가 획기적으로 발전했다. 회고해 보면, 한국의 사회복지에 있어서 1997년 말에 갑자기 닥쳐온 경제위기는 국가적으로는 위기였으나 사회복지 측면에서 보면 발전의 전환점이었다.

1997년 12월의 외환위기

1997년에 들어서면서 태국, 홍콩, 말레이시아, 필리핀, 인도네시아 등 동남아시아에서 연쇄적으로 외환위기가 나타났다. 한국에서도 기업들의 과도한 해외 단기 차입금과 당시 김영삼 정부의 잘못된 경제정책과 정치적 판단으로 외환 관리에 실패하면서 1997년 말 외환보유고가 204억 달러까지 감소했다.[2)] 결국 한국은 조만간에 1인당 국민소득 10,000달러에 도달할 것이라는 기대감에 차있었던 시기에 국제통화기금(IMF)으로부터 긴급구제금융을 받아야만 했다. 이 시기 한국은 경제가 이대로 몰락하는 것이 아닌가 하는 위기감에 휩싸였다.

이러한 경제위기로 인해 <표 11－1>에서 보듯이 1998년에는 경제성장률이 －6.7%로 마이너스 성장을 기록했다. 경제성장률이 (－)를 기록한 것은 정치불안으로 일시적 경기침체가 있었던 1980년 이후 처음이었다. 경제위기 속에 실업자 수가 증가하기 시작하여 1998년 중 한국은 실업률 7.0%, 실업자 수 130만 명을 기록했다. 실업률 급증 이유는 마이너스 경제성장률, 기업들의 투자축소 등으로 신규고용이 급격하게 감소한 데다 기업의 구조조정과 이에 따른 기업 연쇄부도로 기존 취업자의 실직이 크게 늘었기 때문이었다. 국제통화기금(IMF)이 요구한 고금리 정책과 노동시장 유연성 정책도 부실기업의 구조조정을 부추겨 실업률 증가를 가져왔다.[3)] 경제가 어느 정도 회복한 1999년 말에도 실업률은 약 6.3%로 여전히 100만 명 정도 실업자가 존재했다.

2) 2022년 2월 기준 한국의 외환보유액은 4,631억 달러이다.

3) 경제학자 제프리 삭스(Jeffrey Sachs)는 1997년 동아시아 위기가 기본적인 경제체질보다 국제자본의 급격한 이동이 빚어낸 일시적 혼란이라는 시각을 가지고 한국의 외환위기 직후 IMF가 내린 고금리 위주의 처방을 강력히 비판했다.

〈표 11-1〉 외환위기 전후의 경제상황

(단위 : %)

	경제성장률	물가상승률	실업률	회사채이자율
1996	6.8	3.9	2.0	11.87
1997	5.0	3.2	2.6	13.39
1998	−6.7	5.0	7.0	15.10
1999	10.9	−2.0	6.3	8.86
2000	9.3	−1.1	4.1	9.35

출처 : 한국은행(1999). 1999년 1/4분기 국민계정.

이러한 경제위기는 근로자의 소득 또한 감소시켰다. <표 11−2>를 보면, 1997년까지 지속적으로 증가되던 근로자 소득이 1998년에는 감소했으며 1999년 이후가 되어서야 1997년 수준이 되었음을 알 수 있다.

〈표 11-2〉 외환위기 전후의 근로자 소득 추이

(단위 : 천 원)

	1995	1996	1997	1998	1999	2000
근로자 전체	15,853	17,732	18,515	17,928	18,472	19,670
사무직	19,705	22,313	23,297	22,685	24,067	−
생산직	13,037	14,406	15,128	14,271	14,397	−

출처 : 김정완(2008). 근로소득세의 소득재분배 효과에 관한 연구 : 외환위기 전후를 중심으로. 한국정책연구, 8(2), 198.

1997년 말 외환위기로 촉발된 경제위기가 초래한 가장 큰 문제는 양극화의 심화였다. 소득분배구조를 보면 1997년 경제위기 이후 도시가구의 소득규모별 소득변화에서 부익부 빈익빈 현상이 심화되고 있음을 알 수 있다. 물론 외환위기 발생 전인 1997년부터 전체 도시가구 중 하위 40%의 가구에서 이미 소득이 감소하고 있었다. 그러나 외환위기가 시작되면서 그 범위는 더 확대되어 1998년 하위 60%의 소득이 감소하는 현상이 나타났다. 반대로 상위 20%의 소득은 외환위기 이전보다 증가폭이 둔화되었으나 여전히 증가세를 유지하고 있다. 이처럼 상위 20%의 소득이 증가하고 있다면, 하위 20%의 소득은 큰 폭으로 감소하고 있다. 특히 그 감소폭은 외환위기를 기점으로 더욱 커지는 양상을 보였다. 1997년 하위 20%의 소득은 8.2% 감소하여 하위 20~40%의 가구의 9.9%에 비해 적은 규모였으나, 1998년에 10.3% 감소하여 하위 20~40% 가구의 6.4%를 넘어섰고, 이 폭은 1999년 1/4분기부터는 더욱 확대되었다(표 11-3 참조).

〈표 11-3〉 1996~1999년 사이 도시가구의 소득변화

소 득		1997		1998		1999	
		변 화	%	변 화	%	변 화	%
총소득	상위 20%	120.9	20.9	127.7	5.6	132.4	3.7
	20~40%	126.6	26.6	122.4	−3.3	120.8	−1.3
	40~60%	104.5	4.5	100.8	−3.6	98.4	−2.3
	60~80%	90.1	−9.9	84.3	−6.4	81.3	−3.6
	하위 20%	91.8	−8.2	82.3	−10.3	75.4	−8.4
비경상 소득	상위 20%	132.9	32.9	247.0	85.8	339.9	37.6
	20~40%	114.7	14.7	76.1	−33.7	90.9	19.5
	40~60%	108.1	8.1	70.8	−34.5	75.4	6.3
	60~80%	116.4	16.4	89.1	−41.5	70.6	3.7
	하위 20%	116.7	16.7	60.6	−48.6	71.4	18.9
근로소득	상위 20%	119.5	19.5	121.3	1.5	117.9	−2.9
	20~40%	126.7	26.7	127.0	0.3	120.8	−4.9
	40~60%	102.9	2.9	102.6	−0.3	98.5	−4.0
	60~80%	87.4	−12.6	82.9	−5.1	78.7	−5.1
	하위 20%	91.1	−8.9	82.7	−8.2	73.5	−11.1

주 : 변화율은 1996년을 100으로 설정.
출처 : 통계청(1996; 1997; 1998; 1999). 도시가계연보(1/4분기).

소득수준의 양극화는 지니계수를 통해서도 알 수 있다. ❙그림 11-1❙을 보면, 1997년에 0.283이었던 지니계수가 경제위기 기간 중이던 1998년에는 0.316으로 급격하게 높아졌으며, 2001년에도 0.319로 높은 수준을 유지했다.

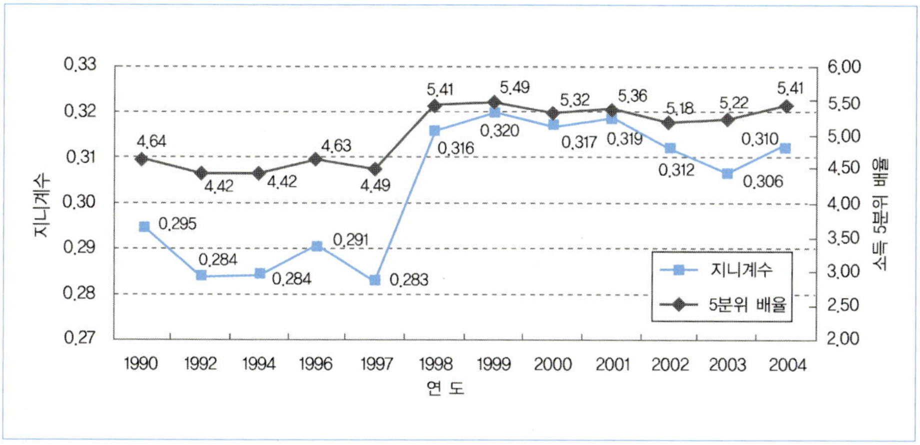

그림 11-1 지니계수 및 소득 5분위 배율 추이

이러한 경제위기 속에 국민들이 피부로 느끼고 있는 경제상황도 1997년 4/4분기 이후 급속히 악화되었다. 현재생활형편지수나 생활형편전망지수는 모두 급전직하로 떨어졌으며, 1998년 3/4분기 이후 회복세를 나타냈지만 1999년 1/4분기까지 100을 밑돌고 외환위기 직전인 1997년 3/4분기보다 낮았다. 이 시기 생활형편이 6개월 전에 비해 호전되었다는 응답비율은 7%에 불과했으며, 나빠졌다는 응답비율이 52%를 차지했다. 생활형편전망도 85로 100을 넘지 못하면서 외환위기 이전 수준에 미치지 못하며, 향후 6개월 동안 생활형편이 지난 6개월에 비해 호전될 것이라는 응답비중은 16%인 반면 나빠질 것이라고 응답한 소비자의 비율은 그 두 배가 넘은 39%에 달했다. 또 어느 설문조사에 의하면, '한때 자신을 중산층이라 생각한 사람들' 중의 20.4% 정도가 외환위기 이후 중산층에서 하류층으로 하락했다고 응답했다(김동춘 외, 2000 : 112-113).

경제위기 후의 사회복지 발전

그러나 아이러니하게도 이러한 경제위기를 겪으면서 사회복지제도가 발전하기 시작했다. 이 시기의 사회복지 발전의 대표적인 사례는 1998년 개정되어 1999년부터 전 국민을 대상으로 확대된 국민연금제도, 조합주의 방식의 의료보험제도를 통합주의로 변형시킨 1999년 국민건강보험법 제정, 기존의 생활보호법을 대체하면서 1999년에 제정되고 2000년부터 시행된 국민기초생활보장제도이다.

한국의 경제위기 시기의 가장 의미 있는 사회복지제도의 개혁 중의 하나는 1999년 8월 12일 제정되고 2000년 10월 1일부터 시행된 국민기초생활보장제도이다. 국민기초생활보장법이 제정되기 이전의 우리나라 공공부조제도의 근간은 1961년에 제정된 생활보호법이었다. 생활보호제도는 대상자 선정의 비합리성, 급여의 저급성, 운영의 비합리성의 문제를 지니고 있었다. 생활보호제도는 생계보호의 대상자를 65세 이상의 노인이나 18세 미만의 아동, 임산부 등으로 제한함으로써 실질적으로 생계유지가 어려운 많은 저소득층이 보호되지 못하고 생활보호의 사각지대로 잔존하여 왔다. 그리하여 생활보호제도는 우리나라 헌법 제34조 제1항의 '모든 국민의 인간다운 생활을 할 권리'와 제5항의 '생활능력이 없는 자에 대한 국가 보호책임에 대한 국민의 권리'를 구현하지 못하고 있었다.[4)]

그러나 1999년 8월 12일 제정되어 2000년 10월 1일부터 시행된 국민기초생활보장제도에서는 기존 생활보호법의 가장 큰 문제점으로 지적되어 온 65세 이상과 18세 미만이라는 인구학적 기준을 개선하여 근로능력의 유무와 관계없이 소득이 최저생계비에 미달하는 국민은 누구나 대상자로 선정될 수 있도록 하였다. 또한 소득과 급여를 합한 소득수준을 최저생계비 수준까지 보장함으로써 헌법이 보장하고 있는 모든 국민의 인간다운 생활을 할 권리와 생존권적 기본권을 보장하고 있다. 그뿐만 아니라 시혜적인 성격의 생활보호법의 명칭을 국민기초생활보장법으로 변경하고, 법의 내용 중 '보호', '피보호자' 등의 시혜적인 문구를 '보장', '수급자' 등의 권리성 문구로 변경함으로써 현대적인 공공부조제도로 발전시켰다. 이렇듯 국민기초생활보장제도는 모든

---

4) 이러한 면 때문에 1994년 심창섭 씨와 이금순 씨 노인부부가 "생계보조비를 지나치게 적게 규정한 생활보호법(국민기초생활보장법의 전신)은 모든 국민은 인간다운 생활을 할 권리가 있다고 규정한 헌법에 위배된다"고 위헌소송을 냈으나 1997년 5월 헌법재판소로부터 헌법재판관 만장일치의 기각판정을 받았다. 기각판정의 사유는 생계보조비는 국가의 재정상황에 따라 제공되어야 한다는 것이었다. 일본에서도 이와 비슷한 소송이 있었다. 1957년 朝日茂 씨가 생활보호 기준으로는 건강하고 문화적인 생활수준을 유지할 수 없어 후생대신이 설정한 생활보조 기준이 헌법에 위배된다고 제소하였다. 이 재판은 1심에서는 원고가 전면 승소하였으나 그 후 점차 판결내용이 불리하게 변하여 최종적으로는 朝日茂 씨가 사망함으로써 원고 측의 패소로 끝났다. 이 소송은 소송을 제기하였던 사람의 성을 딴 아사히(朝日)소송으로 불린다(김기태 · 박병현 · 최송식, 2009 : 12).

국민에 대한 기초생활의 보장을 국가의 책임으로 명시하면서, 생활보장의 내용을 현실화하는 등 공공부조의 질적 향상을 이루어 냈다고 할 수 있다.

또한 이 시기에 복지예산이 대폭 증가하였다. **| 그림 11-2 |** 에서 보는 바와 같이 경제위기 이전이었던 1997년 정부 총예산 대비 보건복지부 예산은 4.2%였으나 1999년 5.0%, 2000년 6.0%, 2001년에는 7.5%로 수직 상승했다.

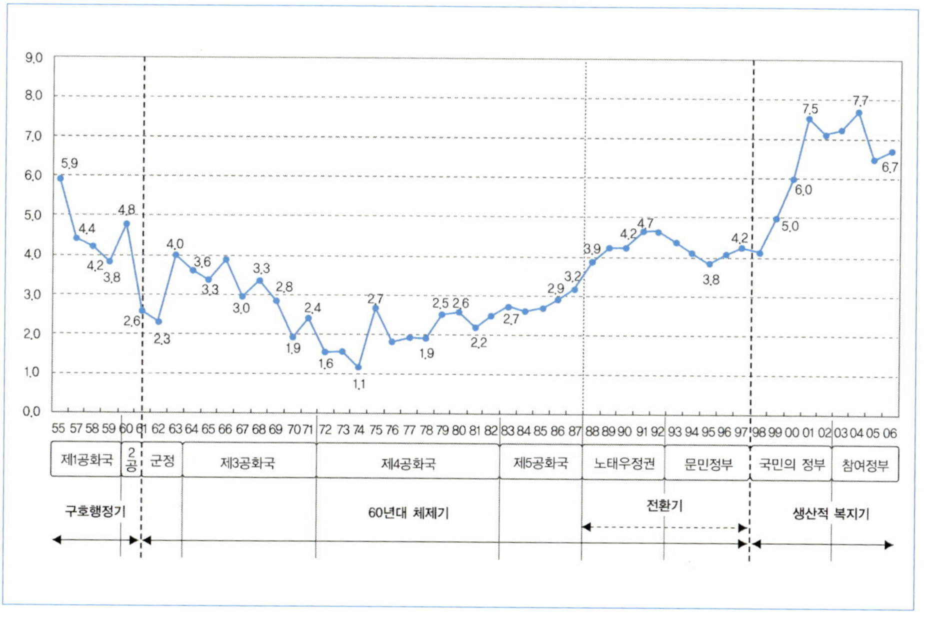

| 그림 11-2 | 정부 총예산 대비 보건복지부 예산 추이(%)

출처 : 박병현 외(2007). 동아시아 사회복지연구. 경기 : 공동체, p. 30.

이 시기의 복지예산의 급격한 증가를 어떻게 설명할 수 있는가? 1997년 말에 시작된 경제위기는 한국의 경제와 사회를 뒤흔들어 놓았다. 중산층이 몰락하고 대규모 실업사태가 발생했으며, 정부는 대규모 실업사태가 초래할지 모르는 사회불안을 해소하기 위해 복지예산을 증액할 수밖에 없었다.

12 미국의 1960년대 사회불안과 사회복지[1)]

1971년 프란세스 피븐과 리처드 클로워드(Frances Piven and Richard Cloward)는 기념비적인 저서 『빈민통제 : 공공복지의 기능(Regulating the Poor : The Functions of Public Welfare)』을 출간했다. 그들은 이 책에서 구제는 정치제도나 경제제도의 부속물이거나 부차적인 제도여서, 빈민들에 대한 구제는 경제적·정치적 질서를 위해 존재하여 왔다고 주장했다. 그들은 미국의 대표적인 공공부조제도인 AFCD를 예로 들면서, 복지는 사회안정을 유지하기 위해 빈민을 통제하는 장치로 사용되어 왔다고 주장했다. 복지 프로그램은 정치·사회적으로 불안한 시기에는 빈민들을 달래기 위해 확대되었다가, 정치·사회적으로 안정이 되면 빈민들을 노동시장에 편입시키기 위해 복지에 대한 규정들이 엄격해진다고 주장했다. 그러면서 미국의 1960년대는 정치·사회적으로 불안한 시기였으며 이 시기에 복지가 폭발적으로 팽창했다고 기술했다.

풍요로우나 분리된 사회

대공황을 극복한 뒤 1950년대의 미국은 강하고 안정된 국가가 되어갔다. 앨빈 조세피(Alvin Josephy)는 1953년 9월 14일자 시사주간지 「타임(Time)」에서 미국을 다음과 같이 묘사했다.

> 미국의 제일 작은 마을이나 가장 고립된 지역의 사람들까지도 풍요한 중산층의 생활을 누리고 있다. … 사람들이 더 부자가 된 것은 아니지만, 과거 어느 때보다도 더 많은 사람들의 삶의 질이 향상되었다.

1) 이 부분의 내용은 박병현의 『사회복지의 역사』(경기 : 공동체, 2010), pp. 208-229의 내용을 재구성한 것이다.

이렇게 미국의 상황을 낙관적으로 보는 경향은 1960년대에도 계속되었다. 1960년대의 미국에서는 일자리도 풍부했고, 근로자들은 어느 때보다 높은 임금을 받았으며, 그것도 매년 인상되었다. 저소득층들도 어느 시기보다 살기가 좋았다. 예를 들면, 1966년의 최저임금은 시간당 1달러 25센트였는데 이는 2008년 가격으로 환산하면 8달러가 넘는다.[2)]

이와 같이 미국 국민 대부분이 이전 세대에 비해 생활수준이 높아졌다고 느꼈고, 사회가 더 평등해져 소외되었다고 느끼는 사람들은 줄어들었다. 1960년대에는 많은 미국인들이 자신을 중산층이라고 여기게 되었다. 그래서 스테이너(Steiner, 1966 : 190)가 1940년대부터 1960년대 초반의 사회과학문헌에는 빈곤을 주제로 쓴 논문이 거의 없다고 할 정도로 빈곤문제는 적어도 학문적으로는 사회문제화되지 않았으며 사람들의 뇌리에서 사라져 갔다. 즉, 미국의 1960년대는 풍요의 시대같이 보였다.

그러나 1950년대와 1960년대의 미국은 외견상으로는 풍요로운 사회같이 보였지만 내면적으로는 인종적으로, 계층적으로 분리된 불안정한 국가였다. 존 케네스 갤브레이스(John Kenneth Calbraith)는 제2차 세계대전 이후 미국의 가치에 대한 비평을 담아 1958년 출간한 저서의 제목을 『풍요한 사회(Affluent Society)』라고 했지만 사실상 이 제목은 냉소적인 의미였다.

당시 미국이 인종적으로 분리되어 있다는 것을 보여준 사건은 1955년에 있었던 '버스'와 관련된 사건이다. 알라바마주의 로자 파크(Rosa Park)라는 흑인 여인이 버스에 탔는데 흑인들이 앉는 뒷좌석이 꽉 차 중간에 앉았다. 그런데 다음 정거장에서 백인이 탔고, 로자에게 뒤로 가라고 했지만 로자는 자리를 비켜주지 않았다. 운전사가 경찰을 불렀고, 로자는 교통법 위반으로 체포되었다. 이 사건을 계기로 로자가 출석하던 교회의 마틴 루터 킹(Martin Luther King) 목사가 버스회사를 상대로 1년 동안 항의시위를 하면서 비폭력 저항운동이 시작되었으며, 1956년 연방대법원이 흑백 버스 좌석 구분을 없애라는 판결이 내려 모든 버스 좌석에 흑인 백인 차별이 없어지게 되었다. 이 사건은 '버스'와 관련된 단순한 사건이지만 후일 흑인들의 인권운동으로 비화되었다.

2) 2008년 미국의 최저임금은 시간당 5달러 15센트였다.

해링턴이 묘사한 "보이지 않는 빈곤"

마이클 해링턴(Michael Harrington)은 1962년 『또 다른 하나의 미국(The Other America)』이라는 책을 출판했다. 그의 책에는 다음 구절이 있다.

> '또 다른 하나의 미국'에서는 새로운 인생과 토지를 찾는 모험심은 찾아볼 수 없다. 그곳은 실패한 사람들, 토지에서 내몰린 사람들, 도시로부터 쫓겨난 사람들, 고독과 빈곤으로 고뇌하는 노인들, 편견의 벽에 부딪힌 소수인종들이 거주하는 곳이다. … 다른 미국인들에게는 '보이지 않는 그곳'은 게토(ghetto)가 되며, 사회와 경제로부터 거부당한 현대판 가난한 농장이다(Harrington, 1962 : 10).

해링턴은 그의 책에서 미국은 두 개의 미국으로 분리되어 있다고 했다. 하나는 중산층 이상의 사람들이 사는 미국이고, 다른 하나는 적절한 교육, 주택, 고용 및 의료서비스를 받지 못함으로 인해 박탈감과 굴욕감을 지닌 빈민들이 사는 미국이라고 주장하였다. 그러나 대부분의 미국인들은 빈민들이 중산층 이상의 사람들과 같이 살지 않기 때문에 빈곤의 실상에 대해 모르고 있다고 하였다.

해링턴은 '빈곤이 보이지 않는 이유'를 네 가지로 분석하였다. 첫 번째는 농촌의 빈곤은 아름다운 경치[특히 애팔래치아 산맥 주변에 위치한 웨스트버지니아 주(West Virginia)[3)]]에 가려서 보이지 않는다. 두 번째는 이전과 비교하면 빈민들이 상대적으로 옷을 잘 입기 때문에 사람들이 잘 살고 있는 것처럼 보이나 실제로는 이러한 옷에 가려 그들의 열악한 주택문제나 의료서비스의 결여 등과 같은 빈곤의 실상이 보이지 않는다. 세 번째는 가난한 노인들은 질병, 공포심, 교통편의 결여 등으로 외부 출입을 하지 못하고 집에만 머물러 있기 때문에 빈곤한 노인들이 보이지 않는다. 그리고 마지막으로 빈민들은 정치적인 힘이 없기 때문에 결집된 힘을 행사하지 못해 보이지 않는다. 해링턴은 이 책에서 미국 빈민들의 수는 4,000만 명에서 5,000만 명에 이른다고 주장하였다.

---

3) 미국의 컨트리 음악 가수 존 덴버(John Denver)는 그의 노래 "Take Me Home Country Roads"에서 웨스트 버지니아를 '천국같이 아름답다(almost heaven West Virginia)'고 노래했다.

해링턴의 『또 다른 하나의 미국』은 출판될 때에는 주목을 받지 못했다. 그러나 1963년 1월 드와이트 맥도날드(Dwight MacDonald)의 『또 다른 하나의 미국』에 대한 장문의 서평인 「보이지 않는 우리의 가난(Our Invisible Poor)」이 영향력 있는 저널인 「New Yorker」에 게재되면서 『또 다른 하나의 미국』은 주목을 받기 시작했다. 이 책은 서서히 미국인의 풍요에 대한 자기만족적인 태도를 바꾸기 시작하였으며 지식층으로 하여금 빈곤에 대해 인식을 다시 하는 데 기여하였다. 정치권에서도 빈곤에 대한 관심이 고조되기 시작하여 이미 대통령 선거 유세기간 중 웨스트버지니아 주에서 빈곤의 실상을 목격한 존 에프 케네디(John F. Kennedy) 대통령은 해링턴의 책과 맥도날드의 서평을 읽고 자신의 자문위원에게 빈곤문제를 연구하라고 지시하면서 '빈곤과의 전쟁'을 구상했다. 그러나 케네디 대통령은 '빈곤과의 전쟁'을 실행하기 전 암살당했다(Patterson, 1986 : 99).

대빈곤 전쟁 선언

빈곤을 퇴치하려는 노력은 당시 점점 더 강도가 강해지던 인권운동과 상승작용을 했다. 1963년 8월 23일 마틴 루터 킹 목사의 워싱턴에서의 기념비적인 연설에 예상을 훨씬 초과한 20만 명이 운집했으며 이들은 "일자리와 자유를 달라"고 외치며 행진했다. 그리고 케네디 대통령의 뒤를 이은 린던 존슨(Lyndon B. Johnson) 대통령은 빈곤퇴치를 집권 슬로건으로 내세운 '위대한 사회(Great Society)'를 위한 계획 속에 포함시키면서, 의회에 보내는 교서에서 '우리 조국의 강대함과 국민의 복지를 해치는 내부의 적과의 전쟁', 즉 '빈곤과의 전쟁(War on Poverty)'을 선언했다. 빈곤과의 전쟁이 포함된 경제기회법(Economic Opportunity Act)은 1964년 8월 20일 통과되었다. 경제기회법에는 '빈곤과의 전쟁'과 관련되는 다음의 내용이 들어있다.

> 미국은 모든 개인에게 그의 능력을 모두 사회를 위해 기여할 수 있도록 기회가 주어질 때에만 국가가 완전한 경제적·사회적 잠재력을 성취할 수 있다. 따라서 미국의 정책은 모든 사람에게 교육과 훈련받을 기회, 일할 기회, 존엄과

괜찮은 생활을 할 기회를 제공함으로써 빈곤의 모순을 제거하는 것이다(Public Law 88-452, Sec. 2).

경제기회법의 내용을 보면, 빈곤과의 전쟁의 수단은 교육과 직업훈련이었다. 먼저 빈곤과의 전쟁을 수행하는 경제기회법에 의해 저소득층 청년들과 소수민족 가구에게 성공을 위해 필요한 교육, 기술, 그리고 경험이 제공되었다. 청년들을 위한 프로그램에는 학교중퇴자들과 직장이 없는 청년들에게 직업교육 제공 프로그램, 학교중퇴를 예방하는 직업훈련 프로그램, 청년들이 대학까지 교육을 계속 받도록 하는 근로학습(work study) 프로그램 등이 있었다. 빈곤과의 전쟁의 목적은 빈곤계층에게 여분의 기회를 주는 것이었다. 빈곤과의 전쟁 프로그램에는 이 외에도 소수민족 자녀의 조기교육 프로그램인 헤드 스타트(Head Start)를 비롯하여 VISTA(Volunteers in Service to America), 농촌주민에 대한 부조, 법률 원조, 보건, 주택, 소비자교육 등에서 지역사회의 자치적 활동을 권장하는 지역사회개혁사업(Community Action Program) 등이 있었다.

공공부조제도의 확대

이와 같이 정치·사회적으로 분리된 미국의 상황을 개선하기 위한 방법으로 사회복지가 확대되기 시작했다. 사회복지 확대를 견인한 제도는 AFDC였다. 1935년 사회보장법이 제정되면서 도입된 AFDC 프로그램은 도입 당시 예상은 사회보장제도(OASDI)가 성숙하면서 미망인들이 유족급여를 받게 되면 축소되거나 사회보장제도에 흡수될 것으로 보았다. 그러나 이러한 예상은 AFDC 프로그램이 미국의 가장 대표적인 공공부조제도로 발전하면서 빗나갔다.

1960년대 이전에는 실업자의 수가 공공부조 수혜자의 수보다 더 빨리 증가했다. 그러나 1963년에 이르자 이러한 경향은 역전되어 1963년부터 1970년 사이에 실업자는 30만 명이 증가한 반면 공공부조 수혜자는 600만 명 이상 증가했다. 당시 유족보험 대상자가 150만 명의 아동과 39만 6천 명의 미망인이었다는 통계와 비교하면 공공부조 수혜자의 증가는 폭발적인 증가였다(Axinn & Stern, 2005 : 246). 빈곤집단은 아동, 노인, 대가족, 여성세대주 가구로 분류되기 시작했으며, 농촌에 거주하는 가구와 유색인종 가구의 빈곤문제가 더욱더 부각되기 시작했다. 놀라운 것은 전일제 근로도 빈곤 탈피를 보장하지 못하는 '일하면서도 빈곤한 사람(working poor)'들이 빈곤집단으로 분류되기 시작했다는 것이다(Axinn & Stern, 2005 : 251).

또한 피븐과 클로워드(Piven & Cloward, 1971)에 의하면, 1950년대에는 AFDC 수혜자는 단지 11만 세대만이 증가하여 17%의 증가율을 보였으나, 1960년 12월부터 1969년 2월까지 무려 80만 세대가 증가하여 107%의 증가율을 보였으며, 1967년부터 1972년까지는 두 배로 증가하였다. 그러나 1970년대 초부터는 이러한 증가는 경제적 침체기였던 1970년대 중순과 1982년을 제외하고는 없었다. 특히 북부지방과 도시지역은 160%가 넘는 증가율을 보였다. 피븐과 클로워드는 이러한 현상을 "복지폭발(welfare explosion)"이라고 불렀다.

사회복지비의 증가

빈곤과의 전쟁을 실행하면서 연방정부의 사회복지비 지출이 대폭 늘어났다. 1965년에서 1972년까지의 8년 동안 연방정부의 사회복지비 지출은 750억 달러에서 1,850억 달러로 증가했다. 연방정부 사회복지비 증가율도 1950년에서 1965년까지는 평균 4.6%였으나, 1965년에서 1976년까지는 7.2%로 증가했다. 사회복지비 지출이 국내총생산(GNP)에서 차지하는 비율은 1960년에는 7.7%였으나, 1965년에는 10.5%, 1974년에는 16%로 증가했다. 이와 같은 변화는 연방정부의 사회복지에 대한 책임성이 대폭 증가했다는 것을 의미한다(Katz, 1986 : 258).

연방정부의 사회복지 역할이 확대되면서 사회복지계의 목소리도 커졌다. 지역사회정신건강센터의 설립을 가능하게 한 '지역사회정신건강법(Community Mental Health Act)'이 1963년 통과되었으며, 빈민들의 영양을 보충하기 위한 '식품권법(Food Stamp Act, 미국의 대표적인 바우처 프로그램)'이 1964년에 통과되었다. 또한 노인들을 위한 건강보험인 메디케어(Medicare)와 빈곤한 사람들을 위한 의료부조 프로그램인 메디케이드(Medicaid)가 1965년에 도입되었다. 이러한 모든 사회복지의 발전은 사회적으로, 정치적으로 불안했던 시기인 1960년대에 일어났다.

13 한국의 1980년대 사회적 · 정치적 불안과 사회복지[1)]

1980년대 후반의 정치 불안

1980년대 후반은 한국 현대 정치사에 있어서 하나의 분수령이었다. 1985년 야당이 실질적으로 승리를 거둔 2 · 12 총선 이후 야당과 재야세력은 간선제로 선출된 제5공화국 전두환 대통령의 정통성의 결여와 비민주성을 비판하면서 직선제 개헌을 계속 주장하였다. 이에 맞서 전두환 대통령은 1987년 4월 13일 일체의 개헌논의를 금지하는 호헌조치를 발표하였다. 4 · 13 호헌조치는 엄청난 저항을 초래하여 1987년 6월 10일 전국 18개 도시에서 민주헌법쟁취국민운동본부가 주최하는 대규모 가두집회가 열리고, 학생과 시민들의 시위가 연일 계속되었다. 6월 26일에는 전국 37개 도시에서 사상 최대 인원인 100여만 명이 밤늦게까지 격렬한 시위를 벌였다. 이런 과정 중에 경찰력이 마비되자 정부는 한때 군 투입을 검토하였으나 온건론이 우세하여 당시 노태우 민정당 대통령 후보는 국민들의 직선제 개헌요구를 받아들이면서 6 · 29 선언을 발표하였다.

이런 과정 중에 치러진 1987년의 제13대 대통령 선거에서 민정당 노태우 후보가 당선되었으며, 1988년의 국회의원 선거는 소선구제로 치르면서 집권 민정당과 두 야당인 통일민주당, 평민당의 득표율은 각각 34%, 29%, 24%로 여소야대의 결과를 가져왔다.

노동운동 부문에 있어서도 많은 변화가 있었다. 1987년 6 · 29 선언 직후 한국 역사상 전대미문의 노동자 대투쟁을 촉발시킴으로써 민주적 경제전환의 계기도 형성해 나갔다. 노동부 통계에 의하면 1987년 6 · 29 선언 이후 그해 연

1) 이 부분의 내용은 박병현의 『사회복지의 역사』(경기 : 공동체, 2010), pp. 334-357의 내용을 재구성한 것이다.

말까지 총 3,625건의 노사분규가 발생했는데 이는 1987년 전체 분규 수 3,749건의 97%가 6·29 선언 이후 집중적으로 발생했음을 보여준다. 또한 노동조합 가입율도 1986년 15.5%로 1960년 이후 최저수준을 기록하였으나 이후 급증하여 1989년에는 23.4%를 기록했다.

이와 같이 1980년대 후반은 정치·사회적으로 불안한 시기였다. 이 시기에 한국은 정치·사회적으로 불안한 시기에는 사회 안정을 위해 사회복지가 발전한다는 피븐과 클로워드의 주장을 입증이나 하듯 사회복지가 발전했다. 이 시기에 발전한 사회복지의 모습을 살펴보자.

국민연금제도의 도입

보건사회부는 1986년 10월 4일 국민연금법(안)을 입법예고하고, 대통령의 재가를 얻은 후 11월 22일 국회에 제출되었다. 이어서 1986년 12월 17일 국회 본회의를 통과하였으며, 그해 12월 31일자로 공포되었다.

1986년 국민연금법의 주요 개정내용은 다음과 같다. 첫째, 가입 대상자를 10인 이상 사업장 근로자로 하였다. 둘째, 국민연금급여 중 균등 부분도 가입기간에 정비례하도록 하여 20년 가입하면 20%, 40년 가입하면 40%가 되게 하였고, 소득비례 부분은 20년 가입하면 15%, 40년 가입기준 30%로 만들었다(평균소득 가입자 기준). 셋째, 연금보험료의 부담은 초기 3%에서 5년 간격으로 3%씩 상향하여 9%까지 상향조정하도록 하였으며, 보험료 중 1/3은 법정퇴직금에서 전환하도록 하였다. 넷째, 개정안에서는 국민복지연금법과 달리 저소득자에 대한 보험료의 국고보조가 없어졌다. 국민연금제도는 노령연금, 장애연금, 유족연금, 반환일시금 등의 급여를 제공한다.

1988년 당시의 국민연금은 10인 이상 사업장을 대상으로 시행하였으나 점차적으로 적용 대상을 확대하여, 1992년에는 5인 이상 사업장으로, 1995년에는 농·어촌 지역으로, 1999년에는 도시지역 자영자를 대상으로 확대함으로써 전 국민을 대상으로 하는 연금제도로 발전되었다. 1992년에 5인 이상 사업장으로 확대 시행하게 된 것은 근무여건이 열악하고 산업재해의 발생이 빈번한 소규모사업장의 근로자를 보호하여야 한다는 여론에 따른 것이었다. 그 결과 가입 대상인 31,573개 사업장의 234,162명 중 30,602개소 사업장 및 근로자 231,542명이 추가적으로 국민연금에 가입하게 되었다.

의료보험제도 전 국민으로 확대

1976년 개정된 이후 1977년부터 500인 이상을 고용하는 사업장에 대해서만 실시되던 의료보험제도는 1979년 7월부터 300인 이상, 1981년 1월부터 100인 이상, 1986년 4월부터 16인 이상의 사업장에 대한 당연적용 의무화 규정을 통해 점차 그 대상범위를 확대해 오다가, 1987년 12월의 개정을 통해 5인 이상의 상시근로자를 고용하는 사업장으로 다시 당연적용의 범위를 확대했다. 그리고 1989년 7월부터는 도시지역에서도 의료보험이 확대 적용됨으로써 우리나라는 전국민이 의료보험의 혜택을 받을 수 있는 시대에 접어들었다.

최저임금제도 실시

최저임금제도는 1986년 12월 31일 최저임금법(법률 제3927호)이 제정 · 공포되면서 제도화되어 익년 7월 1일의 시행령(대통령령 제12207호)의 제정 · 공포와 11월 12일의 시행규칙(노동부령 제42호)의 제정 · 공포 등 일련의 하위법령의 제정과 준비작업을 거쳐 1988년 1월부터 시행되었다. 이러한 보편주의적 사회복지제도의 도입으로 우리나라는 복지국가로 발전할 수 있는 기틀을 마련했다고 할 수 있다.

사회복지전문요원의 배치

노태우 정부 기간 한국의 공공복지행정체계에 획기적 변화인 사회복지전문요원제도가 도입되었다. 1987년 49명의 최초의 사회복지전문요원이 선발되어 일선에서 가난한 사람들을 위한 생활보호업무를 담당했다. 이것은 공공복지행정의 특성이 무시된 채 일반직공무원이 담당해 왔던 복지행정업무가 전문성을 지닌 인력에 의해 집행되기 시작한 것이다. 사회복지전담요원제도가 도입됨으로써 보건복지부가 정책을 수립하면 행정자치부 산하의 시·도와 시·군·구를 통해서 읍·면·동사무소의 사회복지전담공무원에 의해 수급자에게 전달되었다.

아동과 청소년 관련 복지법 개정

1986년 모자보건사업과 가족계획사업을 연계시키도록 하는 모자보건법의 전면 개정이 있었으며, 1989년에는 아동 주간보호시설 규정을 신설한 아동복지법 시행령의 개정이 있었으며, 1991년에는 아동주간보호사업을 관리하고 지원하기 위한 영유아보육법이 제정되었다. 선별적 시설보호 중심의 접근에서 차츰 보편적 재가복지서비스를 강화시켜 온 셈이다. 한편 청소년복지 부문은 1987년에 청소년육성법이 제정되고 이에 따라 청소년 관련 전담조직이 설치되면서부터 자리를 잡아가기 시작했다(감정기·최원규·진재문, 2010 : 408).

장애인고용촉진에 관한 법률 제정

1990년 장애인고용촉진 등에 관한 법률을 제정하여 300인 이상의 상시근로자를 고용하는 사업체를 대상으로 전체 근로자의 2%를 장애인으로 의무고용하게 하고, 이를 미달해 고용할 경우 1인당 월 12만 원씩(1991년의 경우, 당시 최저임금의 60%) 장애인고용부담금을 납부하게 하였다.

사회복지비 지출 증가

노태우 정부 기간 동안 사회복지정책이 확대 시행되면서 국가의 복지비 지출이 현저히 증가하였다. 특히 1990년의 복지비 지출은 이승만 정권하에서 전쟁과 관련된 구제사업을 위해 책정된 1960년의 복지비 지출과 1997년 외환위기로 인한 경제위기 이후 대규모 복지사업으로 인한 2000년의 복지비 지출을 제외하고는 가장 높은 수준의 지출이다. 「그림 13-1」에서 보는 바와 같이 정부 총예산 대비 보건사회부 예산은 6월 항쟁이 있었던 1986년 이전에는 2% 수준에 머물러 있었으나 이후 꾸준히 증가하여 1990년에는 1960년 이후 최대인 4.7%를 기록하였다.

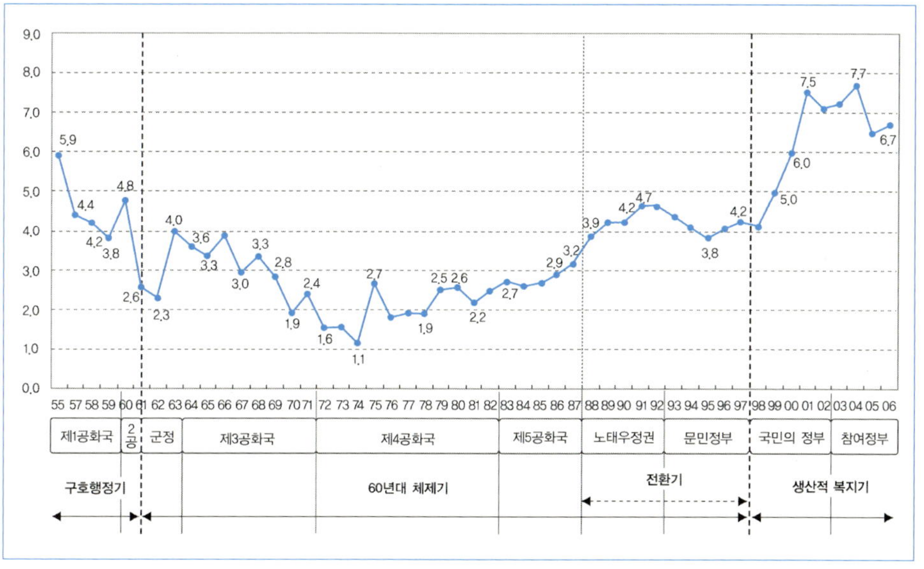

▌그림 13-1▐ 정부 총예산 대비 보건복지부 예산 추이(%)

출처 : 보건복지부(2006). 주요 업무 참고자료.
박병현 외(2007). 동아시아 사회복지연구. 경기 : 공동체, p. 30.

1980년대 후반 복지발전의 함의

이와 같이 한국의 경우 1987년은 사회복지 발전에 있어서도 분수령이었다. 한국의 경우 1987년 이후 국민들에 대한 복지제공은 폭발적으로 이루어졌다. 이 시기의 폭발적인 복지발전은 피븐과 클로워드가 언급한 1960년대의 미국 복지폭발과도 같은 복지폭증(welfare explosion)이었다.

1987년부터 1990년 사이에 국가가 사회복지를 확대하고 복지지출을 증가한 것은 국가와 자본가 계급의 노동계급과 일반 국민에 대한 자비로운 인간 본성의 구현에 의한 시혜나 가부장적 보호의 결과, 정보의 발달, 산업화의 진전, 혹은 시민들의 시민권 획득의 결과가 아니라 정치적 위기로 인해 촉발된 사회불안에 대한 정부의 사회통제적 대응이라고 볼 수 있다. 즉, 선별적 포섭과정의 일환으로 저항세력으로 성장할 수 있는 대규모 사업장 종사자부터 사회복지급여의 혜택을 주는 사회통제적인 사회복지정책으로 볼 수 있다. 이러한 현상은 사회복지의 발전은 산업화나 도시화와 같은 사회의 진보에 의해 자연스럽게 이루어지는 것이 아니라 자본가와 노동자, 지배계급과 피지배계급, 혹은 가진 자와 못 가진 자 간의 갈등과정을 거쳐 이루어진 것을 알 수 있다. 즉, 사회복지 발전의 환경을 제공하는 것은 사회진보이지만 그 결실을 맺게 해주는 것은 계층 간의 갈등증폭이라고 할 수 있다(박병현 · 최송식 · 황보람, 2007).

그러나 1987년부터 시작된 복지폭증은 오래 지속되지 않았다. 1990년 당시 소수여당이었던 민정당이 민주세력을 대변하던 김영삼의 민주당과 보수세력을 대변하는 김종필의 공화당과 합당하면서 정치안정을 이루었다. 이른바 '보수대연합'으로 불리는 삼당 통합으로 인해 정통성의 문제를 지니고 있었던 노태우 정부는 정통성을 어느 정도 회복했으며, 때를 맞추어 노사분규 수도 감소하였고, 노조 조직률도 감소했다.

이러한 정치환경의 변화는 사회복지의 발달을 저해했다. 시행이 임박한 것처럼 보이던 고용보험은 연기되었고,[2] 분배와 복지를 경제성장의 장애물로 간주하는 경제성장제일주의가 다시 등장했으며, 자고 나면 하나의 사회복지 프로그램이 생겨날 정도로 계속 확대될 것으로 보였던 복지의 구호 대신에 '일 더하기 운동'이 등장했다. 다시 말해 노동연계복지(workfare)가 등장했다. 이를 입증하듯 ‖그림 13-1‖에서 보듯이 1990년 4.7%로 1960년 이후 최고를 기록했던 정부 총예산 대비 보건사회부 예산비율은 1991년부터 계속 감소하기 시작했다. 그래서 1987년부터 시작되었던 '복지의 봄'은 너무나도 빨리 1990년에 끝났다(박병현, 2010).

---

2) 만일 노태우 정부 시간 동안에 고용보험제도가 실시되었다면 1997년 외환위기로 비롯된 경제위기의 충격을 상당 부문 완화할 수 있었을 것이다.

14 불평등한 우울한 현실

미국의 경제전문지 「포브스(Forbes)」는 매년 세계의 부자 명단을 발표하는데, 2021년에는 1,770억 달러(약 211조 원)의 자산을 소유한 아마존 CEO 제프 베조스(Jeff Bezos)가 세계 최고 부자로 발표되었다. 16위는 멕시코의 통신 재벌 카를로스 슬림(Carlos Slim)이 차지했는데 그의 자산은 628억 달러(약 75조 원) 정도이다. 멕시코 1년 GDP가 1조 달러 정도이니 카를로스 슬림은 멕시코 1년 GDP의 약 6%를 소유하고 있는 셈이다. 그래서 멕시코의 지니계수[1]는 카를로스 슬림 때문에 많이 올라갔을 것이다. 아니나 다를까 멕시코의 지니계수는 0.458(2016년)로 OECD 국가 중에서 칠레에 이어 두 번째로 높아 멕시코는 매우 불평등한 국가에 속한다.

불평등은 왜 문제가 되는 걸까?

미국 로스엔젤레스에 위치한 유니버설 스튜디오 할리우드(Universal Studio Hollywood)에는 입장권의 두 배 정도를 내고 줄 맨 앞에 설 수 있는 허가증을 판다. 일반 입장권을 가지고 있는 사람들은 인기가 있는 놀이기구를 타기 위해서 오랜 시간 동안 줄을 서서 기다려야 하나 웃돈을 주고 특별 입장권을 구입한 사람은 단 일 분도 기다리지 않는다(Sandel, 2012 : 37-50).[2] 일반 입장권을 가진 사람들은 특별 입장권을 가진 사람들을 보면 짜증이 날 것이다. 그러나 이 정도는 참을

1) 지니계수는 작을수록 평등한 상태, 클수록 불평등한 상태를 나타낸다. 지니계수는 16장에서 설명된다.

2) 할리우드뿐만 아니라 한국의 광화문 근처에서도 이와 비슷한 일이 일어날지 모른다. 서울 광화문 근처에 직장이 있는 사람들은 경험했겠지만 통념상 점심시간이 시작되는 낮 12시가 되면 점심식사를 위해 근처의 사무실에서 일하던 사람들이 일제히 몰려나온다. 그래서 12시에 식사를 하러 나가면 원하는 메뉴의 식사를 하려면 적어도 30분은 기다려야 한다. 그래서 11시 30분쯤에 점심식사를 위해 나서는 경우도 있고, 어떤 경우에는 직장 동료 중 한 사람(대부분의 경우 말단직원)이 10분이나 20분 먼저 식당에 도착해 메뉴를 주문하고 동료들이 오기를 기다린다. 그래서 점심식사를 대신 주문해 주고 수고료를 받는 아르바이트가 생겨날지도 모른다.

만하다. 놀이기구를 늦게 타는 것은 인내심이 조금 더 필요할 뿐 그다지 중요한 문제가 아니다.

최근 한국에서는 고급 스포츠카나 고급 요트를 보는 것이 어려운 일이 아니다. 자본주의 사회인 한국에서 부유함이 지닌 장점이 고급 스포츠카나 요트를 타고 환상적인 휴가를 즐길 수 있는 능력을 갖추는 것이라면 이것 또한 그다지 중요한 문제가 아니다. 중산층이나 가난한 사람들에겐 한국의 경제가 많이 발전했구나 하는 생각과 함께 환상적인 휴가를 보내지 못함에 대한 약간의 상대적 박탈감만 있을 뿐이다.

돈을 적게 가진 사람들이 겪는 상대적 박탈감은 여기서 그치지 않는다. 일등석 비행기 항공권을 구매한 승객은 탑승할 때 줄의 맨 앞에 설 수 있는 특권이 주어지거나 혹은 전용 카운터를 통해 탑승할 수 있다. 어떤 공항에는 일등석 승객들만 출입이 가능한 무료로 커피나 빵을 제공하는 라운지도 있다. 그러나 비행기 일등석을 이용할 만한 여유가 없는 중산층을 포함한 대부분의 승객은 상대적 박탈감을 느끼면서 일등석 탑승객들이 누리는 혜택을 그냥 물끄러미 쳐다보기만 할 뿐 달리 도리가 없다.

미국에는 연회비 개인 1만 5천 달러에서 가족 2만 5천 달러 정도 주면 의사들이 방문해 진료해 주는 전담의사제도가 있다. 이렇게 되면 의사는 하루에 30명이 아닌 10명 남짓 진료해도 여유롭게 생활할 수 있으며, 연회비를 지불한 사람은 병원에 가서 진료하려면 몇 시간을 소비해야 하는 진료를 직장에서 원하는 시간에 받을 수 있다(Sandel, 2012 : 37-50). 한국에도 돈이 매우 많은 사람들은 좋은 의료서비스를 받을 수 있다.

그러나 무엇보다 호화유람선의 탑승요금 차이로 생사가 갈렸던 것을 생각하면 무엇이든 돈으로 사고파는 세상에서는 부의 분배의 불균형으로 인한 차별은 중산층이나 빈곤층에는 가혹한 현실로 다가온다. 호화유람선이었던 타이타닉호의 탑승요금 차이로 인한 차별을 생각해 보자. 1912년 당시 최고 호화유람선이었던 타이타닉호가 빙산에 부딪쳐 침몰했다. 승무원과 승객을 포함한 2,224명의 탑승자 중에서 1,513명이 사망하고 711명만이 살아남아 생존율은 32%였다. 그런데 생존율은 승객들이 지불한 탑승요금과 비례했다. 비싼 요금을 지불한 1등실 승객의 생존율이 싼 요금을 지불한 3등실 승객의 생존율보다 훨씬 높았다. 탑승요금은 1등실이 30파운드(오늘날 시세·환율로 약 375만 원), 2등실은 13파운드(165만 원), 3등실은 8파운드(100만 원)였으며, 생존율은 1등실은 63%(319명 중 200명), 2등실은 43%(269명 중 117명), 3등실은 25%(699명 중 172명)였다.

1등실과 2등실 승객들은 갑판 가까이에 있어 재빨리 탈출할 수 있었으나 3등실은 배의 맨 앞이나 고물 쪽에 위치해 승객들이 갑판 밖으로 나오려면 미로와 같은 복도를 헤매야 했으며, 그러는 사이 물이 선실 안으로 차올랐고 3등실 승객들이 갑판에 왔을 때에는 구명보트는 이미 동이 나고 없었다. 돈을 많이 가졌던 사람들은 천재지변에도 불구하고 살아남을 확률이 높았고, 돈을 적게 가졌던 사람들은 대부분 천재지변 앞에 꼼짝없이 목숨을 잃었다.

타이타닉호의 사례가 돈을 적게 가짐으로 인해 겪는 가혹한 현실을 보여주는 것이라면, 돈을 적게 가진 사람들이 죽고 난 뒤에도 차별을 받는 사례를 살펴보자. 미국은 2001년 9·11 테러를 당했다. 미국 정부는 테러 피해자 유족에게 보상금을 지급했는데 피해자의 생전 연봉을 참조하여 '경제적 보상'을 제공했다. 테러로 인해 사망하기 전 연봉이 400만 달러 이상인 피해자 8명의 가족에게는 640만 달러의 보상금이, 최저 연봉의 희생자 유족에게는 25만 달러가 지급됐다. 26배 차이였다. 이것은 상위 1%가 미국 전체 소득의 20%를 가져가는 현실을 반영한 것으로 미국인 전체의 소득격차가 사망한 사람들의 보상금 산정에도 반영된 것으로 볼 수 있다. 테러로 사망한 사람들의 유족에게 그들이 살아있을 때의 사회·경제적 지위에 따라 보상금이 차별적으로 지급되었다는 사실은 사회·경제적 지위가 낮은 사람들은 죽어서도 차별을 당함을 보여준다.

사고 피해자에게 제공되는 보상금의 불평등은 한국도 예외는 아니다. 2013년 11월 충남 당진의 민간발전업체 H사에서 독성 가스인 고로가스(BFG)가 유출됐다. 이 사고로 근로자 A씨가 사망했다. A씨의 유족은 산재 보상금만 받을 수 있었다. A씨가 본사 직원이 아닌 하청업체 소속 직원이었기 때문이다. 산재 보상금은 평균임금에 따라 차이가 있지만 평균적으로 1억 3000만 원 수준이다. 이 사고와 비슷한 유형의 사고가 대기업 원청 근로자에게 일어났다면 사망자 유가족이 받는 금액은 4~5억 원에 달한다. 이러한 보상액의 차이는 산재 보상금에서부터 발생한다. 이와 같이 산재 보상금의 규모에서 차이가 나는 이유는 "근로복지공단은 유족에 대한 급여로 매월 사망 근로자 평균임금의 52~67% 상당액을 지급해야 한다"는 산업재해보상보험법 제62조 제2항 규정이 있기 때문이다. 따라서 원청 근로자의 임금이 하청 근로자보다 높기 때문에 원청 근로자와 하청 근로자는 산재 보상금의 규모가 다르다(머니투데이, 2014. 6. 24).

이와 같이 모든 것이 거래 대상인 자본주의 사회에서 돈으로 살 수 있는 대상이 많아질수록 부유함과 가난의 차이는 더 커진다. 좋은 의료서비스, 정치적 영향력, 좋은 대학에 많은 학생들을 보내는 학교, 안전한 이웃에 자리한 주택 등을 포함해서 돈으로 살 수 있는 대상이 점점 많아지면 소득과 재산으로 인한 불평등은 커다란 문제로 등장한다. 왜냐하면 좋은 것이라면 무엇이든 사고파는 세상에서는 돈이 모든 차별의 근원이 되기 때문이다.

한국의 불평등은 어느 정도인가?

그러면 한국은 어떠한가?

김낙년과 김종길이 2014년 발표한 논문 「Top Incomes in Korea, 1933-2010 : Evidence from Income Tax Statistics」에 의하면, 한국은 2012년 소득 상위 10%가 전체 소득의 45%를 차지했다. 이는 전 세계에서 소득불균형이 가장 심한 국가 중 하나인 미국(소득 상위 10%가 48.16% 점유)에 육박하는 수치이며, 일본(40.50%), 프랑스(32.69%)보다 훨씬 높은 수치다. 1979~1995년 30%에 머무르던 상위 10%의 소득 비중은 2000년 35%를 넘었고, 2006년 42%로 치솟았다. 상위 10%의 소득점유율이 2000년 이후 지속적으로 상승한 국가는 미국과 한국 정도다. 일본과 영국은 금융위기를 지나며 최근 이 비중이 떨어지고 있다. 한국의 상위 1%의 소득 비중도 2012년 12.41%로 조사됐는데 이 수치 역시 1997년 외환위기 이후 급증하고 있다. 1997년 이전까지 7%가량에 머물던 상위 1%의 소득 비중은 2005년 10%를 돌파한 이후 지속적으로 올라가고 있다. 상위 1% 소득 비중도 2005년부터 일본, 프랑스를 넘어섰다.

홍민기(2017)에 의하면 외환위기 이후 소득불평등이 지속적으로 증가하여 20세 이상 인구 가운데 최상위 10% 소득집단의 소득비중은 1999년 32.9%에서 2015년에는 48.5%로 증가했다. 2010년대 최상위 10% 소득비중은 미국 50.5%, 일본 41.6%, 영국 39.1%, 프랑스 30.5%, 스웨덴 30.7%로 한국의 개인소득 불평등도는 미국 다음으로 높다.

그러면 왜 한국은 급격하게 소득불균형 국가가 됐을까? 김낙년과 김종길(2014)에 의하면, 한국의 소득분배는 일제강점기 때는 악화된 상태였지만 이후 안정된 상태를 계속 유지하다 1990년대 후반부터 다시 급격히 악화되기 시작했다. 즉, 1990년대 후반부터 쿠즈네츠의 역 U자의 반대인 U자 그래프를 그리고 있는 것이다. 1997년 외환위기가 한국사회가 소득불균형 사회로 진입하는 기원으로 기록된 것이다. 김낙년과 김종길에 의하면, 여기에는 몇 가지 요인이 작용한다. 고도성장기 동안 빠르게 늘고 평균임금도 상승하던 비농업 부문의 고용이 1990년대 후반 이후 줄어드는 것이 그중 하나다. 김낙년 교수는 "중국 등 저임금 국가와의 교역 확대를 포함한 세계화 심화가 고용을 줄였고 숙련편향적 기술변화를 가속화하면서 근로자 간의 소득격차도 확대시켰다"고 지적했다. IMF 외환위기 이후 기업 지배구조 변화와 성과주의 보수체계의 확산도 소득격차의 확대를 불러왔다. 특히 상층 소득자에게 유리한 방향으로 세율구조가 변화된 점도 이를 가속화시켰다. 김낙년 교수는 "소득세법에 규정되어 있는 최고 세율 추이를 보면, 1960~1970년대 빠르게 상승하여 70%까지 갔다가 이후 지속적으로 하락하여 최근에는 그 절반으로 내려갔다"며 "1980년대 이후 미국 레이건 정부나 영국 대처 정부를 중심으로 신자유주의적 개혁이 추진되고 소득세율을 대폭 인하하는 조세정책이 당시 세계적 조류가 되었는데, 한국도 예외가 아니었다"고 강조했다.[3)]

또한 소득재분배를 추구하는 사회복지제도가 제 기능을 하지 못한 이유도 있다. 불평등 완화 효과를 창출해서 사회통합과 사회연대를 증진하도록 설계

3) 2021년 기준 우리나라의 기본 세율은 1,200만 원 이하 6%, 1,200만 원 초과 4,600만 원 이하 15%, 4,600만 원 초과 8,800만 원 이하 24%, 8,800만 원 초과 1억 5,000만 원 이하 35%, 1억 5천만 원 초과 3억 원 이하 38%, 3억 원 초과 5억 원 이하 40%, 5억 원 초과 10억 원 이하 42%, 10억 원 초과 45%이다.

되어야 하는 사회보험이 한국에서는 도입 초기부터 그 반대의 방향으로 설계되었다고 할 수 있다. 한국의 사회보험은 도입 초기부터 1차 노동시장에서 2차 노동시장으로, 대기업 종사자 대상에서 중소기업, 자영업자로 확대되어 빈곤계층, 소외계층, 취약계층이 배제되면서 시작되었다. 이러한 사회보험의 역진성이 장기적으로 누적되면서 소득불평등이 심화되었다고 할 수 있다.

소득불평등의 결과

그러면 소득분배의 불평등은 어떤 결과를 초래하는가?

불평등이 심하면 경제가 성장해도 빈곤층보다는 부유층에게 더 많은 혜택이 돌아가게 된다. 세계은행(World Bank) 개발연구그룹 산하 빈곤·불평등 연구팀이 미국의 1960~2010년 인구조사 결과를 토대로 대표적 불평등 지표인 지니계수와 각 소득계층별 소득 증가율의 인과관계를 회귀분석한 논문인 「불평등은 빈곤층의 성장에 나쁘다」에 의하면, 불평등이 심할수록 소득 상위 25% 계층의 소득 증가율에는 긍정적으로, 하위 25% 계층의 소득 증가율에는 부정적으로 작용하고 있다. 이들은 더 나아가 소득 상위 40% 계층과 하위 40% 계층의 지니계수를 각각 구해 계층별 소득 증가율에 미치는 영향을 분석했는데 연구결과 소득 상위 40% 계층 내부의 불평등이 심할수록 하위 50% 계층의 소득 증가율이 낮아지는 것으로 나타났다. 또한 하위 40% 계층 내부의 불평등이 심할수록 상위 10%의 소득 증가율이 높아져서 빈곤층 내 불평등이 부유층 소득 증가에 특히 도움이 되는 것으로 나타났다(연합뉴스, 2014. 7. 15).

이번 연구결과에 대해 연구팀은 "불평등이 심하면 빈곤층의 소득 증가에 오직 방해만 되는 것으로 보인다"며 "이런 분석결과는 포괄적이고 탄탄하다"고 평가했다. 이들은 "불평등이 성장에 긍정적인 영향을 미치더라도 이러한 효과는 소득 최상위 계층에만 집중된다"며 "이것은 불평등이 일으키는 성장은 불평등을 더 심하게 만든다는 뜻"이라고 지적했다. 이러한 연구결과는 불평등이 심하면 경제가 성장해도 과실이 부유층에게만 집중되고 빈곤층은 혜택을 거의 받지 못한다는 뜻이어서 그간 통용되어 온 '선성장 후분배' 정책을 부정하는 것으로 해석된다(연합뉴스, 2014. 7. 15).

연구진은 이어서 몇 가지 가설을 제시했다. 이들은 우선 각국 정책을 결정하는 최상위 부유층이 불평등 심화로 인해 다른 계층과 동떨어지게 되면 빈곤층 소득 증가에 필수적인 각종 공공재를 공급하는 데 무관심해질 가능성이 있다고 관측했다. 또한 빈곤층 내부 불평등이 심해져서 노동시장이 정규직과 비정규직 등으로 파편화되면 사회경제적 불안 때문에 제값을 못 받는 매우 값싼 노동력을 부유층이 착취할 수 있는 기회가 생길 수 있다고 언급했다(연합뉴스, 2014. 7. 15).

세계은행의 이번 연구는 최근 국제통화기금(IMF)·경제협력개발기구(OECD) 등 국제기구들이 잇따라 소득 불평등 문제를 경고하고 나선 것과 맥락을 같이한다. 국제통화기금은 최근 여러 편의 보고서를 통해 소득 불평등이 성장을 저해할 수 있으므로 과세 등을 통한 적절한 수준의 소득재분배 정책이 필요하다고 강조한 바 있다. OECD도 최근 '소득 분배와 빈곤' 보고서에서 지난 30년간 선진국에서 소득 불균형이 심해져서 이를 해결하기 위해 조세 제도 개혁이 필요하다고 지적했다(연합뉴스, 2014. 7. 17).

심각한 불평등은 경제적 불안정성을 높여 성장을 방해한다. 많은 경제학자들은 불평등의 심화가 2008년의 경제위기를 초래했다고 주장한다. 특히 미국의 경우 1970년대 이후 최소 소득자들의 소득이 증가했지만 대부분의 사람들의 실질 임금이 거의 오르지 않고 제자리걸음을 했다. 임금은 정체되어 있는데, 계속 올라가는 최고 소득층의 소비수준을 따라가려다 보니 많은 빚을 지게 되었다. 국내총생산 대비 가계부채의 증가로 인해 경제가 2008년과 같은 충격에 매우 취약해진 것이다(장하준, 2014 : 310).

불평등이 심해지면 사회적 계층 이동에 장애물이 생겨 경제성장이 저해된다. 보수가 좋은 직장을 얻는 데 유용하지만 극소수만이 받을 수 있는 값비싼 사교육, 프랑스 사회학자 피에르 부르디외(Pierre Bourdien)가 '사회적 자본'(social capital)이라 이름 붙였던 소수의 특권층 사이에 형성된 개인적 인맥, 심지어 비싼 사립학교 졸업생 특유의 말투와 태도 같은 엘리트 계층의 하위문화도 사회적 이동을 막는 장애물이 될 수 있다. 사회적 이동성이 줄어든다는 것은 가난한 계층 출신들이 고급 직종에서 배제된다는 의미이고, 따라서 개인적·사회적 양쪽의 시각에서 모두 재능의 낭비를 초래한다. 이는 또 현재 고급 직종을 차지한 사람들 중 일부는 사회적 이동성이 높았다면 그 자리를 차지할 만큼 재능이 충분하지 않았을 수 있다는 뜻이기도 하다. 이런 장애물이 몇 세대 동안 유지되면 사회적 배경이 좋지 않은 젊은이들은 고급 직종에 도전하려는 시도조차 하지 않게 된다. 결국 엘리트 계층 안에서 문화적·지적 근친교배가 이루어지게 되는 것이다. 커다란 변화를 일으키는 데 신선한 아이디어와 인습에 얽매이지 않는 자유로운 태도가 필수적이라고 하면, 근친교배적 엘리트 계층이 지배하는 사회는 혁신을 일으키기가 쉽지 않을 것이다. 그 결과 경제는 역동성을 잃게 된다(장하준, 2014 : 310).

불평등이 심화되면 가난한 사람들이 증가하면서 전체 구성원들의 행복에도 좋지 않은 영향을 미친다. 이러한 주장은 리처드 윌킨슨과 케이트 피킷(Richard Wilkinson & Kate Pickett)이 2010년 출간한 『The Spirit Level : Why Equality Is Better for Everyone』에서 잘 설명하고 있다.[4] 1인당 소득이 2만 달러 정도인 포르투갈 이상의 부자 나라 20여 개국의 자료를 조사한 이 책에 따르면 불평등이 심한 국가일수록 그 나라 국민들은 더 평등한 국가의 사람들보다 스트레스를 더 많이 받게 되어 영유아 사망률, 십대 임신, 교육성과, 범죄, 수감률 등의 지표가 더 좋지 않으며, 평균수명, 정신질환, 비만 등에 있어서도 좋지 않은 지표를 보인다.

소득분배의 불평등은 건강 불평등으로 진화한다. 사회경제적 지위의 차이는 건강과 관련되는 자원이나 위험요인의 누적적 차이를 가져오며, 이러한 자원 혹은 위험요인에서의 증대되는 격차가 건강의 격차를 증대시킨다(Ross & Wu, 1996). 미국에서는 노년에서의 건강격차 감소 혹은 수렴 향상은 노인에 대한 사회복지 지원이 사회경제적 지위에 따른 건강 관련 자원이나 위험요인의 격차를 줄이나(House et al., 1994), 한국에서는 교육과 수입에 따른 건강 불평등의 격차는 연령이 증가할수록 확대되는 양상을 보인다(김진영, 2007).

4) 이 책은 전재웅이 『평등이 답이다』라는 제목의 역서로 2012년 출간했다.

따라서 소득분배의 불평등은 소득의 불평등 분배로 그치는 것이 아니라 문화 불평등이나 건강 불평등으로 진화하며, 불평등이 심화된다는 것은 중산층이 소멸되고 있다는 것을 의미한다. 불평등이 심화되면 국가운영이 원활하게 이루어지지 않으며 자본주의 체제 자체를 불안하게 한다. 불평등과 양극화의 심화로 인해 중산층이 줄어들면 중산층 주도의 소비지출이 줄어들 뿐만 아니라 중산층이 주로 해왔던 교육과 창업에 대한 투자가 줄어들고 결국에는 조세 수입이 감소한다. 그래서 불평등의 심화는 경기순환을 어렵게 하고 성장의 발목을 잡게 된다.

그러면 이러한 불평등은 어디에서 오는 것일까? 다음 장에서는 맹목적인 GDP 성장의 추구가 가져오는 문제를 살펴본다.

15 GDP의 함정, 사회복지로 건너기

GDP의 함정

벨라루스[1] 태생이지만 미국에서 활동하던 통계학자이자 경제학자인 사이먼 스미스 쿠즈네츠(Simon Smith Kuznets, 1901~1985)는 우연한 기회에 GDP(Gross Domestic Product, 국내총생산) 개념을 창안했다.[2] 그가 GDP 개념을 창안하게 된 계기는 다음과 같다.

1929년 10월 24일 월요일 주식가격이 폭락했다. 처음에는 일시적인 경기침체 정도로 생각했으나 시일이 지나면서 경기회복은커녕 침체의 정도가 심해졌다. 기업이 도산하고 은행이 문을 닫기 시작했으며 생산이 반으로 줄어들고 실업률이 치솟았다. 1933년에는 자동차 생산 도시로 널리 알려진 디트로이트의 실업률이 41%를 기록했다. 미국 정부는 경기침체에 대응하기 위해 정책을 수립하려 했으나 경기침체의 정도가 어느 정도인지를 파악하기 힘들었다. 셀 수 없을 정도로 많은 사람들이 일자리를 잃고 길거리로 쏟아져 나와 구호를 요청하는 것은 눈으로 확인되는 일이지만, 경기침체로 개별 가구의 소득이 어느 정도 감소했는지, 국가 경제가 어느 정도 침체하고 있는지 알 수 없었다. 경기부양책을 쓰기 위해서는 경기침체에 대한 정확한 통계가 필요했지만 실물 경제자료가 부족하여 정부가 경기부양책으로 돈을 얼마만큼 시장에 풀어야 하는지 알 수가 없었다.

그래서 미국 상무성이 당시 통계학자로 명성을 날리던 쿠즈네츠에게 체계적인 실물통계를 만들어 달라고 연구용역을 맡겼고, 쿠즈네츠는 경제학 사상

1) 벨라루스(Republic of Belarus)는 유럽 동부 내륙에 있는 국가로서 1922년 소련연방에 합병되었다가 소련이 쇠퇴하던 1991년 8월 25일 소연방으로부터 독립했다.

2) 쿠즈네츠는 GDP 개념과 쿠즈네츠 곡선을 창안한 공로로 1971년 노벨경제학상을 수상했다.

처음으로 개인과 기업, 정부의 생산활동을 합산하여 국가의 경제규모를 측정하는 GDP 개념을 창안했다. 이후 미국 정부는 쿠즈네츠 방식을 이용해 경제 침체 상태를 분석하고 정책 결정을 내렸다. 미국에서 GDP 개념 적용이 성공하자 GDP는 전 세계적 표준이 되고 GDP 증가율은 경제성장을 측정하는 지표로 널리 이용되었다. 훗날 미국 상무부는 "GDP 개념이 있었기 때문에 정확한 국내 생산규모를 알 수 있었고, 이를 바탕으로 효율적인 자원 배분을 위한 정책수립이 가능했다"고 회고하면서 GDP 개념을 "20세기 최고의 업적"이라고 평가했다.[3)]

쿠즈네츠가 창안한 GDP는 생산을 늘리면 일자리가 늘고 소득도 늘어나는 원리를 한 눈에 알아볼 수 있게 설명하기 때문에 분명히 획기적인 경제 개념이다. 많은 국가들이 생산이 늘어나면 경제가 성장하고 경제성장의 과실을 복지로 돌리면 된다는, 경제성장이 곧 선이라는 개념으로 경제 정책을 수립하는 이유도 여기에 있다. 우리나라도 1960년대 고도경제성장정책 이후 계속해서 성장을 중시하는 경제정책 모형을 고수하고 있다. 그뿐만 아니라 정부의 경제 성적을 평가할 때 GDP 성장률은 중요한 지표로 등장한다. GDP가 증가하면 경제가 잘 흘러가고 있고, 감소하면 경제에 문제가 생긴 것으로 진단한다. 우리나라는 GDP 성장으로 인해 선진국 문턱에 거의 도달했다고 평가한다.

그러나 GDP에는 함정이 있다. GDP에서 소득이란 화폐소득만을 의미하며, 연간 GDP란 한 국가에서 1년 동안 생산된 상품과 서비스를 금액으로 환산한 합계이다. 즉, GDP란 어떤 국가에서 1년 동안 생산된 부가가치의 총합이다. 부가가치란 쉽게 말하면 물건을 팔아 벌어들인 매출에서 재료비로 지출한 비용을 뺀 것이다. 생산과정이란 재료를 사와서 기업에서 가공해서 비싸게 파는 것이 전형적이다. 이때 소요된 재료비와 판매한 금액 사이의 차액이 그 기

3) GDP가 처음부터 경제지표의 대표로 있었던 것은 아니다. 1980년대까지 대부분의 국가들이 사용한 경제지표는 GNP(Gross National Product, 국민총생산)였다. GNP가 국내와 국외에서 '자국 국민'이 생산한 부가가치를 모두 합친 수치라면, GDP는 '우리 땅'에서 생산된 부가가치를 모두 합친 수치이다. 그래서 GNP는 사람을 기본으로 하는 개념이며, GDP는 영토를 기본으로 하는 개념이다. 1990년대 들어 GDP가 GNP를 대체하기 시작했는데 그 이유는 국가 간 자본 이동과 기술 이전이 활발해지면서 "우리 국민이 얼마나 많이 벌었나?"를 보는 것보다 "우리 땅에서 얼마나 많은 물건을 생산했나?"를 보는 것이 실물경제를 측정하고 경제정책을 수립하는 데 훨씬 더 유용하다고 판단했기 때문이었다. 미국은 1991년, 한국은 1994년에 핵심 경제지표를 GNP에서 GDP로 대체했다.

업에서 생산한 몫이며 부가가치이다. 예컨대, 한국에서 생산한 차 한대의 판매가격이 1,000만 원인데, 생산에 투입된 원재료 (혹은 수입한 중간재) 가격이 700만 원이라면 한국에서 차 한 대를 생산하여 판매함으로써 생겨나는 GDP는 300만 원이 된다.

또 다른 GDP의 함정도 있다. 모든 경제활동들이 GDP에 포함되는 것은 아니다. 어떤 가족이 주말농장에서 열심히 농사를 지어 가족들이 나누어 먹게 됐다면 행복한 일이긴 하지만, 이 생산활동은 화폐로 교환되는 과정이 없기 때문에 GDP 증가에는 전혀 기여하지 못한다. 주부들이 생활비를 아끼기 위해 가사노동을 하면 GDP 증가에 기여하지 못하지만 가사도우미를 고용하면 GDP 증가에 기여한다. 만일 자신이 고용한 가사도우미와 결혼하면 오히려 국가의 GDP를 줄이는 데 기여하는 것이 된다. 주부가 자녀의 공부를 도와주고 노부모를 부양하는 가사노동을 열심히 하여 가족의 행복에 기여했다고 하더라도 GDP 증가에 기여한 부분은 전혀 없다. 그러나 주부가 집에서 자녀의 학업을 도와주는 대신 자녀를 학원에 보내면서 월 100만 원을 지출하고 자녀 학원비를 마련하기 위해 식당에서 일하며 100만 원을 받게 되면 GDP는 200만 원 늘어나게 된다. 주부가 밖에서 일을 열심히 하느라 자녀에게 관심이 줄어들어 아이가 병치레를 자주 하면서 병원 찾는 일이 많아지면 병원의 화폐수입이 늘어 그만큼 GDP 증가에 기여한다. 아이는 부모의 돌봄을 적게 받으면서 자주 아파 병원에 자주 가게 되고, 주부는 자녀의 학원비와 병원비를 마련하기 위해 식당에서 허드렛일도 해야 하면서 집안 살림이 힘들어져 "행복은 줄어들지만 경제는 성장"한 것이다(이상헌, 2014).

이뿐만 아니다. 원자력발전소를 짓게 되면 에너지 창출로 인해 GDP가 증가한다. 그러나 원자력발전소 주변의 주민들은 원전 누출로 피해를 입지 않을까 항상 걱정하며 살아간다. 기업이 심각한 환경오염을 일으킨다 해도 일단 생산만 늘리면 GDP가 증가한다. 범죄가 늘어나 교도소를 더 지으면 GDP는 증가한다. 극단적인 경우지만 과거 우리나라에서 삼풍백화점이나 성수대교가 무너져 사상자를 냈을 때도 복구작업이 GDP에 포함되기 때문에 GDP 성장에 기여했다. 우울한 사람들이 많아져서 항우울제의 수요가 증가하고 자신의 얼굴이나 몸매가 마음에 들지 않는 사람들이 많아져서 성형수술이 증가하면 GDP는 증가한다. 자연재해와 같은 불행이 일어나면 복구작업에 들어가는 생산활동으로 GDP는 오히려 증가한다. 일본의 경우 2011년 대지진으로 인한 복구사업이 GDP에 반영되면서 2012년 경제성장률은 2.0%로 급증했다는 통계가 있다.

또한 금연붐이 일어 흡연인구가 줄어도 GDP는 감소한다. 목재생산은 GDP에 포함되지만 벌목으로 인한 생태계 파괴 비용은 고려되지 않는다. 물이 오염되어 수돗물이나 강물을 마실 수 없으면 GDP 수치는 오르기 때문에 경제발전 차원에서 좋은 일이다. 왜냐하면 수돗물 대신 생수를 사서 마셔야 하기 때문이다. 집에 도둑이 들어 텔레비전과 오디오, 컴퓨터 등 가전제품을 모두 도둑맞았다면 당사자에게는 불행한 일이지만 경제지표에는 긍정적이다. 왜냐하면 가전제품들을 새로 구입하면 GDP가 증가하기 때문이다. 그러나 우리가 자신에게 만족하고 불만도 없고 행복하면 GDP는 감소한다(이원재 외, 2014 : 215-216). 심지어 영국에서는 성매매와 마약거래도 GDP에 포함시킨다.

이런 경우도 있다. 미국엔 공공의료보장제도가 없다. 그래서 대부분의 미국인들은 민간의료보험에 가입하거나 의료보험 없이 산다. 그러다 보니 의료비 지출이 많다. 이러한 의료 부분의 비효율성 때문에 의료비 지출이 늘어나면서 미국의 국내 총생산 역시 늘어난다.

따라서 경제정책 목표가 시장거래를 포함한 모든 경제행위를 통해 국민의 후생을 증가시키는 것이라고 한다면, 그리고 경제학이 이를 위한 방법을 연구하는 학문이라고 한다면, GDP는 그다지 만족스럽지 못한 부분적인 개념이다. 이런 협소한 개념에만 기초한 경제정책은 위험할 수 있다. GDP는 용어 그대로 '총생산'이므로 사회의 부가 어떻게 분배되는지는 전혀 보여주지 못한다. GDP에 포함되는 정보와 국민들의 행복에 대한 설명 사이에는 간극이 존재한다. 그래서 존 케네디(John F. Kennedy) 대통령의 동생인 로버트 케네디(Robert Kennedy)가 1968년 3월에 한 이야기, "쿠즈네츠의 GDP는 모든 것을 다 측정한다. 어린이의 건강, 교육의 질, 놀이의 즐거움과 같은 삶을 가치롭게 만

드는 것은 빼고 말이야!"는 지금도 널리 회자된다. 그러면서 그는 "시의 아름다움, 국민의 지혜와 용기, 성실함과 나눔의 정신 같은 것들이 GDP에 포함되어야 한다"고 역설했다(이상헌, 2014; 이원재 외, 2014 : 216).[4]

행복은 GDP 순서가 아니다

GDP에 대한 비판의 핵심은 GDP가 '삶의 질'을 측정하지 못한다는 것이다. 다음 절에서 살펴보겠지만 GDP의 증가는 소득의 불평등을 심화시키면서 사람들이 느끼는 행복의 정도를 떨어뜨리는 면이 있다. 달리 표현하면, GDP가 높다고 해서 그 나라 국민들이 행복한 것이 아니라는 것, 즉 "행복은 GDP 순이 아니다"라는 것이다.

미국의 경제학자 모세 아브라모비츠(Moses Abramovitz)는 1959년 "생산이 늘어난다고 삶의 질이 높아질지는 강한 의문"이라고 주장해 처음으로 이 논쟁에 불을 지폈으며, 1972년 서남아시아 히말라야 아래에 위치한 부탄(Bhutan)의 지그메 싱기예 왕추크(Jigme Singye Wangchuck) 4대 국왕은 'GNH(Gross National Happiness, 국민총행복)'라는 개념을 창안하면서 "GDP가 절대 목표가 아니다"라고 말했다. 또한 UN은 2013년 총회권고안 65/309에서 "행복추구는 인간의 기본적 목표이며, GDP가 사람들의 행복과 웰빙(well-being)을 나타내지 못하고 있으며, 적절하게 반영하지도 못하고 있다"고 선언했다.

2012년 영국의 라이세스터(Leicester)대학이 178개 국가의 8만 명 이상의 세계인들을 대상으로 조사를 하여 세계에서 가장 행복한 나라들을 알아보았더니 1위는 덴마크, 2위 스위스, 3위 오스트리아, 4위 아이슬랜드, 5위 바하마(Bahamas), 6위 핀란드, 7위 스웨덴, 8위는 부탄이었다(조선일보, 2012. 6. 13). 덴마크, 스위스, 오스트리아, 아이슬랜드, 핀란드, 스웨덴의 공통점은 유럽의 중북

4) 사실은 쿠즈네츠는 GDP를 창안해 낼 때 GDP의 한계를 알고 있었다. 상무성 연구용역 결과를 제출할 때 그는 이런 오해가 생길 것을 이미 알았다. 그래서 미국 의회에 국민소득계정을 소개할 때 "국민소득 추계로부터 한 나라의 후생을 알아내기는 매우 어렵다"고 누차 강조했다. 국민소득계정이란 시장 거래 또는 화폐 거래에만 국한된 것이기 때문에, 국민소득을 경제와 등치시키지 말라는 얘기다. 그만큼 정책도 조심스러워야 한다. 경제성장에는 양적 측면과 질적인 측면이 있기 때문에, 경제성장의 목표를 수립할 때 어떤 성장인지, 그리고 무엇을 위한 성장인지를 명확히 해야 한다고 쿠즈네츠는 40년 이상 줄기차게 얘기했다. 하지만 그의 경고는 늘 '답 없는 메아리'였다. 국민소득계정에 대한 원문 텍스트는 해석을 이기지 못했다(이상헌, 2014).

부에 위치한 국가로서 1인당 GDP도 높지만 빈부의 차이가 작고, 공교육의 질이 높으며, 복지제도가 잘 구비되어 있고, 자연환경이 잘 보존되어 있다는 것이다. 5위로 조사된 바하마는 1인당 GDP는 23,488달러(2013)로 33위권이나 극빈층이 매우 적고(9.3%) 카리비안 휴양지로 손꼽히는 아름다운 섬나라이다.

그러나 8위로 조사된 부탄(Bhutan)은 의외이다. 부탄은 히말라야 지역에 있는 인구 80만 명의 소국이며, 국민 1인당 GDP는 2,665달러(2013)에 불과할 정도로 가난한 나라이다. 하지만 부탄은 "삼림지역을 전 국토의 60% 이상으로 한다"라고 헌법에 명시할 정도로 환경훼손이 극히 적고 환경보호를 위하여 정부가 관광객들의 입국을 제한하며 맑은 공기와 자연환경이 잘 보호된 덕으로 행복지수가 높다. 또한 부탄은 무상으로 의료서비스와 교육이 제공된다.

반면 국민 1인당 GDP는 세계 8위 수준인 싱가포르는 국민들이 느끼는 행복감은 세계에서 150위 수준이다. 싱가포르 사람들은 희로애락을 잘 표현하지 않는 것으로 알려져 있다. 미국은 1인당 GDP는 세계에서 9위권이나 행복지수는 23위권, 일본은 1인당 GDP는 세계에서 24위권이나 행복지수는 90위이다.

그러면 한국은 어떠한가?

2012년 발표된 라이세스터대학의 발표에는 한국은 아예 순위에도 언급되지 않았다. 다른 조사를 살펴보면, 미국 여론조사기관인 갤럽과 보건 컨설팅업체 헬스웨이는 2014년 9월 16일 2013년 135개국 국민을 대상으로 조사·집계한 '세계 웰빙 지수' 순위에서 한국이 75위를 차지했다고 발표했다. 이 순위는 목표의식, 사회관계, 공동체, 재정, 건강 등 5개 항목에 대해 번영 중(thriving), 고전 중(struggling), 고통받는 중(suffering) 등 3개 답변 중 하나를 선택한 것을 집계해 만든 것으로, 한국의 순위는 대만, 일본 등 대부분의 아시아 국가들보다도 낮으며, 이라크보다도 낮게 나타났다.

2012년 영국 민간싱크탱크 신경제재단(NEF)이 조사한 '2012년 행복지수 보고서'에 의하면, 한국의 삶의 만족도와 기대수명 등을 평가해 선출한 행복지수(HPI)에서 43.8점을 얻어 151개국 중에서 63위였다. 한국의 전체 GDP 수준은 세계에서 15위권, 국민 1인당 GDP 수준은 30위권인 것을 감안하면 한국 사람들은 경제적인 부의 축적에 비해 주관적 행복감은 매우 떨어진다고 할 수 있다.

한국에서 행해진 여론조사를 살펴보면, 세계일보가 '행복에 대한 인식'을 알아보기 위해 여론조사전문기관 리서치앤리서치를 통해 2015년 1월 25일부터 이틀간 전국 19세 이상 남녀 1,000명을 대상으로 "한국사회는 행복한 사회입니까?"라고 질문한 문항에 대해서 "한국사회는 행복한 사회"라는 응답은 12.6%에 불과했다. '불행한 사회'라는 응답은 39.7%, '행복하지도 불행하지도 않다'는 응답은 45.5%였다. 나이가 많을수록 행복은 감소했고, 소득수준이 낮으면 행복도는 뚝 떨어졌다. 한국인들은 자녀가 살게 될 미래사회를 희망적으로 보기보다 어둡게 보는 경향을 보였다(세계일보, 2015. 1. 29). 이와 같이 한국은 경제적으로 부는 축적했으나 정작 한국인은 행복한 삶을 영위하지 못하고 있다.

그러면 행복이란 어떤 것인가?

철학자, 이론가, 연구자들은 여러 가지 관점에서 행복을 설명하고 있다. 아리스토텔레스(Aristoteles)는 '행복'으로 번역되는 eudemonia라는 용어를 사용했는데, 이 용어는 '안녕된 삶(well-lived life)'을 의미한다. 이러한 행복은 만족뿐만 아니라 생에 대한 목적 의식, 자율, 자아수용, 생명력에 대한 심리적 의식과 연결을 포함하고 있다. 어떤 이론가들은 well-being의 주요 요소로서 '의미 있는 일' 혹은 '소명(calling)'을 추가하고 있다. 쾌락주의와 실용주의 이론가들은 '즐거움'과 '고통회피'를 행복의 주요 구성요소로 보고 있다. 어떤 이론가들은 well-being은 몇몇 기초적인 조건이 필수적이라고 보았는데, 여기에 포함되는 것들은 건강, 좋은 관계가 있다. 어떤 학자들은 삶에 대한 주관적 평가로 해석될 수 있는 자신의 희망과 목표에 대한 만족을 well-being의 핵심으로 보고 있다(Oishi, 2010).

이러한 철학자, 학자, 이론가들이 행복에 대해 내린 정의를 종합해 보면, 행복과 well-being을 측정할 때에는 일상의 기쁨, 슬픔과 관련되는 정서적 행복으로 간주되는 주관적 행복과 사회 속에서의 입지(예컨대, 건강, 제도에 대한 신뢰, 활기찬 지역사회)에 따라 전반적인 만족과 불만족을 낳은 평가적 행복을 모두 고려할 필요가 있다. 그래서 행복의 차원은 소득(소비, 부, 물질적 웰빙), 건강(사망률, 질병이환율), 교육(식자율, 교육적 성취), 민주적 참여(선거, 표현의 자유), 심리적 경험(우울, 즐거움 등)이다. 이러한 분류들은 행복에 기여하는 외적 요소들, 예컨대, 소득, 근로, 지역사회, 거버넌스뿐만 아니라 가치, 종교와 같은 외적 요소들을 측정하는 것이다. 개인적 변수들은 심리적·정신적 건강, 가족적 경험, 젠더, 연령이 포함된다. 또한 문화적 배경에 따라 웰빙에 대한 관점도 달라진다.

'궤도를 벗어난 GDP'에 '복지라는 GPS' 장착

행복의 차원인 소득, 건강, 교육, 참여 등은 사회복지의 핵심 요소들이다. 이러한 점에서 보면 사회복지는 행복과 직접 연관된다고 볼 수 있다. 경제성장 일변도의 정책이 곧바로 행복을 가져오는 것은 아니며 사회복지의 핵심 요소들인 공동체 내에서의 신뢰, 여가, 평등한 삶, 건강, 교육, 참여 등이 행복한 삶에 필요한 요소들임을 보여준다. 사회복지는 GDP 증가로 대표되는 경제성장이 초래하는 부작용을 감소시키는 역할을 할 수 있다. 제프리 삭스(Jeffrey Sachs)[5]가 그의 저서 『문명의 대가』에서 말한 바와 같이 GDP를 증가시키기 위한 경제성장 일변도의 정책은 극심한 소득불균형, 구성원들 간의 신뢰 하락, 정부에 대한 신뢰 붕괴를 초래한다. 사회복지는 이러한 문제를 최소화할 수 있는 매커니즘으로 작용할 수 있다. 그래서 '궤도를 벗어난 GDP'에 '복지라는 GPS(well-fare GPS)'를 달면 '모두 행복한 사회(universal well-being society)'로 진입할 수 있다.

5) 1954년에 태어난 제프리 삭스는 하버드대 경제학과를 최우등으로 졸업하고, 26세이던 1980년 박사학위를 받은 뒤 곧바로 교수진에 합류했으며, 29세가 되던 1983년에 하버드대 최연소 정교수가 되었다. 그는 개발도상국 거시정책 및 경제개발이론에 관심이 많아 볼리비아, 아르헨티나, 브라질, 폴란드, 러시아의 경제고문을 역임했다. 하버드대에 입학한 이래 한 번도 하버드대를 떠나본 적이 없던 그는 2002년 7월 컬럼비아대 지구연구소로 자리를 옮겼다. 이후 반기문 유엔 사무총장 특별 자문관, 글로벌녹색성장연구소 이사로 봉사하면서 컬럼비아대 경제학과 교수로 재직하고 있다. 제프리 삭스는 1997년 동아시아 위기가 기본적인 경제체질보다 국제 자본의 급격한 이동이 빚어낸 일시적 혼란이라는 시각을 가지고 한국의 외환위기 직후 IMF가 내린 고금리 위주의 처방을 강력히 비판했다. 뉴욕타임스는 그를 세계에서 가장 중요한 경제학자로, 타임지는 1994년 가장 유능한 50명의 젊은 경제학자 중 한 사람으로 선정했다.

16 사회복지로 평등한 세상 만들기

제14장과 제15장에서 불평등의 존재와 불평등을 초래하는 GDP 신화의 맹점을 살펴보았다. 그러면 평등은 어떤 것이며, 평등해지기 위해서 사회복지는 어떤 역할을 하는지 살펴보자.

평등이란?

평등이란 그것 없이는 삶이 빈곤해지고 불완전해지는 그런 재화에 대한 평등한 접근을 보장할 제도의 확립을 요구하는 것으로 볼 수 있는데, 철학적 개념으로서의 평등은 수세기 전부터 많은 논의가 있어왔다. 예컨대, 아리스토텔레스(Aristoteles, 384~322 BC)는 평등을 수량적 평등(numerical equality)과 비례적 평등(proportional equality)으로 구분하였다(Aristoteles, 1988 : 111).

이 두 가지를 구분하기 위해 다음의 예를 들어보자. 빵이 하나 있고 이 빵을 네 명의 배고픈 사람들에게 나누어 준다고 하자. 만일 네 사람이 모두 똑같이 배가 고프다면 이 경우는 빵을 수적으로 똑같이 4등분하여 나누어 주는 것이 공평할 것이다. 그러나 만일 네 사람 중 두 사람이 다른 두 사람보다 2배만큼 더 배가 고프다면 빵을 수적으로 엄격히 등분하는 것보다는 배고픔의 정도에 비례하여 나누어 주는 것이 공평할 것이다. 즉, 두 번째의 경우에는 배고픔의 정도를 공평하게 고려하기 위해서 빵이 불평등하게 나누어져서 결과적으로 네 사람 모두의 식욕이 평등하게 충족된다(남찬섭 · 김병철, 2013 : 69).

아리스토텔레스가 구분한 두 가지 평등 개념 중 수량적 평등은 결과의 평등(equality of result)으로 볼 수 있다. 결과의 평등은 모든 사람을 똑같이 취급하여 사람들의 욕구나 능력의 차이에 관계없이 사회적 자원을 똑같이 분배하는 것을 말한다. 결과의 평등은 앞의 빵을 배분하는 경우에서 보면 빵을 네 명에게 똑같이 4등분하여 나누어 주는 것이다. 결과의 평등을 엄격히 적용한다면 지니계수가 0(zero)이 되어야 한다. 그러나 지니계수가 0이 되는 국가는 존재하지 않는다. OECD 국가 중에서 가장 평등한 국가인 슬로베니아의 지니계수는 0.24이다. 그래서 결과의 평등은 인류 역사상 존재하지 않았으며 미래에도 존재하기 어렵다. 그러나 사회복지는 결과의 평등을 추구하는 면이 있다. 예를 들면, 국민기초생활보장제도는 중산층 이상의 사람들이 낸 세금을 재원으로 가난한 사람들에게 생계급여를 제공하고 있다. 그러나 국민기초생활보장제도로 성취할 수 있는 결과의 평등은 매우 제한되어 있다.

또한 실제로 대부분의 국가에서는 결과의 평등추구가 정책의 가장 우선되는 목표가 아니다. 힐스(Hills, 1977)는 사람들이 복지국가로부터 받는 혜택의 대부분은 그들 자신이 납부한 세금과 기여금으로부터 오는 것이며 복지국가가 제공하는 혜택의 1/4 정도만이 부자로부터 빈자에게로 가는 이른바 '로빈 훗' 재분배로 볼 수 있다고 주장한다. 구딘과 르 글랑(Goodin & Le Grand, 1987)은 이러한 현상이 반드시 나쁜 것만은 아니라고 주장한다. 왜냐하면 복지국가가 만일 지나친 평등을 추구한다면 복지국가는 그 운영에 필요한 재원을 제공하는 사람들의 지지를 상실할 수 있기 때문이다. 구딘과 르 글랑은 복지국가는 단지 소량의 재분배만 추구함으로써 중간계급으로부터 광범위한 지지를 얻을 수 있었으며, 이것이 바로 급진적 우파들이 복지국가를 무차별적으로 공격하였던 1980년대와 1990년대에도 복지국가가 살아남을 수 있었던 이유라고 주장한다.

비례적 평등은 개인의 욕구, 노력, 능력, 기여에 따라 자원을 다르게 배분하는 것으로 공평(equity)으로 불리기도 한다. 비례적 평등은 앞의 언급한 빵을 배고픔의 정도에 따라 나누어 주는 경우라고 할 수 있다. 결과의 평등과 비교한다면 비례적 평등은 수량적 평등에 비해 많은 불평등이 존재할 수 있다. 그러나 수량적 평등의 비현실성을 고려한다면 자본주의 사회에서 실질적으로 가장 널리 사용되는 개념은 공평이다. 사회복지정책이 수량적 평등을 의미하는 결과의 평등을 추구하는 면도 있지만 비례적 평등, 즉 공평의 가치를 반영하는 면도 있다. 예컨대, 사회보험에서 보험료를 많이 낸 사람(소득이 많은 사람)이 적게 낸 사람(소득이 적은 사람)보다 더 많은 급여를 받는 것은 비례적 평등, 즉 공평의 가치가 반영된 것으로 볼 수 있다. 공공부조 급여액이 근로를 통해 얻을 수 있는 가장 낮은 임금수준보다 높아서는 안 된다는 1834년 신구빈법의 기본 원칙 중의 하나인 열등처우의 원칙도 공평의 개념을 반영한 것으로 볼 수 있다(Gilbert & Specht, 1974 : 41).

또 다른 평등 개념으로 기회의 평등이 있다. 기회의 평등은 결과의 평등 추구가 아닌 결과를 얻는 과정에서 기회를 제공하는 것을 추구한다. 다음의 예를 생각해 보자. 어떠한 경기라도 그것이 공정한 것이 되려면 두 가지 조건이 충족되어야 하는데 첫 번째 조건은 모든 경기 참가자들에게 동일한 규칙이 적용되어야 한다는 것이고, 두 번째 조건은 모든 경기 참가자는 정확히 똑같은 거리를 두고 경쟁을 할 수 있어야 한다는 것이다. 이렇게 경기 참가자에게 공평한 기회를 제공하면 할 일을 다 했다는 것이 기회의 평등을 주장하는 사람들이 지니고 있는 사고이다(남찬섭 · 김병철, 2013 : 79).

그러나 오늘날 우리가 살고 있는 사회가 이 두 가지 조건을 충족하지 못하고 있다는 것은 누구나 인정하고 있다. 오늘날의 사회에서 여전히 직접차별과 간접차별이 모두 존재한다는 사실은 사람에 따라 서로 다른 규칙이 적용된다는 것을 보여준다. 또한 빈곤이 여전히 존재한다는 사실은, 어쨌거나 일부 사람들은 다른 사람들보다 더 먼 거리를 달려야 한다는, 다시 말해서 일부 사람들은 출발선이 다른 사람보다 훨씬 더 뒤에 있다는 것을 보여준다. 이런 점에서 기회균등(기회의 평등)의 원리를 적용한다는 것은 이러한 결함을 교정하기 위한 한 방편이라고 할 수 있다. 예컨대, 모든 사람에게 동일한 규칙을 적용하기 위해 차별금지법을 도입할 수도 있으며, 모든 사람에게 삶의 동등한 출발선을 부여하기 위해(출발선에서의 평등을 보장하기 위해) 삶에서의 성공이 행운과 출생에 의해서가 아니라 스스로의 재능과 근면에 의해 이루질 수 있도록 공교육체계를 도입할 수 있다(남찬섭 · 김병철, 2013 : 79).

기회의 평등의 예로서는 1960년대 미국의 '대빈곤 전쟁(War on Poverty)' 시기에 강조되었던 빈곤층 대상 교육, 훈련 프로그램이 있다.[1] 당시 미국의 빈곤층 아동의 조기교육 프로그램인 헤드 스타트(Head Start) 프로그램은 빈곤층 아동들에게 조기교육이라는 기회를 제공함으로써 과정상의 기회를 평등하게 해주려 노력했다. 미국에서 소수인종에게 입학, 취업에 있어 혜택을 주는 소수인종우대정책(affirmative action)[2]과 한국에서 장애인들에게 취업의 기회를 더 부여해 주는 기업의 장애인 의무고용도 기회의 평등을 추구하기 위한 것으로 볼 수 있다.

그러나 기회의 평등은 평등을 소극적으로 해석했다는 비판을 받는다. 왜냐하면 다음 삽화에서 보는 바와 같이 현대 자본주의 사회에서 기회를 평등하게 제공한다면서 모든 사람을 똑같은 출발선에 세웠다고 하더라도 누가 그 경기에서 승자가 될지는 어느 정도 예측할 수 있기 때문이다. 그 이유는 100미터 달리기 경기에서 빠른 주자가 되는 것은 전적으로 나의 능력이나 노력에 의해 좌우되지 않기 때문이다.

출처 : https://scontent.cdninstagram.com/hphotos-xaf1/t51.2885-15/s320x320/e15/11259486_765428326911293 1952986423_n.jpg

1) 우리나라에서도 미국의 Head Start 프로그램을 모델로 'We Start'라는 가난한 가정의 아동을 위한 조기교육 프로그램을 실시하고 있다. 'We Start' 프로그램도 기회의 평등은 반영하고 있다.

2) 미국에서는 대학원 입학에서 소수인종 지원자에게는 비소수인종 지원자보다 낮은 입학기준을 정하는 경우가 많다. 그래서 소수인종이 아니라는 이유로 대학원 입학에서 불이익을 받았다며 소송을 제기하는 경우가 자주 있다. 1951년 대학원 입학자격시험(GRE) 점수가 비소수인종 지원자보다 낮음에도 불구하고 보스턴 신학대학원 박사과정에 합격한 흑인이 있었다. 이 사람은 훗날 위대한 인권운동가가 된 마틴 루터 킹(Martin Luther King Jr.) 목사이다(Bronner, 1977).

롤스(John Rawls)가 정의론에서 얘기했듯이, 풍요로운 가정에서 태어나는 것이 우연인 것처럼, 빠른 주자가 되는 것 역시 도덕적 우연이기 때문이다. 그래서 정부가 소외계층에게 여분의 교육이나 훈련을 제공하는 기회의 평등을 제공했다고 해서 국가의 책임을 다했다고 한다면 기회의 평등이라는 이름 아래 수많은 결과의 불평등 존재가 합법화될 수 있다(장하준, 2010 : 276).

평등의 정도를 측정하는 로렌츠 곡선과 지니계수[3)]

어떤 사회가 평등한 사회인가 아니면 불평등한 사회인가를 알기 위해 경제학자 로렌츠(Lorenz)는 인구센서스의 통계를 사용하여 각 인구집단들이 점유하고 있는 소득을 곡선으로 표현했다. 전체 인구 중 20%로 나뉜 5개의 인구집단이 국가의 전체 소득 중 각각 20%씩을 점유하고 있다면 로렌츠 곡선은 ▌그림 16－1▌과 같이 45도 각도의 직선이 된다. 이러한 국가가 있다면 이 국가는 완전히 평등한 국가이다. 만일 한 사람이 국가의 모든 소득을 점유하고 있다면 로렌츠 곡선은 ▌그림 16－2▌와 같이 수직으로 나타난다. 이러한 국가는 완전히 불평등한 국가이다. 그러나 완전히 평등한 국가나 완전히 불평등한 국가는 지구상에 존재하지 않는다. 그래서 로렌츠 곡선은 ▌그림 16－1▌이나 ▌그림 16－2▌와 같이 완전 평등이나 완전 불평등으로 나타나지 않고 ▌그림 16－3▌이나 ▌그림 16－4▌와 같이 45도의 각도와 90도 각도 사이를 나타낸다. ▌그림 16－3▌은 평등 곡선인 45도 각도에 가까운 곡선을 나타내고 있어 평등한 국가에 근접하고 있으며, ▌그림 16－4▌는 완전 불평등을 나타내는 90도 직선에 가까운 곡선을 나타내고 있어 불평등 국가에 근접하고 있다고 할 수 있다.

---

3) 이 부분은 박병현의 『사회복지정책론 : 이론과 분석』(개정3판)(경기 : 학현사, 2011), pp. 205-210의 내용을 본 서의 내용에 맞게 재구성한 것이다.

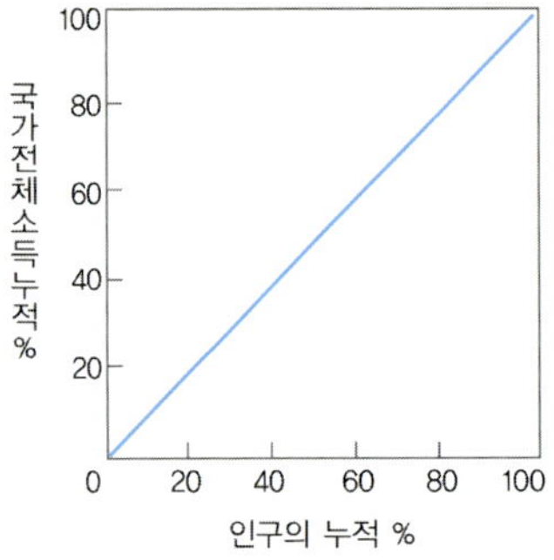

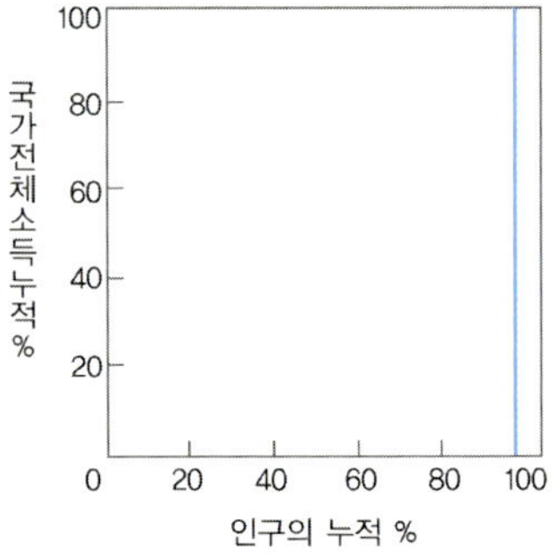

❙그림 16-1❙ 완전평등국가의 로렌츠 곡선 ❙그림 16-2❙ 완전불평등국가의 로렌츠 곡선

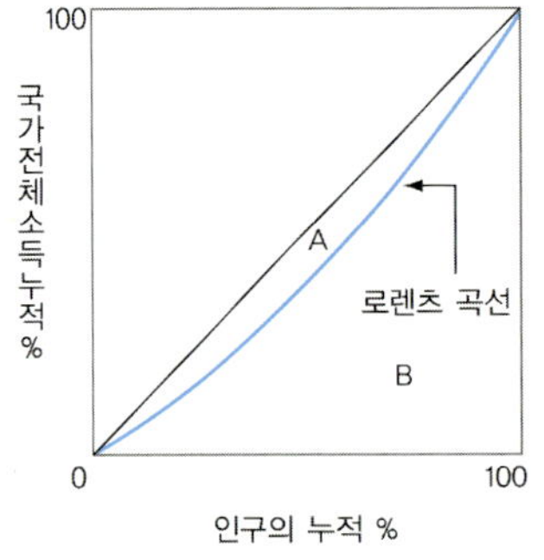

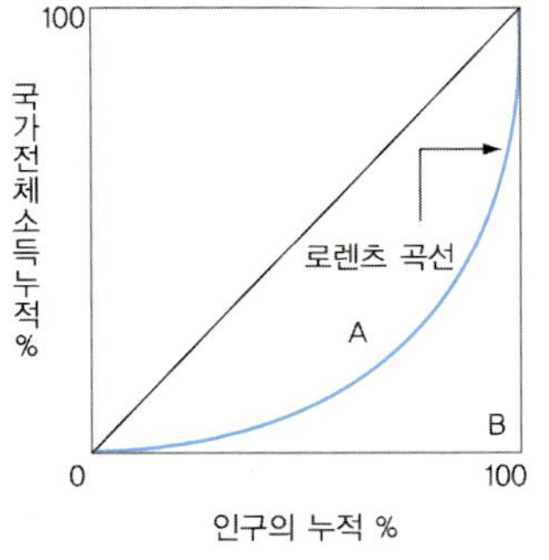

❙그림 16-3❙ 완전평등국가에 가까운 로렌츠 곡선 ❙그림 16-4❙ 완전불평등국가에 가까운 로렌츠 곡선

로렌츠 곡선은 소득의 분배를 그래프로 나타내지만 평등이나 불평등의 정도를 시기별로 또는 국가 간에 비교하는 데에는 한계가 있다. 이러한 로렌츠 곡선의 한계를 보완하기 위해 이탈리아 통계학자 코르라도 지니(Corrado Gini)는 지니계수(Gini Coefficient)를 개발했다. 지니계수는 로렌츠 곡선을 근거로 산출해 낸 소득 불평등 지수이다. ❙그림 16-3❙과 ❙그림 16-4❙에서 로렌츠 곡선을 이용하여 지니계수를 산출하는 공식은 A/(A+B)이다. 그러므로 ❙그림 16-3❙과 같이 로렌츠 곡선이 완전 평등에 가까워질수록 지니계수는 0에 가까워지고, ❙그림 16-4❙와 같이 완전불평등에 가까워질수록 지니계수는 1에 가까워

진다. 그래서 지니계수는 0(완전 평등)에서 1(완전 불평등) 사이에 위치한다. 만일 A 국가의 지니계수는 .450이고 B 국가의 지니계수가 .300라면 A 국가가 B 국가보다 더 불평등한 국가라고 할 수 있다. 또한 A 국가의 1990년의 지니계수는 .340, 2000년의 지니계수는 .370, 2010년의 지니계수가 .430이었다면 A 국가는 1990년 이후 점점 불평등한 국가가 되어가고 있다고 말할 수 있다.

한국에서 지니계수의 변화

지니계수를 통해서 본 한국의 불평등 정도를 살펴보면, 1980년 이후 평등한 국가로 향하고 있었으나 1997년 12월부터 시작된 경제위기 이후 한국은 불평등한 국가로 변화되었다. **I**그림 16-5**I**에서 보는 바와 같이 1997년까지는 지니계수가 0.26 근처에 머물면서 비교적 평등한 모습을 보여주었으나 1998년 경제위기를 겪으면서 지니계수가 급증하여 1999년에는 1999년에는 0.303으로 커져 2년 사이에 불평등한 국가로 급격하게 변화되었음을 알 수 있다. 따라서 1997년 외환위기로 시작된 경제위기는 한국을 순식간에 불평등한 국가로 변화시켰음을 알 수 있다. 지니계수는 경제위기를 극복한 후 작아지는 추세를 보이다가 2004년부터 양극화 현상이 심화되면서 지니계수는 다시 커졌으며 2010년 이후 다시 작아지는 추세를 보이고 있다.

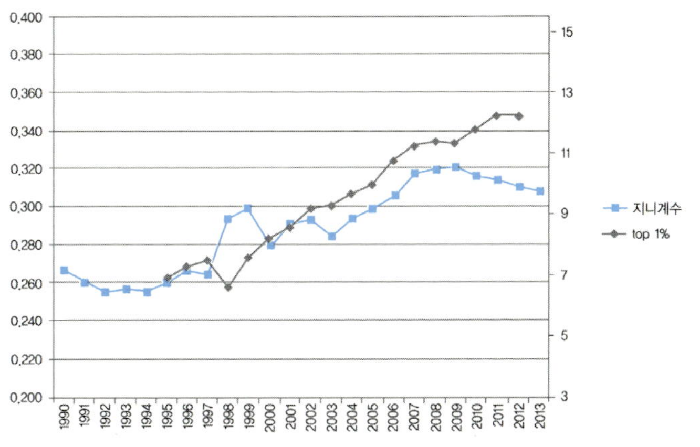

I그림 16-5**I** 한국의 지니계수 변화 추이(1990~2013)

국가 간 지니계수 비교

이제 국가 간의 지니계수를 비교해 보자. 통계청 발표(KOSIS)에 의하면 2018년 기준으로 OECD 회원국 36개국 중에서 가장 평등한 국가는 슬로바키아로 2018년 기준 지니계수가 0.236이었다. 두 번째는 슬로베니아로 지니계수가 0.249이며, 세 번째로 평등한 국가는 노르웨이로 지니계수는 0.262이다. 대체로 유럽 국가 중에서 북유럽에 위치한 스웨덴, 노르웨이, 핀란드, 덴마크 등은 지니계수가 낮은 평등한 국가들이며 남부유럽에 속한 그리스, 스페인, 포르투갈 등은 지니계수가 높아 유럽 국가들 중에서 불평등한 국가들에 속한다.[4] 중부유럽에 위치한 국가들은 대체로 유럽 국가들 중에서 지니계수가 중간에 속한다. 미국은 2017년 기준 지니계수가 0.390로 OECD 34개국 중에서 끝에서 다섯 번째로 불평등한 국가에 속한다. OECD 회원국이 아닌 국가들 중에서 브라질은 지니계수가 0.55로서 소득이 매우 불평등하게 분배되어 있는 국가이며, 중국도 지니계수가 0.41로 불평등한 국가로 볼 수 있다. 사실상 중국 정부는 지니계수를 공식적으로 발표하지 않고 있기 때문에 OECD에서 발표한 지니계수 0.41보다 더 클 수 있다. 이 자료에 의하면 한국은 지니계수가 2018년 기준으로 0.345이다.

이러한 사실로 미루어 보면 강력한 복지체제를 구축한 국가는 지니계수가 낮다. 최근 경제위기를 겪고 있는 그리스, 스페인, 포르투갈 등은 중부유럽이나 북유럽 국가들에 비해 사회복지 지출이 적은 국가들이어서 지니계수가 비교적 크다.

조세와 사회복지로 지니계수 조정하기

그러면 조세와 사회복지 지출은 지니계수에 어떤 영향을 미치는가?

지니계수는 어떤 자료를 사용하느냐에 따라 달라진다. <표 16-1> OECD 국가의 빈곤율 개선효과를 살펴보자. 여기서 시장소득은 근로소득에서 사업 및 부업소득, 재산소득, 그리고 사적이전소득을 합한 것이며, 가처분소득은

4) 남부유럽에 속한 국가들인 그리스, 스페인, 포르투갈 등은 불평등한 소득분배로 인해 2012년의 경제위기에 취약함을 드러냈다.

시장소득과 공적이전소득을 합한 데서 사회보장부담금과 직접세를 뺀 것이다. 따라서 시장소득을 사용하여 산출한 지니계수와 가처분소득을 사용하여 산출한 지니계수는 차이가 난다. 조세부담율과 사회보장부담금이 많은 국가들의 경우 가처분소득 지니계수와 시장소득 지니계수의 차이가 많이 난다. 반면 조세부담률이 낮고 사회보장부담금도 적은 국가들의 경우 가처분소득 지니계수와 시장소득 지니계수가 별로 차이가 나지 않는다.

〈표 16-1〉 **조세와 공적이전소득의 불평등 개선효과**

(중위 50% 기준, mid-2000년, 한국은 2012년 기준) (단위 : %)

구분	한국	스웨덴	프랑스	영국	독일	캐나다	호주	일본	미국	OECD 평균
시장소득 지니계수(A)	0.329	0.43	0.48	0.46	0.51	0.44	0.48	0.44	0.48	0.45
가처분소득 지니계수(B)	0.300	0.23	0.28	0.34	0.3	0.32	0.3	0.32	0.38	0.31
개선율 ((A-B)/A*100)	8.81	46.51	41.67	26.09	41.18	27.27	37.50	27.27	20.83	31.11

출처 : OECD 홈페이지(http://stats.oecd.org/index.aspx), 임완섭 외(2012). 2012년 빈곤통계연보를 바탕으로 계산.

<표 16-1>에 따르면, 한국은 시장소득만 보면 스웨덴을 포함한 <표 16-1>에 나타나는 모든 국가들보다 평등한 국가이다. 그러나 다른 국가들은 시장소득을 사용하여 산출한 지니계수와 가처분소득으로 산출한 지니계수의 차이가 매우 크다. 예컨대, 스웨덴의 경우 시장소득 지니계수는 0.43으로 매우 불평등한 국가이나 가처분소득지니계수는 0.23으로 매우 평등함을 보여준다. 그 이유는 스웨덴은 조세부담률과 사회보장부담금이 매우 높기 때문이다. 그래서 스웨덴은 조세와 사회보장제도로 인해 불평등한 국가에서 평등한 국가로 변화한다. 반면 한국은 시장소득 지니계수(0.329)와 가처분소득 지니계수(0.300)의 차이가 별로 없다. 그 이유는 한국은 조세부담률이 낮고 사회보장부담률도 낮기 때문이다.

또한 고소득 계층에 대한 적극적 과세 등 세제를 통해 지니계수가 낮아지는 정도를 따져보면, 한국은 0.03포인트로 OECD 국가 중 칠레(0.02포인트) 다음으로 낮았다. 2010년 기준으로 한국의 세전 지니계수는 0.34, 세후 지니계수는 0.31이었다. 아일랜드(세전 0.59→세후 0.33), 영국(0.52→0.34), 일본(0.49→0.34) 등 대부분의 OECD 국가는 소득세 부과 이후 지니계수가 0.1포인트 이상 떨어졌다(연합뉴스, 2014. 8. 7). 조세수입이 증가되면 그 증가한 만큼 사회복지에 사용되어 시장경제 활동으로 야기된 경제적 불평등을 줄일 수 있다. 그러나 한국의 경우는 세전 지니계수와 세후 지니계수가 별로 차이가 나지 않아 조세체제가 불평등 해소에 기여하지 못하고 있음을 알 수 있다.

이러한 점들을 감안하면 한국이 지금보다 더 평등한 국가가 되려면 세율을 높이는 방향으로 조세제도를 개편할 필요가 있으며 사회보장급여를 인상하기 위해 보험료를 인상할 필요가 있다.

17 스웨덴은 어떻게 평등을 추구하는 복지국가가 되었는가?[1)]

1912년 대서양에서 침몰한 호화유람선 타이타닉호를 소재로 제임스 카메론(James Cameron) 감독이 만든 영화 '타이타닉(Titanic)'을 보면 배 밑창 가까이 위치한 3등실에서 음악을 들으며 춤을 추고 맥주를 마시는 스웨덴 사람들을 볼 수 있다. 1900년대 초반, 왜 스웨덴 사람들이 유람선을 타고 미국으로 향했을까? 유람 삼아 미국으로 향했을까?

오늘날 대표적인 복지국가로 모든 국가들이 부러워하는 스웨덴은 1900년대 초반만 하더라도 사람들이 살고 싶어 하지 않는, 유럽에서 가장 가난한 국가였다. 스웨덴은 북극 가까이 위치해서 10월부터 다음해 3월까지의 6개월간의 겨울은 낮이 매우 짧으며 음산하고 평균 영하 10°C 내외의 추운 기후가 지속된다. 농작물도 감자 외에는 알려진 것이 없다. 10세기경에는 스웨덴 바이킹(Viking)족들이 해상의 폭군으로 군림하여 해상에 출몰하면서 횡포를 자행하였다. 또한 의술의 미발달로 결핵이 만연했다. 그뿐만 아니라 스웨덴은 1900년대를 전후해서는 유럽에서 자본가와 노동자 간에 분쟁과 갈등으로 인해 과격한 파업이 빈번하게 일어나는 국가였으며 노동자들이 살기에는 너무 힘든 불평등한 국가였다. 이러한 자연환경과 사회적 상황으로 혹자는 스웨덴을 '신이 버린 나라'로 불렀다. 그래서 1870년부터 1930년 사이에 전체 인구의 1/3에 해당하는 110만 명의 스웨덴 사람들이 '가난으로부터의 해방'을 외치며 북미 대륙으로 이민을 떠났다.

타이타닉호 3등실에서 음악을 들으며 춤을 추고 맥주를 마시던 스웨덴 사람들은 유람을 떠나는 것이 아니라 너무 가난해서 살기 힘든 고국 스웨덴을

1) 이 부분은 박병현의 『복지국가의 비교 : 영국, 미국, 스웨덴, 독일의 사회복지역사와 변천』(경기 : 공동체, 2005), pp. 167-202 부분을 본 서의 내용에 맞도록 재구성한 것이다.

등지고 북미대륙으로 이주하는 길이었다. 타이타닉호는 1912년 침몰했으며, 3등실에 승선했던 사람들의 생존율은 25%로 1등실 63%, 2등실 43%의 생존율보다 매우 낮았다.

1900년대 초반 북미대륙으로 이주한 스웨덴 사람들은 막상 비옥한 토지에 정착하지 못했다. 왜냐하면 영국이나 유럽의 다른 지역에서 먼저 이주해 온 사람들이 미국 동부의 기후와 토양이 좋은 지역을 선점했기 때문이었다. 그래서 북미대륙으로 이주한 스웨덴 사람들은 겨울에는 춥고 여름에는 더운 중북부 지역으로 집단 이주했다. 미국 중북부에 위치한 미네소타 주를 연고로 한 프로미식축구(NFL) 팀의 이름이 '미네소타 바이킹스(Minnesota Vikings)'인 것도 이 지역에 스웨덴에서 이주한 바이킹족들이 많기 때문이다. 오늘날 미국 미네소타주는 스웨덴 복지국가의 영향을 많이 받아서인지 복지친화적인 사람들이 많이 사는 주로 알려져 있으며, 대통령 선거 때는 언제나 중산층 이하와 소수인종을 지지기반으로 하는 민주당 후보를 지지한다. 그래서 대통령 선거에 출마한 공화당 후보는 선거운동 기간 동안 예의상 미네소타주를 잠시 들른다.

그러면 한때 가난과 사람이 살기 힘든 기후로 인해 '신이 버린 나라'로 불리던 스웨덴이 어떻게 오늘날에는 누구나 살고 싶어 하는 복지국가로 발전했을까? 그 이유는 무엇일까?

국민의 집

스웨덴 복지국가 모델은 '국민의 집(Folkem, People's Home)'에서 시작한다. '국민의 집'은 1890년대에 물질적으로 별로 혜택을 받지 못한 계층이 주로 이용하는 지역사회도서관을 가리키는 말이었다. 지역사회도서관은 책이나 잡지, 신문 등을 갖춰놓고, 아이가 많아 집에 책 읽을 공간이 없는 시민이 적은 비용으로 이용하거나 책을 빌릴 수 있게 한 곳이었다. 그 뒤 우익당[2)]의 루돌프 셸렌(Rudolf Kjellén)이 '국민의 집'을 정치적 개념으로 사용하기 시작했고, 거기

2) 우익당은 온건연합당의 옛 이름이다.

서 힌트를 얻은 사회민주당 당수 한손(P. A. Hansson)[3]이 사회민주당의 정책과 비전의 상징으로 내세운 것이다. 한손은 '국민의 집' 개념에서 '개인과 가족, 민족주의, 사회주의'를 모두 통합할 수 있는 가능성을 뽑아냈다(강내영 외 공역, 2013 : 37). 그래서 '국민의 집'은 스웨덴의 전통적 촌락공동체에 기원을 두고 있으며 근대 스웨덴 복지국가의 근거를 제공하고 있다.

한손은 국가와 가정을 연계하여 '국민의 집' 개념을 제시하였다. 좋은 가정은 공동체와 연대에 의해 특징지어지며, 좋은 국가 역시 이러한 가정과 마찬가지임을 역설함으로써 '국민의 집'과 국가를 연계하여 강조하였다. 그는 더 이상 피착취 계급이 존재하지 않으며, 국가가 사회 속에서 경제적 힘을 가져야 한다는 점을 역설하였다. 불평등을 의미하는 '계급'은 점차 평등을 의미하는 '인민' 혹은 '시민'으로 대체되어야 한다고 주장했다. '국민의 집'은 한손이 1928년 의회에서 연설한 다음의 구절에 잘 나타나 있다.

> 가정의 기초는 공동체 정신과 연대이다. 좋은 가정은 친자식과 의붓자식과 같은 어떠한 특권과 차별도 없다. … 좋은 가정에는 평등, 사려, 협력, 도움이 흐른다. '위대한 국민의 가정'을 '시민의 가정'에 적용하는 것은 현재의 시민들을 특권층과 비특권 계급, 지배자와 종속자, 부자와 빈자로 분열시키는 모든 사회적·경제적 장벽들의 철폐를 의미한다(이헌근, 1999 : 23; Heclo & Madsen, 1987 : 157).

한손은 이 연설에서 국가는 착취의 도구가 아닌 경제력을 지닌 사회적 존재라고 하면서 국가의 역할을 강조했다. 코르피(Korpi, 1978)는 1928년 '국민의 집'이라는 다소 감상적인 표현은 '평등, 관심, 협동, 희망이 있는 사회'인 '복지사회'와 동일한 의미라고 주장한다. '국민'이라는 표현은 사회민주당이 노동자 계층의 욕구를 강조하고 있다는 것을 암시하며, '가정'이라는 표현은 '공유, 국가차원의 지역사회'를 의미한다(Heclo & Madsen, 1987 : 158).

또한 '국민의 집'이라는 용어의 상징성에서 엿볼 수 있는 것은 스웨덴은 혁명적 사회주의보다는 평등지향의 점진주의적 복지주의를 택했다는 것이다. 이러한 면은 1938년 살쇠바덴(Saltsjobaden)에서 이루어진 노사대타협에서 볼 수 있다.

---

3) 한손은 1932년에서 1946년까지 수상으로 재임했다.

살쇠바덴에서의 노사 간 대타협

스웨덴이 복지국가로 진입하는 가장 큰 전환점은 '1938년 살쇠바덴에서의 노사 간 대타협'이다. 살쇠바덴에서의 노사 간 대타협은 1929년에 발생한 대공황으로 거슬러 올라간다. 대공황은 스웨덴에도 영향을 미쳐 1931년부터 1933년까지 실업률은 20.8%를 기록했다. 대공황의 발생을 놓고 자본가는 노동자를, 노동자는 자본가에게 책임이 있다고 서로 대립했다. 이런 과정에서 1931년에 스웨덴 사람들의 마음속에 지워지지 않는 트라우마로 남아 있는 '오달렌 사건'이 일어났다. '오달렌 사건'이란 오달렌에서 일어난 노동자와 자본가 간의 투쟁을 말하는데, 펄프공장의 임금 인하에 항의하는 파업에 맞서 자본가들은 많은 용역깡패를 고용했고, 급기야 군대까지 출동했다. 결국 행진하는 노동자들을 향해 총을 쏴서 시위노동자 4명과 시위를 구경하던 젊은 여성 1명이 사망하여 스웨덴에 큰 충격을 던져주었다. 스톡홀름에서는 많은 용역 깡패들이 열차로 몰려들었고, 군대와 학생들이 자본가 편에 서서 파업 중인 노동자에 맞서는 험악한 상황이 벌어졌다. 이 사건은 스웨덴 국민들이 공유하는 커다란 트라우마로 역사 속에 남아있다. 스웨덴 노동자 투쟁의 역사에서 최대의 사건으로 기억되는 '오달렌 사건'은 1879년 순스발 파업에서 시작된 기나긴 노사갈등을 끝내고 새로운 국면을 맞는 계기가 되었다(강내영 외 역, 2013 : 31).

1932년에 집권한 사회민주당은 서둘러 실업률을 낮출 대책을 내놓기 시작했다. 1차 대전과 2차 대전 사이에 실업률이 계속 높았고, 상황이 좋아지기를 바라기도 어려웠다. 사회민주당 정부가 법제화라는 형태로 실업문제의 책임을 진 것은 또한 1931년 노동조합총연맹(LO) 대회에서 자본이 주도한 급격한 합리화가 격렬히 비판받은 사정과 관련이 있다. 이렇게 노사 대립에 정부가 개입해 경제위기를 거쳐 다시 노사협조 노선으로 되돌아가는 일이 가능했다. 원래 정부는 노사문제에는 중립을 지키고 개입하지 않는다는 태도를 취하고 있었지만, 사태를 수습하고 위기를 넘어서려면 실업대책을 펼 수밖에 없었다. 그때까지 지배적인 경제학 전통을 거슬러 적극적으로 정책에 개입한 것이다(강내영 외 공역, 2013 : 45).

1936년 사회민주당 정부는 정부가 주도하는 노사교섭을 제안했다. 노동조합총연맹은 찬성했지만 자본 쪽을 대표하는 경영자총연맹(SAF)은 3자 대화가 아니라 노사 양자 교섭을 원했다. 노동조합총연맹은 경영자총연맹으로부터 양자택일을 요구받았다. 경영자총연맹을 무시하고 사회민주당 정부와 손을 잡아 법제화를 꾀하는 일과, 거꾸로 경영자총연맹과 함께하며 정부를 바깥에 두는 길 사이의 선택이었다. 당시 집권당인 사회민주당은 과반을 넘지 못하는 소수 정권이었다. 그런 사정 때문에 의회를 통과하려면 다른 당의 지지를 얻어야 했고, 이러한 어두운 전망 때문에 정국은 불안했다. 이런 사정을 고려해 노동조합총연맹은 경영자총연맹과 협조하는 길을 택했다(강내영 외 공역, 2013 : 46).

살쇠바덴 대타협의 내용은 노동조합총연맹은 자본가의 경영특권을 인정하고 노동조합총연맹 중앙본부가 파업권을 통제함으로써 '산업평화'를 보장하는 대신, 경영자총연맹은 노조의 파업권을 공식 인정하고 경영에 대한 공동협의권을 부여하며, 노사 간의 계약의 과정을 명문화한다는 내용이었다(Martin, 1984 : 197-198). 이는 결국 사회민주당의 집권을 계기로 변화된 노사 간의 권력균형을 추인하는 것이었다. 비그포르스(Ernst Johannes Wigforss)는 이것을 '경제권력은 여전히 자본가의 수중에 있는 반면, 정치권력은 노동자에게 유리하게 변모함으로써 정치권력과 경제권력이 분리되어 있으며, 조직화된 노동자와 조직화된 자본이 서로를 인정하며, 어느 한쪽도 다른 쪽에 매개되지 않고 권력을 행사할 수 있는, 그야말로 '노사 간의 대타협'이라고 묘사했다(김영순, 1996 : 100; Korpi, 1978 : 46-50).

마틴(Martin, 1984 : 191)은 '스웨덴 모델'이란 '생산에 대한 결정은 자본가에게 맡기고, 정책결정이 내려지는 환경은 국가와 노동조합이 강력히 통제하는 체계'라고 평가했다. 이러한 평가는 1932년 사회민주당이 집권하면서 내세운 케인스주의가 살쇠바덴에서 이루어진 노사대타협과 결합하면서 스웨덴 복지국가 모델을 탄생시켰다는 의미로 볼 수 있다. 즉, 스웨덴 복지국가 모델은 자본가와 노동자 간의 절묘한 타협이 있었기 때문에 가능했다.

'악마와의 거래'를 마다하지 않은 미르달

스웨덴에서 가족정책으로부터 나온 보편주의 개념이 점차 노령연금, 건강보험에도 적용되어 스웨덴 복지국가 모델이 탄생하는 데 크게 기여한 사람은 경제학자이자 사회정책학자인 군나르 미르달(Gunnar Myrdal, 1898~1987)이다.[4)]

스웨덴에서는 19세기 말과 20세기 초에 산업화와 인구증가가 진행되었다. 1870년의 스웨덴은 농업인구가 70%가 넘었지만 1910년에는 50% 이하로 떨어졌다. 사망률 저하로 인해 1840년부터 약 100년간 인구는 배로 증가하여 1935년에는 총인구가 620만 명이 되었다. 그러나 스웨덴에서는 사망률과 출산율이 동시에 감소하는 현상이 발생하기 시작했다. 1899년에서 1910년 동안 인구 1천 명당 보통 출산율은 26.8이었는데 1931년에서 1935년 사이에는 14.1까지 낮아졌다(임성근 역, 2003 : 92).

미르달은 사회심리학자이자 교육학자인 부인 앨바 미르달(Alva Myrdal)과 함께 스웨덴의 인구문제를 분석한 저서인 『인구문제의 위기』를 1934년에 출간하면서 1930년대 이후 스웨덴의 인구정책의 방향을 제시했다. 미르달 부부는 『인구문제의 위기』에서 저출산의 원인을 도시화와 사회구조의 변화에서 찾았다. 당시 스웨덴의 주택상황은 매우 열악했다. 1930년대 초반 스톡홀름의 경우 35.5%가 단칸방이었으며, 25.7%가 방이 두개였으며, 목욕탕과 샤워시설이 없는 주택이 85%였다. 서부 공업도시 예테보리의 경우, 한 사람당 거주면적은 5평이었고, 이러한 환경은 가족을 늘리는 데 방해요인으로 작용했다. 미르달 부부는 결혼한 부부가 출산을 피하는 경향을 보이는 것은 취업한 여성이 생활수준을 향상시킬 수 있음에도 불구하고 아이를 갖게 되면 직장을 그만두어야 하기 때문으로 분석했다(임성근 역, 2003 : 95; Myrdal & Myrdal, 1934 : 125-151).

미르달 부부는 출산율 제고를 위해서는 예방적 사회정책이 필요하다고 보았다. 미르달 부부가 생각했던 예방적 사회정책은 빈곤한 사람만을 대상으로 하는 것이 아니었다. 예방적 사회정책의 가장 중요한 영역은 자녀와 가족이며,

4) 군나르 미르달은 1974년 극우 경제학자 하이에크(Hayek)와 공동으로 노벨경제학상을 수상했다. 시장경제에 대해 상반되는 주장을 하는 두 학자가 같은 해에 노벨경제학상을 공동 수상했다는 것은 아이러니이다.

시각을 달리하면 인적자본에 대한 투자였다. 미르달의 예방적 사회정책에는 자녀가 있는 가정에 대한 수평적 재분배 성격을 지닌 출산・육아정책, 여성 취업을 가능하게 하는 조건의 정비와 노동시간의 단축 등 가족과 관련한 광범위한 정책 분야가 모두 포함되어 있었다. 미르달 부부는 보편적인 사회복지를 추구함으로써 사회적 평등과 경제성장 모두 향상될 수 있다고 보았다(임성근 역, 2003 : 97).

미르달 부부는 모든 사람들을 대상으로 하는 예방적 성격의 보편적 사회정책을 도입하기 위해 '악마와의 거래'도 마다하지 않았다. 미르달 부부는 보수파들이 선호하는 인구의 질을 강조하면서 외국 노동력의 유입을 반대했다(Myrdal, 1938 : 204). 그뿐만 아니라 그들은 『인구문제의 위기』의 제7장 '사회정책과 국민의 질'에서 인구의 질을 높이기 위해서 정신장애자들을 대상으로 하는 불임시술권리를 옹호했다. 미르달 부부가 외국 노동력의 유입을 반대하고 정신장애자를 대상으로 하는 불임시술을 옹호한 것은 인구의 질을 강조하는 보수파들에게 예방적 사회정책을 '팔고자' 하는 복지국가 전략이었다(Carlson, 1990 : 85). 이것은 '악마와의 거래'로 불린다.

이러한 점 때문에 미르달 부부의 저서 『인구문제의 위기』는 노조계 출판사로부터 출판을 거절당했다. 그러나 보수계 Bonniers 출판사에서 출간하자마자 베스트셀러가 되었다. 또한 미르달 부부는 원래 2명의 자녀만 있었으나 여러 번의 유산 끝에 1936년 셋째 자녀 카이(Kaj)를 낳으면서 학자로서 정책을 창안하는 데에 그치지 않고 인구증가를 위한 실천도 마다하지 않았다(임성근 역, 2003 : 101). 이러한 인구문제의 위기에 대한 미르달 부부의 분석에 힘입어 스웨덴은 기혼・미혼에 관계없이 제공되는 보편주의적 성격의 출산수당, 16세까지의 모든 아동에게 자산조사 없이 제공되는 아동수당을 도입하면서 인구가 증가하기 시작했으며, 이러한 가족정책은 스웨덴이 보편적 복지를 지향하는 복지국가로 발전하는 데 크게 기여했다.

연대임금정책

스웨덴 복지국가의 기초가 되는 경제정책은 '연대임금정책(solidaristic wages policy)'이다. 1941년 스웨덴 노동조합총연맹(LO)이 개발한 연대임금정책은 근로자의 임금이 회사의 수익성보다는 직업의 성격에 의해 결정되는 것으로 동일노동에 대해 동일임금을 지급하는 정책이다. 연대임금정책을 보다 자세히 설명하면 다음과 같다.

기업에는 같은 품목을 생산하더라도 생산성이 높은 기업, 생산성이 중간 정도인 기업, 생산성이 낮은 기업이 있다. 생산성이 높은 기업은 경쟁력이 높고 이윤 창출 능력이 좋아서 노동자들에게 높은 수준의 임금과 양질의 복지를 제공하며, 생산성이 중간 정도인 기업은 평균 정도의 임금과 복지를 제공한다. 그러나 생산성이 낮은 기업은 경쟁력이 낮아 이윤을 많이 창출하지 못하는 취약기업이어서 저임금에 수준 낮은 복지를 제공할 수 있을 뿐이다. 대부분의 국가에서는 같은 품목을 생산하더라도 생산성이 높은 기업의 근로자는 고임금을 받고 생산성이 낮은 기업의 근로자는 저임금을 받는다. 그러나 스웨덴에서는 노동조합총연맹이 같은 품목을 생산하는 세 종류의 기업에 대해 임금 가이드라인을 정해서 중간 정도의 생산성을 지닌 기업의 임금을 조금 상회하는 선을 권고했다. 이 권고는 법적인 강제성은 없지만 도덕적 강제성은 강해서 지켜야 하는 의무사항으로 받아들여졌다. 생산성이 높은 기업의 근로자들은 임금의 일정 부분을 양보했고, 생산성이 중간 정도인 기업의 근로자들은 약간의 임금 인상을 감수했으며, 임금가이드라인을 충족시키지 못하는 생산성이 낮은 기업에 대해서는 정부가 파산을 유도했다.

연대임금정책으로 생산성이 높은 기업과 중간 정도의 생산성을 지닌 기업 간에는 임금격차가 줄어들어 동일노동에 대해 동일임금을 지급하는 형태가 되며 결과적으로 소득 불평등이 감소하게 된다. 생산성이 높은 기업은 근로자들의 임금 삭감으로 인해 경쟁력이 더 높아지며, 근로자들이 양보한 임금은 공적 기금으로 축적되어 근로자복지에 사용된다. 임금인상으로 손해를 보는 생산성이 중간 정도인 기업에 대해서는 세금감면을 비롯한 정책지원금,

이자율이 낮은 산업자금 지원, 각종 복지제도 등의 공적 지원을 제공한다. 세율이 높은 스웨덴에서 세금감면은 매력적인 유인책이 될 수 있다. 연대임금을 감당할 수 없어 퇴출되는 기업의 근로자들은 생산성이 높은 산업으로 옮겨가며, 이 과정은 근로자들의 자유로운 직업 간 이동을 가능하게 하는 적극적 노동시장정책으로 보완된다. 정부는 노동시장에 적극적으로 개입하여 퇴출기업의 노동자들과 잉여노동자들을 재훈련시켜 고임금 산업으로 재배치했다. 퇴출된 기업의 근로자들에게 제공되는 재훈련 과정은 모두 국가가 관리한다. 재훈련 기간 동안에는 실직 전 임금의 90%가 제공되며, 재취업한 기관이 타 지역인 경우에는 이사비도 제공된다(송호근, 2012 : 157).

이와 같은 적극적 노동시장정책의 목적은 실업자들로 하여금 실업수당만 받고 있기보다는 새로운 직업기술을 습득하도록 하여 노동시장으로 복귀시키는 데 있다. 그래서 스웨덴에서 실업자들은 실업기간 중 재교육을 받거나 새로운 기술을 습득해 피고용 능력을 향상한 뒤 이전보다 높은 수준의 노동시장에 진출한다.

이와 같은 동일노동에 대한 동일임금은 근로자들 간의 갈등을 예방할 수 있고 연대성을 강화할 수 있다. 또한 동일노동에 대한 동일임금으로 인해 노동조합총연맹이 임금교섭에서 주도권을 장악할 수 있다. 이 정책은 임금은 회사의 수익성보다는 직업의 성격에 의해 결정되도록 했으며, 그로 인해 임금의 격차가 줄어들었다. 스웨덴은 연대임금정책으로 '기업 간 임금격차 해소', 기업경쟁력 강화', '공공복지 확대'라는 세 마리의 토끼를 한꺼번에 잡을 수 있었다.

적극적 노동시장정책

성장과 고용이 동시에 달성되는 스웨덴 복지국가 모델 핵심에는 '적극적 노동시장정책'(active labour market policy)이 있다. 완전고용정책은 인플레이션을 유발하여 전반적인 경제효율성을 떨어뜨리는 단점이 있다. 스웨덴은 이러한 단점을 적극적 노동시장정책으로 극복하려 했다. 적극적 노동시장정책은 1948년에 설립된 정부, 고용주, 노동자 조직의 대표들로 구성된 노동시장위원회에 의해 운영된다. 노동시장위원회는 경기순환을 조정하고 생산요소 투입의 어려움을 완화함으로써 완전고용을 유지하려고 한다. 적극적 노동시장정책은 경기순환을 억제하는 경제정책을 채택하고 산업부문별로 확장과 감축을 용이하게 하였다. 기업이윤의 일부분은 경기 후퇴 시 투자할 재원으로 적립하도록 하였으며 정부가 노동시장에 적극적으로 개입하여 저임금 퇴보산업의 노동자들과 잉여노동자들을 고임금 산업으로 재배치하거나 이들을 위한 직업훈련기회를 제공했다(조기제, 2003 : 220). 연대임금정책이 노사 간의 교섭문제가 핵심인 데 반해, 적극적 노동시장정책은 정부의 경제정책과 관련된 문제였다.

적극적 노동시장정책은 정부자금을 활용하여 노동자와 일자리를 서로 연결시켜 주고, 시대가 요구하는 기술에 부합하는 직업훈련을 실시하는 것이다. 그래서 적극적 노동시장정책은 실업자를 대상으로 하는 노동 프로젝트뿐만 아니라 직업이동과 노동력의 재훈련을 수반한다. 그러므로 실업을 방지하기 위한 '노동전략'의 목적은 실업자들을 실업수당만 받고 있기보다는 시장으로 복귀시키는 데 있다(Korpi, 1990). 적극적 노동시장정책이 노동자들을 종래의 생활기반으로부터 유리시킨다는 점에서 비인간적인 정책이며 지역발전의 불균형을 초래한다는 비판에 대해서 적극적 노동시장정책의 목적은 사람들을 경력·학력의 구속에서 벗어나게 하고 실업에 대한 두려움에서 벗어나도록 하는 것이며, 노동시장에서 선택의 자유를 확대하기 때문에 오히려 인간적인 정책이라고 대응한다(임성근 역, 2003 : 14).

적극적 노동시장정책 실행의 중추적 기구는 각 시·읍에 있는 국립직업소개소이다. 이 소개소는 각 지역 내에 있는 모든 기업주에게 빈 일자리를 의무적으로 수시로 보고하도록 하여, 도별로 종합한 후 직종별로 세분해서 취업내용과 대우조건 등을 명기한 구인광고지를 매주 1회씩 발간해 무료로 구직자에게 배포하여 합당한 직업을 선택하게 하고 소개·알선을 무료로 실시함으로써 노동력의 수급을 효과적으로 조절한다. 이 수급조절에는 직업상담을 통한 직업 간 조절뿐만 아니라 각종 직업훈련의 주선과 훈련 후 복지, 기타 각종 이사수당을 공여하는 지역 간 인력수급 조절 등도 포함된다(천세충, 2001 : 99).

중산층이 우군인 복지국가

흔히 복지국가라고 하면 사회적 약자를 특히 보호하는 국가라고 생각하기 쉽다. 그러나 스웨덴에서 복지국가의 가장 큰 우군은 중산층이다. 사회민주당이 중산층을 복지국가의 우군으로 끌어들인 계기는 1959년의 연금제도 개혁이었다. 기존의 기초연금에 추가하여 소득비례연금제도를 도입하는 것이 주요 내용이었던 1959년의 연금개혁은 노령연금제도 변화 면에서도 중요하지만 화이트칼라 계층의 사회민주당 지지율 증가라는 정치적인 변화도 매우 의미 있는 것이었다.

스웨덴에는 '동일률 급여체계의 기초연금'과 '기여금제의 소득비례연금'의 두 가지 강제적 성격의 연금제도가 있다. 두 가지 연금체계 모두 재정방식이 부과방식이기 때문에 현재 일을 하고 있는 세대로부터의 기여금으로 연금급여가 제공된다. 그러나 처음부터 두 가지 연금체계 모두 존재했던 것은 아니었다.

스웨덴식 사회보험체계는 '국민의 보험' 원칙에 따른 것이었다. 다른 말로 표현하면 사회보험체계는 직업별로 분리하지 않은 프로그램을 택했으며, 저소득층만을 대상으로 하지 않고 전체 국민을 대상으로 하였다. 즉, 스웨덴에서는 보편주의적 기초연금제도만 존재했다. 스웨덴 기초연금은 모든 국민을 대상으로 하는 보편성과 모든 국민을 동등하게 만들려는 동등성을 통해 국민적 연대성을 확보하게 했다. 기초연금은 사회적 시민권을 모든 국민에게 부여했다. 시장 참여 기회나 일을 한 경력에 관계없이 가정주부나 장기체류자 비활동 인구를 포함하여 모든 사람이 기초연금의 적용대상이 되었다. 개인의 기여금과 무관하게 자격이 주어졌으며 재원은 모두 조세와 고용주의 의무적 기여금이었다.

자산조사를 멀리하고 구빈법과 관련된 원칙과 거리를 두려고 했던 사회민주당의 목적에 발맞추어 기초연금제도는 초기에는 합리적이고 바람직한 것처럼 보였다. 그러나 모든 사람에게 동일하게 적용하면서 급여규모의 적절성과 소득대체비율의 문제가 생겨났다. 기초연금의 급여수준은 단신퇴직자의 경우 1천 크로나 정도로 생활유지에 불충분했다. 이러한 부족분을 보완하기 위해 공무원을 포함한 화이트칼라노조는 고용주와의 협약을 통해 독자적인 부가연금을 도입하여 불충분한 급여를 보충할 수 있었다. 그러나 블루칼라노조는 광산노조를 제외하면 협약사의 부가연금의 도입이 뒤쳐져 있었다.

제2차 세계대전 후에 특히 월급쟁이 근로자들이 자기들의 소득수준에 맞는 급여를 요구하기 시작했다. 이러한 요구들에 대한 정치적인 응답은 그들만의 독립된 체계를 만드는 것은 금지하면서 보편적인 프로그램을 유지하는 준거틀 내에서 소득에 비례한 급여를 개발하는 것이었다. 완전고용과 경제성장으로 인해 빈곤은 어느 정도 감소되었으나 노인빈곤율은 여전히 높았다. 이러한 문제들로 인해 사회민주당 정부의 연대와 평등 이데올로기가 도전받기 시작했다. 이러한 상황에서 사회민주당 정부는 1950년대 중반 기존의 기초연금에 보충하여 의무적으로 가입하고 고용주가 재원을 부담하며 급여가 소득에 비례하는 소득비례연금제도를 추가로 도입하는 연금개혁을 단행했다.

소득비례형 연금제도란 연금가입자의 종전의 소득이 급여에 반영된다는 것과 그로 인해 소득재분배의 효과가 약해진다는 것을 의미한다. 그렇기 때문에 엄밀하게 보면 소득비례형 연금제도는 사회민주당이나 노동조합총연맹의 이데올로기에 부합하는 것은 아니었다. 그러나 산업구조가 변화되면서 농업에 종사하는 인구는 계속 감소하고 화이트칼라 계층이 증가했다.[5)] 또한 사회민주당은 1956년 선거에서 집권은 했으나 실질적으로는 패배했다. 이 선거에서 복지국가 비판을 내세운 보수당은 10개의 의석을 늘리고 자유당은 현상유지를 한 반면, 사회민주당은 4개의 의석을 잃고 농민당은 7개 의석을 잃었다. 이런 선거권자의 인구학적 속성 변화와 정치 변화 속에서 사회민주당과 노동조합총연맹이 계속 집권하기 위해서는 농민당과 결별하고 중간계층의 지지를 유도할 필요가 있었다. 따라서 1959년의 연금개혁은 정치적인 선택의 측면이 있었다.

1959년 소득비례연금제도 도입안은 통과되기까지 오랫동안 격한 논쟁을 거쳤다. 소득비례연금제도의 도입안은 최초에는 하원에서 통과하지 못했다. 이어진 정부해산과 특별선거에서 사회민주당은 5석을 늘리게 되고 소득비례연

5) 1920년에는 전체 인구 중에서 농업에 종사하는 인구가 41%, 화이트칼라 계층 인구는 12%였으나, 1940년에는 27%와 20%로 좁혀졌고, 1950년대에는 역전되어 농업에 종사하는 인구는 16%, 화이트칼라 계층 인구는 28%였다(임성근 역, 2003 : 167 참조).

금제도 도입안은 하원에서 단 1표 차이로 통과한다. 이 과정에서 계급 간의 격렬한 논쟁이 있었으며, 이 논쟁은 스웨덴 복지국가 역사상 가장 의미 있는 논쟁으로 알려져 있다. 이 과정에서 사회민주당과 농민당 연합정부(1951~1957)는 균열되었으며, 국민투표와 연이은 의회선거를 치러야 하는 등 많은 정치적 투쟁을 거쳐 1959년에 통과되었다. 소득비례 연금제도의 도입으로 인해 스웨덴 사회보험은 영국식의 보편주의적 적용범위와 대륙식의 소득비례급여원칙이 혼합되는 형태로 변화되었다.

당시 사회민주당과 노동조합은 소득비례연금 도입에 찬성했으며, 농민당은 높은 급여의 상당 부분이 고용주 기여분에 의해 조달되는 소득비례연금제도는 임금소득자보다는 농민층에게 더 불리하다는 이유로 반대하면서 사회민주당-농민당 연정에서 탈퇴했다. 중도우파의 지원을 받은 민간연금단체들은 이 제도 도입에 반대했다. 그러나 소득비례연금[6]은 재원조달방식과 급여산정방식 등이 화이트칼라에 유리했기 때문에 결과적으로는 노동자 계층보다는 전문직과 중산층이 더 많은 혜택을 받았다.

소득비례연금제도의 도입은 스웨덴 사회정책의 커다란 변화를 의미한다. 모두에게 동일한 급여제공이라는 사회주의적 이상보다는 급여는 소득수준과 비례해야 한다는 주장이 더 받아들여졌다. 뒤이어 실업보험과 의료보험도 소득과 연계시켰다. 결과적으로 소득비례연금제도는 백인 화이트칼라 노동조합이 스웨덴 사회민주계열로 흡수되는 데 기여했다. 대신 사회민주당은 수적으로 감소하면서 영향력이 줄어들고 있을 뿐만 아니라 이해관계에서 상이한 측면을 도출하는 농민당과는 결별했다. 이러한 정치적 상황의 변화 속에서 사회민주당은 중산층을 지지계층으로 흡수하면서 1960년 선거에서도 승리했다. 어느 국가에서도 찾아보기 힘든 화이트칼라의 사회민주당에 대한 높은 지지는 상당 기간 계속되었고,[7] 이러한 화이트칼라 계층의 복지국가 지지기반에

6) 스웨덴 소득비례연금은 30년간 기여금을 납부한 기록이 있어야 한다. 스웨덴에서는 노령연금급여의 소득대체율은 매우 높아 대부분의 퇴직한 노인들은 퇴직 직전 소득의 약 65% 정도의 연금을 수령한다. 스웨덴에서는 연금급여는 과세대상이다.

7) 스웨덴에서 화이트칼라의 사회민주당 지지율은 1960년대에는 52~54%에 이르렀고(같은 시기 블루칼라의 지지율은 75~77%), 1970년대 중반에는 43~48%(같은 시기 블루칼라의 지지율은 68~70%)를 유지했다(김영순, 1996 : 103). 즉, 사회민주당은 전통적인 지지층인 블루칼라의 지지를 유지하면서 화이트칼라를 지지계층으로 받아들이면서 추후 상당 기간 집권을 계속할 수 있었다.

의 가담이라는 정치 환경 속에서 사회민주당은 상당 기간 계속해서 집권할 수 있었다.

소득의 40%를 세금과 사회보장부담금으로 납부해도 조세저항이 없는 나라

대표적인 보수일간지인 조선일보는 이례적으로 2011년 3월 10일자 "복지 백년대계(百年大計) 오늘 잘못 선택하면 100년을 망친다 : 한국인, 핀란드인보다 세금 적지만… 사교육비 · 집값 부담에 쓸 돈 적어" 기사에서 이례적으로 고부담 · 고복지 복지체제를 지지했다. 그 기사에는 '저(低)부담 · 저복지' 국가인 한국과 '고(高)부담 · 고복지' 국가인 핀란드의 중산층 직장인 가계부를 비교하는 내용이 나온다(표 17-1 참조).

한국인 김 모(42) 씨는 서울의 한 금융회사에 일하고 있는 16년차 직장인이고, 야리 페우란헤이모(Peuranheimo · 51) 씨는 핀란드 키르코누미의 중소기업 임원이다. 두 사람 모두 자녀가 두 명씩이다. 김 씨 자녀는 중학교 2학년과 초등학교 5학년, 페우란헤리모 씨 자녀는 고등학교 1학년, 중학교 1학년이다.

〈표 17-1〉 **한국인 김 씨와 핀란드인 페우란헤이모 씨의 세금 · 수입 · 지출 비교**

■ **수입**

	김 씨(42세)	페우란헤이모 씨(51세)
월 급여(세전)	514만	853만
소득세	−86만	−307만
국민연금	−17만	−38만
건강보험	−24만	0
고용보험	−2만	−3만
각종 기부금	−5만	−9만
실수령액(세후)	380만	495만
기타수입	115만	33만
한 달 총수입	495만	528만
한 달 총세금 및 복지지출	134만 (월 급여의 26%)	357만 (월 급여의 42%)

■ 지출

		김 씨(42세)	페우란헤이모 씨(51세)
주택담보대출		76만	155만
교육비	사교육	108만	0
	공교육	16만	0
의료비		30만	2만
부모부양		50만	0
보험료	연금보험	20만	0
	보장성	30만	0
	자동차	5만	22만
주거 및 생활비		220만	317만
월 지출 총액		555만	496만
월 합계		−60만	32만

단위 : 원, 1유로=1,550원으로 환산.
기타수입은 김 씨는 연말 성과급을 월 평균한 것이고, 페우란헤이모 씨는 자녀 2명의 육아수당.
출처 : 조선일보(2011. 3. 10).

매달 받는 월급은 페우란헤이모 씨가 853만 원으로 김 씨의 514만 원보다 66% 많았다. 그러나 각종 세금을 빼고 난 실수령액은 김 씨가 380만 원, 페우란헤이모 씨는 495만 원으로 그 격차가 30% 수준으로 준다. 소득세와 국민연금, 건강·고용보험 등으로 월급에서 떼가는 돈이 김 씨는 약 26%였지만, 페우란헤이모 씨는 42%에 달하기 때문이다. 페우란헤이모 씨의 소득세율은 36%로 김 씨(17%)의 두 배가 넘었다. 그러나 지출 항목으로 가면 이야기가 다르다. 김 씨의 경우 자녀 교육비와 의료비, 부모부양 비용이 204만 원으로 월 총수입의 41%에 달했다. 김 씨는 노후대비와 건강보험을 보조하기 위한 각종 사보험 지출도 월 50만 원이다. 김 씨는 사교육비를 포함해 교육비로 124만 원을 쓰고 있지만 핀란드는 대학까지 무료라 페우란헤이모 씨가 교육비로 쓰는 돈은 별로 없다. 결국 사교육비와 주택부담이 우리나라 중산층의 가처분 소득을 감소시키는 결정적 요인이 되고 있다.

스웨덴의 사회정책학자인 에스핑 앤더슨(Esping-Andersen, 1990)은 스웨덴은 어느 국가들보다 사회적 계층이동이 훨씬 더 용이하다고 주장한다. 그는 부유한 국가에서 부모의 사회경제적 지위가 아동의 미래 교육과 소득을 결정하지만, 다른 어느 국가들보다 스웨덴에서는 그 정도가 훨씬 덜하다고 지적한다. 스웨덴에서는 상대적 빈곤 속에서 자라는 아이일지라도 최상위 소득 집단에서 자라는 아이와 거의 똑같은 교육과 장래 소득을 갖게 된다. 스웨덴의 특징은 공교육에 대한 지원으로, 가족들과 그 아동들을 정규 학교교육 이전의 영아 단계부터 공적으로 지원하는 데 있다는 점을 에스핑 앤더슨이 설득력 있게 제시하고 있다. 이러한 점들은 소득의 40%를 세금으로 지출하기 때문에 가능하다.

삶을 시장에만 의존하지 않는 사회

스웨덴의 사회정책학자인 에스핑 앤더슨(Esping-Andersen)은 1990년 출간한 『복지자본주의의 세 가지 세계(The Three Worlds of Welfare Capitalism)』에서 탈상품화의 정도에 따라 복지국가를 자유주의 복지국가, 보수적인 조합주의 복지국가, 그리고 사회민주주의 복지국가의 세 가지 유형으로 나누었다.

탈상품화(decommodification)는 개인이 일을 할 수 없어 수입이 없을 때(노동시장에서 이탈되었을 때) 공공 사회보장제도를 통해 가능한 한 높은 수준의 임금대체율을 보장해 줌으로써 시장에 대한 의존성을 약화시키는 것을 의미한다. 예건대, 어떤 사람이 노인이 되어 생산력이 약화되어 일을 할 수 없게 되었을 때 그 사람은 노동력을 팔아 생계를 유지하기 어렵다고 판단되어 연금제도를 통해 그들의 생계를 유지하게 하거나, 실업상태에 놓이게 되어 노동력을 팔 수 없는 상황이 되었을 때 실업급여를 제공하여 그 사람이 살아갈 수 있도록 한다. 즉, 사회보장제도를 통해 소비능력을 사회적으로 보장하고, 개인의 노동력에 대한 의존성을 약화시킴으로써 시장에 대한 임금노동자의 의존성을 약화시키는 것이다.

에스핑 앤더슨은 자본주의 국가에서는 인간의 노동은 상품으로 변화된다고 보았다. 다른 상품과 마찬가지로 노동은 시장가치를 지니고 있으며 구매하거나 구매된다. 노동자는 생존하기 위해서 자신의 노동력을 팔아야만 하며 자신의 유일한 소득원천은 자신의 노동력일 수도 있다. 그러나 실업보험과 연금제도 및 정부가 시행하는 다른 사회복지 프로그램은 노동력의 상품성 정도를 경감시켰다. 즉, 사회보장제도는 노동력의 탈상품화에 기여했다. 스웨덴에서는 사람들이 생존하기 위해서 자신의 노동력을 파는 데 더 이상 의존하지 않는다. 즉, 탈상품화는 노동을 통한 소득의 대안이 되는 사회복지 프로그램을 통해서 성취될 수 있다.

노동력의 탈상품화는 경제적 불황기에 노동시장에서 노동자 간의 경쟁을 순화시키고, 노동력 판매의 협상과정에서 자본가의 힘에 대항할 수 있는 수단을 제공함으로써 노동계급의 집단성 형성에 기여하는 기능을 수행하게 된다. 그러므로 사회복지의 발전 정도는 국가에 의해 부여되는 사회권이 국민들의 시장에 대한 의존성을 어느 정도 줄이느냐, 즉 탈상품화의 정도가 어느 수준이냐에 달려있다고 할 수 있다.

스웨덴에서는 사회복지제도가 잘 구비되어 있어, 달리 표현하면 노동력의 탈상품화 정도가 높기 때문에 시민들은 살아가기 위해서 노동시장에 의존하지 않는다. 이들 국가에서는 정부란 시민들이 복지를 얻기 위해 의존하는 마지막 제도가 아닌 가장 주된 제도이다.

보수당이 집권해도 복지예산이 축소되지 않는 나라

2011년 스웨덴에서 보수당이 집권에 성공했다. 보수정당이 집권하면 복지예산을 삭감하는 것이 보통이다. 미국에서 공화당이 집권하면 복지예산을 삭감했으며 영국에서도 그러했다. 한국도 마찬가지이다. 보수성향의 이명박 정부와 박근혜 정부는 집권하는 동안 시장과 기업 중심의 자유주의적 정책을 추진하면서 사회복지는 등한시했다. 스웨덴은 1991년 집권당인 보수당이 복지예산을 삭감하려 했지만 3년 뒤에 재집권에 실패했다. 이러한 경험이 있기 때문에 스웨덴 보수당은 복지예산 삭감을 시도하지 않는다.

복지국가 스웨덴이 주는 교훈

스웨덴이 복지국가로 발전한 과정이 우리에게 주는 교훈은 무엇인가?

스웨덴에서는 어떤 사람이 다른 사람을 경시하거나, 다른 사람의 희생으로 이득을 얻는 자가 없으며, 강자가 약자를 억압하거나 약탈의 대상으로 삼지 않는다. 스웨덴은 노사 간의 대타협을 통해 노사 간의 협동과 평등을 이룩하면서 불평등을 의미하는 '계급'을 평등을 의미하는 '시민'으로 변형시켰다. 또한 복지국가가 되려면 경제력이 뒷받침되어야 한다. 스웨덴에서는 복지와 경제는 항상 서로 보완의 역할을 했다. 경제정책의 최종 목적은 복지였으며, 복지는 효율적인 경제정책을 필요로 했다. 그러나 복지국가가 되기 위해 가장 먼저 전제되어야 하는 것은 법을 제정하고 집행하는 정치인과 관료들이 청렴해야 한다는 것이다.

18 사회복지 대상자에게 무엇을 제공하는가?[1)]

현금

사회복지 대상자에게 제공되는 급여 중 가장 규모가 큰 것은 현금이다. 가계수입이 최저생계비에 미치지 못하는 가구에 제공하는 생계급여는 현금으로 제공되며, 국민연금제도의 노령연금도 현금으로 지급된다. 이 외에도 건강보험의 요양비, 장제비, 본인부담액보상비, 장애인보장구급여비, 산재보험의 장애수당, 고용보험의 실업급여도 현금으로 지급된다.

그러면 사회복지 대상자에게 제공되는 현금은 어떤 장점이 있는가?

첫 번째 장점은 대상자에게 선택의 폭을 넓혀줌으로써 효용을 극대화할 수 있다는 것이다. 이론적으로 보면, 자유롭게 쓸 수 있는 10,000원의 현금을 수령했을 경우는 물품이나 서비스의 형태로 10,000원을 수령했을 경우보다 더 행복(복지)의 수준이 높다. 물론 이 경우는 수급자가 자신에게 최선의 소비가 무엇인지를 합리적으로 판단할 수 있다는 것을 전제로 한다. 만일 수급자가 현금으로 마약을 구매한다면 현금급여의 이러한 장점은 사라진다. 그뿐만 아니라 대상자의 자기결정의 권리를 보장한다는 점이다. 그래서 민주사회에서 중요시되는 가치인 자유나 자기결정의 가치를 실현시켜 준다. 그러나 이러한 장점은 대상자가 자신에게 가장 필요한 물품을 구입하는 합리적인 선택을 할 수 있다는 전제하에 성립된다. 만일 현금으로 마약이나 술을 산다면 현금으로 제공하는 것보다 현물로 제공하는 것이 더 좋을 것이다. 두 번째 장점은 현금은 대상자들이 느낄 수 있는 수치심이나 낙인감을 줄일 수 있다는 것이다. 또한 대부분의 경우 현금은 온라인 뱅킹으로 전달되기 때문에 프로그램

1) 이 부분은 박병현의 『사회복지정책론 : 이론과 분석』(개정 3판)(경기 : 공동체, 2011), pp. 171-175의 내용을 재구성한 것이다.

운영경비가 적게 든다.

그러나 현금으로 제공하는 것이 장점만 있는 것은 아니다. 현금으로 제공할 경우에는 대상자들이 필요한 곳에 사용하지 않고 다른 곳에 사용하더라도 그것을 통제할 방법이 없다. 예컨대, 아동수당을 현금으로 제공할 경우 수당을 수령한 부모가 아동을 위한 곳이 아닌 다른 곳에 사용할 가능성이 있다.

현물

스웨덴 복지국가를 설계한 미르달(Myrdal)은 1930년대의 스웨덴 아동수당의 급여형태와 관련하여 규모의 경제 관점에서 현물급여의 우월성을 주장하였다. 즉, 미르달은 규모의 경제에 의해서 대량생산된 재화나 서비스를 낮은 비용으로 제공할 수 있다는 점에서 현물급여를 선호했다. 또한 미르달은 현물급여가 급여의 대상자에게 정확하게 전달되어 정책의 목표 효율성을 높일 수 있기 때문에 현금급여보다 더 효과적이라고 했다. 예컨대, 정책목표가 아동복지를 향상시키는 것이라면 효과성의 문제는 급여가 직접적으로(효과적으로) 대상자에게 전달될 수 있는가에 달려있다고 할 수 있다. 이런 기준에서 보면 사용처를 통제하기 힘든 현금급여보다 현물급여가 더 효과적이라고 할 수 있다.

또한 현물급여는 현금급여에 비하여 정치적인 측면에서 선호된다. 왜냐하면 납세자들은 자기가 낸 세금이 어떤 용도로 사용되고, 어떤 목표를 이루었는가에 관심이 있는데, 현물급여는 현금급여에 비하여 효과가 비교적 명확하게 나타나기 때문이다. 미르달은 비록 현물급여가 수급자의 선택의 자유를 제한하는 면이 있지만 아동수당의 경우에는 아동은 가족 소득의 사용처를 결정할 권한이 별로 없다는 논리 아래 현금급여보다 현물급여가 되어야 한다고 주장했다.

현물급여로서 제공되는 것 중 가장 큰 것은 의료서비스와 교육서비스이다. 대부분의 복지국가에서 GNP의 10% 이상을 이 두 가지 서비스에 지출한다. 공공부조의 경우 쌀이나 의복 등 현물로 제공되는 경우가 많다.

이용권

이용권(voucher)[2)]은 현금과 같은 가치를 지니지만 일정한 용도 내에서 수급자로 하여금 원하는 재화나 서비스를 선택하도록 하는 방법이다. 이용권 제도는 정부가 특정 서비스의 수요자에게 일정액의 구매권을 지급하고 공급자에게는 서비스 제공의 대가를 사후에 지불하는 것이다. 이용권 제도는 서비스 공급자 간의 효율적 경쟁을 유발하고 수요자의 선택권을 보장하는 장점이 있다. 또한 이용권 제도는 서비스에 대한 욕구는 크나 경제적 부담 등으로 특정 서비스를 구매할 수 없는 계층에게 구매력을 보전해 줌으로써 이들의 서비스 욕구를 충족시키고 해당 서비스에 대한 유효수요를 진작시키는 기능을 한다.[3)] 따라서 이용권은 현물의 높은 정책목표 효율성과 현금의 소비자(수급자)의 높은 수준의 선택권이라는 상반된 두 가지 급여형태의 장점만을 결합한 제3의 급여형태로 불린다(Gilbert & Terrell, 1998).

이용권은 현금급여의 장점인 소비자 선택의 권리를 보장하면서 현금급여에서는 가능하지 않은 급여의 사용처를 어느 정도 통제할 수도 있다. 예를 들면, 가장 대표적인 이용권이라고 할 수 있는 미국의 식품권(food stamp)은 수급자가 가치 한도 내에서 다양한 식품을 구입하기 위해 사용할 수 있다. 그러나 식품권으로 구입할 수 있는 것은 식품에만 한정된다. 미국에서는 최근에 교육 목적의 이용권을 개발하고 있다. 1955년 프리드먼(Friedman)에 의해서 처음으로 제안된 교육증서는 정부가 공립학교에 직접 재정을 보조하는 대신에 학부모들에게 학교선택권과 함께 교육서비스를 구입할 수 있는 이용권을 배부하는 것이다. 이렇게 되면 공립학교들은 서로 경쟁이 되어 양질의 교육 프로그램들을 개발하는 데 앞장서게 되고 결국 교육의 질이 높아지게 된다(Gilbert & Terrell, 1998 : 124-125).

이용권은 이러한 장점에도 불구하고 현금급여와 현물급여의 '중간적 성격'으로 인해 주요한 급여형태로 사용되지 못하는 경향이 있다.

2) 이용권은 '증서'라고도 번역되기도 하며, 원어 그대로 '바우처'로 부르기도 한다.

3) 우리나라에서는 2008년 경제가 일시적으로 위기에 봉착했을 때 서비스에 대한 유효수요를 진작시키기 위해 서비스 이용권을 발행한 적이 있다.

<표 18-1>은 현물급여, 현금급여, 이용권의 장점과 단점을 비교한 것이다.

〈표 18-1〉 현물, 현금, 이용권의 장점과 단점 비교

	장 점	단 점
현물급여	• 대량생산된 재화나 서비스를 낮은 비용으로 제공할 수 있다. • 정책의 목표효율성을 높일 수 있다. • 정치적으로 선호된다.	• 수급자에게 낙인을 줄 수 있다. • 수급자의 사생활을 간섭할 수 있다.
현금급여	• 수급자의 선택의 자유와 자기결정의 권리를 보장한다. • 인간의 존엄성을 유지시켜 준다. • 수치심이나 낙인을 예방할 수 있다. • 프로그램 운영비용이 적게 든다.	• 급여의 사용처를 통제하기 힘들다.
이용권	• 서비스 공급자 간의 효율적 경쟁을 유발하고 수요자의 선택권을 보장한다. • 높은 정책목표 효율성과 현금의 소비자(수급자)의 높은 수준의 선택권을 보장한다.	• 오용과 남용의 문제가 발생할 수 있다. • 이용권으로 구입할 수 있는 서비스는 한정된다.

기회

1951년 대학원 입학자격시험(GRE) 점수가 비소수인종 지원자보다 낮음에도 불구하고 보스턴 신학대학원 박사과정에 합격한 흑인이 있었다. 이 사람은 훗날 위대한 인권운동가가 된 마틴 루터 킹(Martin Luther King Jr.) 목사이다(Bronner, 1977). 이런 일이 일어날 수 있는 이유는 미국에선 소수인종을 우대하는 '소수인종우대정책(affirmative action)'이 있기 때문이다. 이 정책은 사회적 약자인 소수인종들에게는 '인생역전 사다리'일 수 있다. 2009년 버락 오바마(Barack Obama) 대통령에 의해 연방 대법원 대법관으로 지명된 히스패닉계(미국에 거주하는 라틴 아메리카계 시민) 소니아 소토마요르(Sonia Sotomayor)는 자신은 '소수인종우대정책'으로 프린스턴대학에 입학할 수 있었고, 히스패닉계 최초로 연방 대법원 대법관 자리에 오를 수 있었다고 말했다. 그뿐만 아니라 버락 오마바 미국 대통령도 이 제도의 혜택을 보았다고 했다.

이와 같이 미국에서는 대학이나 대학원 입시에서 소수인종 지원자에게 비소수인종 지원자보다 낮은 입학기준을 정하는 경우가 많다. 여러 인종이 모여 사는 다문화사회인 미국에서 흑인이나 히스패닉, 동양계 등의 소수인종들은 태생적으로 불이익을 받고 있기 때문에 이들에게 대학입학이나 고용 등에서 여분의 기회를 더 부여하는 것이다. 이렇다 보니 오히려 비소수인종인 백인들이 역차별을 받는다며 소송을 제기하는 경우가 자주 있다.

이와 비슷한 정책으로 한국에서는 장애인 고용 할당제가 있다. 이 제도는 국가・지방자치단체와 50명 이상 공공기관・민간기업 사업주에게 장애인을 일정 비율 이상 고용하도록 의무를 부과하고, 미준수 시 부담금을 부과하는 것이다. 국가 및 지방자치단체(공무원), 공기업 및 준정부기관은 3%를 장애인으로 고용해야 하고, 민간사업체에서는 2.7%를 장애인으로 고용해야 한다. 이러한 정책을 추진하는 이유는 사회적 약자인 장애인들에게 여분의 기회를 더 부여하는 것이다.

기회는 노동시장에서 불합리한 경쟁요소를 제거하는 것이 목적이다. 급여로서의 기회는 물품이나 서비스와는 달리 여분의 기회(extra chance)를 제공하게 된다. 기회는 여분의 기회를 활용함으로써 다른 급여를 획득할 수 있도록 한다.

서비스

서비스란 클라이언트에게 교육, 상담, 사례관리, 직업훈련 등을 제공하는 것을 말한다. 서비스는 구체적인 형상을 지니는 것이 아니라 무형이기 때문에 시장가치를 가늠하기 힘든 경향이 있어 수혜자들에게 즉각적인 시장가치를 부여하지는 않지만 클라이언트의 자립과 자활을 돕는 중요한 급여가 될 수 있다.

19 누가 사회복지를 제공하는가?[1)]

모든 사람이 잘 살아간다면 사회복지는 필요 없을 것이다. 그러나 아무런 문제없이 평생 동안 살아가는 사람은 없다. 살다 보면 병에 걸릴 수도 있고, 실업자가 될 수도 있으며, 장애를 당할 수도 있다. 또한 나이가 들게 되면 노령으로 일을 할 수 없게 되고 모아둔 재산이 없으면 빈곤으로 진입하게 된다. 이러한 산업사회에서 나타나는 노동능력의 약화 또는 상실과 관련 있는 궁핍, 노령, 질병, 장애, 재해, 실업 등을 사회적 위험이라고 부른다.

그러나 최근에 와서는 새로운 사회적 위험이 나타났다. 새로운 사회적 위험은 노동시장에서 고용구조의 문제와 노동참여 가능성의 약화, 저출산 · 고령화 사회에 있어서 아동과 노인인구에 대한 가족 보살핌책임의 증가, 취약계층의 사회적 배제 등이다. 그래서 오래전부터 있어온 사회적 위험을 '구(舊) 사회적 위험(old social risks)'이라고 부르고 최근에 등장한 사회적 위험을 '신(新) 사회적 위험(new social risks)'이라고 부른다. 한국에서도 오래전부터 있어왔던 사회적 위험 외에 최근에 와서 등장한 새로운 사회적 위험이 있다. 새로운 사회적 위험은 1998년 외환위기 이후 등장한 것으로서 '실업 · 저임금 · 고용불안'과 연계된 열악한 노동시장문제, 저출산 · 고령화 경향으로 인한 가족의 해체와 변화, 다민족 · 다문화사회의 등장으로 인한 사회적 위험 등이다. 그러면 이러한 사회적 위험에 대한 대응은 누가 해야 하는가?

1) 이 부분은 박병현의 『사회복지정책론 : 이론과 분석』(개정3판)(경기 : 공동체, 2011), pp. 175-185의 내용을 재구성한 것이다.

중앙정부

대부분의 국가에서 중앙정부 혹은 국가는 국민에게 포괄적이고 기초적인 사회복지서비스를 제공하고 있다. 그러면 왜 사회복지서비스 전달체계에 있어서 중앙정부의 역할이 중요한가?

첫째, 사회복지서비스는 공공재적인 성격이 강하여 모든 국민들을 대상으로 하는 경우가 있는데, 이 경우에는 중앙정부가 관리하는 것이 효율적이기 때문이다. 사유재는 사용하는 개인만이 그 비용을 지불해야 하며 비용을 지불하지 않는 개인에 대해서는 그 사용을 막을 수 있다. 그러나 공공재는 일단 그 재화가 제공되면 다른 사람들이 그 재화를 소비하는 데 드는 추가 비용이 없고 또한 다른 사람들이 그 재화를 사용하는 것을 막기도 어려운 재화를 말한다. 그래서 공공재는 그 재화를 서로 소유하려고 경합하지 않으며, 내가 그 재화를 소유한다고 해서 다른 사람이 그 재화를 사용하는 것을 배제할 수 없다. 그래서 비경합적이고 비배제적 성격을 지닌 공공재는 시장에만 맡겨두었을 경우 효율적으로 제공되지 않는 특징이 있다.

공공재를 설명하기 위해서 '등대'가 자주 언급된다. 등대는 바다를 항해하는 배가 안전하게 운행하도록 돕는 역할을 한다. 등대의 불빛은 항해자들에게는 생사가 걸린 문제이지만 해변가의 휴양객들에게는 조그마한 즐거움거리일 뿐이다. 그렇다고 해서 해변가의 휴양객들로 하여금 이러한 불빛을 즐기지 못하도록 금지해야 할 이유는 조금도 없다. 왜냐하면 휴양객들이 등대의 불빛을 즐긴다고 그것이 다른 사람들의 등대 사용을 방해하지는 않기 때문이다. 그러므로 사람들에게 등대 불빛 사용에 대한 비용을 지불하도록 만들 수 없기 때문에 국가가 세금으로 등대를 운영하여야 한다. 그래서 등대는 시장에서 효율적으로 제공되지 않는다. 이것을 '시장의 실패(market failure)'라고 부르는데 이러한 경우에는 정부가 개입하여 '시장의 실패'를 해결하고 결과적으로 사회적으로 바람직한(효율적인) 자원의 배분을 시도한다.

사회복지서비스는 사회복지서비스의 제공은 다른 사람에게 아무런 영향을 주지 않으면서 모든 사람들에게 혜택을 줄 수 있기 때문에 사유재보다는 공공재에 가깝다. 예를 들면, 국가가 어떤 사회복지 프로그램을 통하여 그 나라 모든 아동들의 건강과 교육수준을 높임으로써 그 아동들이 건전한 시민으로 성장하여 국가발전에 기여한다면 그 나라 국민 모두에게 혜택이 돌아간다. 그러나 시장에만 맡겨두면 아동의 건강과 교육을 위한 사회복지서비스가 효율적으로 제공되지 않는다. 그 이유는 사회복지서비스의 경우 공공재적인 성격을 지니고 있는 경우가 많기 때문이다.

또한 소득이 공평하게 분배되면 사회구성원 모두는 좋은 사회에서 사는 것으로부터 만족을 얻고 어떤 사람도 그러한 만족에서 배제되지 않는다. 소득재분배가 잘 이루어진 평등한 사회에 사는 것에서 오는 만족감은 다른 사람들의 만족감에 영향을 주지 않기 때문에 소득재분배 프로그램은 비경쟁적 공공재로 여길 수 있다. 그러나 시장에만 맡겨두면 소득재분배 프로그램은 효율적으로 작동하지 않는다. 그래서 소득재분배 성격의 프로그램은 정부가 시행할 때 효율적이다.

둘째, 노령, 재해, 실업, 질병 등과 같은 사회적 위험에 대응하기 위한 사회보험과 같이 전 국민을 대상으로 하는 제도의 경우에는 규모의 경제 면에서 중앙정부가 담당하는 것이 효율적이다. 사회적 위험은 누구에게나 일어나기 때문에 적용 대상 규모가 매우 크다. 민간금융회사에서 노령연금이나 질병보험을 판매하는 경우도 있지만 이러한 민간보험상품을 구매할 수 있는 계층은 제한적이다. 따라서 광범위하게 누구에게나 일어날 수 있는 사회적 위험에 대한 대응은 중앙정부가 나서서 해야 한다.

그러나 중앙정부가 모든 사회복지서비스를 제공하기에는 한계가 있다. 다양한 인구집단이 지니고 있는 다양한 욕구를 중앙정부가 모두 충족시켜 주기에는 한계가 있다. 또한 중앙정부의 경직성으로 인해 지역 간 또는 시간에 따라 발생하는 문제를 효율적으로 해결하기 힘든 면이 있다. 이러한 한계는 지방정부나 민간부문이 보완적으로 기능할 수 있도록 중앙정부가 지원하도록 하고 있다.

지방정부

사회복지서비스를 제공하는 주체로서 지방정부는 지방이 가진 특수한 욕구에 신속하고 전문적으로 대응할 수 있다. 중앙정부는 지방과 지리적으로 거리가 멀 뿐만 아니라, 지역주민이 원하는 사회복지서비스를 중앙정부에서 모두 제공하는 것은 쉽지 않다. 지방정부가 사회복지서비스를 효율적으로 제공할 수 있는 이유는 다음과 같다.

첫째, 지방정부는 지역주민들의 실제적 욕구에 기초한 복지정책을 펼 가능성이 높다. 즉, 중앙정부가 중심이 되어 고안한 사회복지제도는 지방의 사회적·인구학적 특성을 반영할 수 없었으나, 지방정부가 중심이 되는 전달체계에서는 지방정부의 재량권이 넓어지기 때문에 지역주민의 새로운 욕구나 변화된 욕구에 빠르게 대응한 사회복지제도를 고안할 수 있다.

둘째, 지방정부의 재정 편성권이나 기타 행정적 권한에 대한 재량권이 넓어짐으로써 민선자치단체장이나 지방의회의 의지에 따라 독자적 사회복지발전계획의 수립이 가능하고, 복지정책이 보다 다양화되며, 그 질도 높아질 가능성이 충분하다.

셋째, 지방정부 간의 경쟁이 되어 보다 양질의 사회복지서비스가 개발될 수 있다. 미국의 경우 교육서비스는 거의 대부분 지방정부의 주도하에 제공된다. 영국의 경우도 교육서비스는 재원의 80% 이상, 대인서비스는 90% 이상을 지방정부에서 마련한다.

그러나 지방정부에 모든 서비스를 맡겨두기에는 한계가 있다. 가장 큰 문제는 지역 간 불평등문제이다. 지역 간 재정적 불균형으로 인해 사회복지급여에 있어서 지역 간 불평등이 초래될 수 있다. 지역 간 사회복지급여의 불평등 문제는 사회통합을 저해하고 위화감을 불러일으켜 사회적 불안요인이 될 수 있다.

중앙정부와 지방정부의 혼합

중앙정부와 지방정부는 독자적으로 사회복지서비스를 제공하기도 하지만 중앙정부가 지방정부에 재정을 보조하여 지방정부가 서비스를 전달하기도 한다. 이 경우 중앙정부는 지방정부에 대해 다음과 같은 조건을 달기도 한다(Gilbert & Terrell, 1998 : 224-231).

첫째, 중앙정부는 지방정부가 일정 부분의 재정분담(match fund)을 한다는 조건으로 재정을 보조한다. 이 조건은 지방정부가 정부보조금을 원할 경우에 지방정부는 프로그램 일부의 비용을 부담하게 된다. 이러한 분담금 제도는 중앙정부의 재정부담을 줄일 수 있고, 중앙정부와 지방정부 간의 협력관계를 도모할 수 있어 프로그램을 효과적으로 운영할 수 있는 장점이 있다. 또한 지방정부가 일방적으로 재정지원을 받는 경우에 비해 자신들이 재정을 일부 분담할 경우에는 사업을 진지하게 수행할 가능성도 커진다. 또한 중앙정부는 지방정부로 하여금 어떤 특정 사회복지사업에 참여하도록 유인할 수 있다.

둘째, 중앙정부는 어떤 프로그램의 세부적인 내용, 즉 대상자 자격, 급여의 형태와 액수, 세부적인 전달방법 등을 시행할 것을 조건으로 지방정부에 보조금을 제공하기도 한다. 그러나 이 경우는 중앙정부와 지방정부의 혼합체계의 장점은 찾아보기 힘들며, 중앙정부 단독의 전달체계에 가깝고 지방정부의 자율성을 크게 훼손하는 방법이라고 할 수 있다.

셋째, 중앙정부가 지방정부에 보조금을 제공하면서 지방정부로 하여금 어떤 특정 지역, 특정 집단을 대상으로 급여를 제공하도록 조건을 다는 경우가 있다. 수혜자 조건으로 보조금을 제공하는 이유는 지방자치단체 관할 지역의 인구수에 비례하여 보조금을 제공하는 경우 욕구가 긴급한 수혜자에 대한 급여제공이라는 표적화 효과가 감소될 수 있기 때문이다. 따라서 어떤 특정 지역이 다른 지역에 비하여 어떤 특정 욕구가 많다고 판단되는 경우 중앙정부가 이러한 지역에 더 많은 보조금을 제공하는 것이다. 예컨대, 교육서비스의 경우 저소득층이 거주하는 지역에 더 많은 지원을 하는 경우가 있다. 이 방법은 지역 간 불평등을 해소할 수는 있으나 중앙정부의 부담은 커진다.

넷째, 중앙정부가 지방정부가 수행해야 하는 보조금 운용에 대한 기록, 보고, 감사 등의 행정적 절차나 과정을 이행할 것을 조건으로 보조금을 제공하는 경우가 있다. 중앙정부가 보조금 제공과 관련하여 절차적 조건을 충족시킬 것을 요구하는 이유는 지방정부의 프로그램 운영에 있어서 남용과 오용을 예방하기 위한 것이다.

비공식 부문

비공식 부문(informal sector)은 가족, 친지, 친구, 이웃 등과 같은 체계를 말한다. 비공식 부문이 사회복지정책의 주체로서 갖는 이점을 요약하면 다음과 같다. 첫째, 사회복지서비스를 필요로 하는 욕구의 다양성과 급격한 사회변화에 쉽게 대응할 수 있다는 점이다. 공공복지 전달체계는 획일적 기준과 보편주의 가치를 기반으로 하고 있기 때문에 위급한 상황이나 재난과 같은 예측 불가능한 상황으로 인해 새롭게 발생되는 다양한 욕구에 재빠르게 대처할 수 없다. 이러한 공공부문의 한계에 대해 비공식 부문이 손쉽게 대응할 수 있는 장점이 있다. 둘째, 비용의 효율성을 극대화할 수 있다. 공공복지는 전달체계를 수립하고 운영하는 과정에서 막대한 비용이 발생하지만, 비공식 부문은 지역사회의 주변에서 소규모로 욕구해결을 위한 자원동원이 쉽게 이루어질 수 있다. 또 사회복지 대상자 측면에서 공공전달체계가 가지는 번잡스럽고 의례적인 절차를 거치지 않고, 시간과 노력을 적게 하면서 비공식 부문의 서비스를 받을 수 있다는 점에서 비용의 효율성이 상대적으로 높다. 마지막으로는 비공식 부문의 사회복지서비스는 대상자의 내적 욕구에 적절하게 대응할 수 있어, 서비스의 효율성이 상대적으로 높다. 공공복지체계는 전문화되고 양적으로 표준화되어 있어, 내방하는 클라이언트의 다양한 내적 욕구를 대상자의 입장에서 파악하는 데 어려움이 있다. 반면, 비공식 부문의 서비스는 주위의 아는 사람들로부터 지원을 받게 되므로, 클라이언트의 문화와 정서에 부합되어 서비스의 효과성이 높아질 수 있다는 것이다(최경구 · 김선업, 1998 : 52-53).

자원조직

비공식 부문에 의한 서비스가 혈연이나 지연에 기초하여 공급되는 것에 반하여, 자원조직(voluntary organization)은 사람들의 자발성에 기초해서 공급된다는 점에서 차이가 있다. 자원조직은 공공사회복지의 발달 이전에는 사회복지의 주체로서 많은 역할을 수행하였다. 사회민주주의 전통이 강한 유럽국가에서는 자원조직의 역할 중 많은 부문이 국가 혹은 공공조직으로 역할이 이전된 경우가 많으나, 미국, 일본과 같이 자유주의적 전통이 남아 있는 국가에서는 자원조직의 활동이 상대적으로 활발한 편이다.

공공복지가 강조되던 복지국가 전성기에는 자원조직의 역할이 제한되었으나 최근에 와서 자원조직의 중요성이 다시 제기되고 있다. 그 이유는 크게 두 가지로 볼 수 있는데 첫째는 공공사회복지의 한계를 보완, 보충하기 위해서이다. 연금이나 생활보장 등의 경제상의 복지과제, 복지시설의 미비, 주택난 등의 환경상의 복지과제, 대인서비스상의 복지과제 등 다양한 사회복지의 과제는 공공사회복지만으로 해결되기 힘들다. 이러한 사회복지의 과제해결을 위해서는 제도적 접근, 즉 복지국가로서의 정비뿐 아니라 주민들의 참가가 필요하다. 두 번째 이유는 공공사회복지에서 자원봉사활동의 도입은 정부의 재정압박과 관련이 있기 때문이다. 1980년대 이후 시민들의 다양한 복지요구 증가와 지출비용의 증가로 인해 생긴 재정 적자 및 예산 삭감에 대한 대안으로 공공서비스 전달에 자원봉사자를 활용하기 시작하였다. 서비스전달에의 시민참여는 재정적인 압박을 받고 있는 정부에게 유급직원에 대한 의존도를 줄이면서 공공사회복지를 보완한다는 매력적인 요소가 되었던 것이다(류기형 외, 1999 : 40-41).

국제 제3섹터 연구협회(International Society for Third-Sector Research)에서는 자원조직을 제3섹터로 부르고, 제1섹터인 국가 혹은 정부, 제2섹터인 시장의 발달 이후에 제3섹터인 자원조직이 발달하였다고 보고 있다. 제3섹터는 정부, 시장 및 가족과 같은 체계 사이에, 그리고 공식적 · 비공식적 조직, 공공 · 민간, 영리 · 비영리 사이에 중간적인 역할을 한다고 본다.

그러나 자원조직은 사회복지의 주체로서는 한계가 있다는 점을 유념할 필요가 있다. 길버트와 테렐(Gilbert & Terrell, 1998 : 195)은 전통적으로 사회복지의 축소를 추진해 온 보수주의자들은 자원조직이 공공부문을 대신하여 사회복지의 많은 부분들을 담당해야 한다고 주장해 왔다고 하면서 자원봉사의 한계를 지적하고 있다. 예를 들면, 사회복지 축소를 추진한 보수주의 성향의 미국의 레이건 행정부는 공공부문 복지활동은 민영화되어야 된다고 주장하면서 자원봉사가 공공복지가 담당하던 부분을 대신해야 한다고 주장했다. 그러나 자원봉사인력이 공공복지의 영역을 담당하는 것은 사회복지서비스의 질을 저하시킬 가능성이 매우 높다. 그러므로 공공복지를 담당하는 사회복지전문가들이 수행하는 역할과 전문가가 아닌 자원봉사인력이 수행하는 역할은 엄격하게 구분되어야 할 필요가 있다.

민간영리부문

복지국가체제에서는 이 부문의 역할은 매우 제한적이었다. 그러나 최근에 민간영리부문의 역할에 대해서 새로운 인식이 이루어지고 있다. 그 이유는 다음과 같다. 첫째, 복지국가의 재정적 위기 속에서 공적 부문에 의한 사회서비스의 공급이 한계에 달했다는 인식으로, 비공식 부문을 포함하여 이 부문에 대한 정책당국의 관심이 고조되었다. 둘째, 각국에서 국영기업의 민영화가 진행되어 이러한 조류가 사회복지에도 밀려왔다. 셋째, 생활수준의 향상으로 구매능력이 생긴 계층이 많아졌다. 넷째, 인구의 고령화가 진행되면서 요구되는 자원의 양이 많아져서 이러한 규모의 이점을 살릴 수 있는 부문이 부각되었다. 그러나 이 부문의 확대는 조심스럽게 접근되어야 할 필요가 있다. 즉, 공적 부문의 확립하에서만 이 부문의 역할도 있을 수 있다는 인식이 필요하다.

민간영리부문은 자본주의 국가에서 여러 가지 모습으로 공공복지부문과 연관되어 존재한다. 사회민주주의가 발달한 스웨덴과 같은 국가에서는 국가부문이 엄격하게 민간영리부문을 규제하며, 공공부문이 적극적으로 활동한다. 반면 자유주의 전통이 남아있는 미국에서는 의료보험 등과 같은 사회복지가 민간 차원에서 제공되며 국가는 보충적인 기능만 한다.

20 사회복지는 무슨 돈으로 하는가?[1)]

사회복지를 위해서는 재원이 필요하고 그 재원은 세금에서 온다. 그러나 모든 재원이 조세에서 오는 것은 아니다. 사회보험을 운영하기 위해서는 사회보험료가 재원이 되기도 하고, 사회복지서비스를 이용하기 위해서 이용료를 낸다면 이용료가 재원이 되기도 한다. 또한 기부금과 같은 자발적 기부도 있다. 일반적으로 사회복지가 발달한 국가일수록 공공부문 재원인 조세의 비중이 민간부문 재원인 자발적 기부나 서비스 이용료보다 사회복지정책 재원에서 차지하는 비중이 크다.

조세

조세는 국가에 의해 개인과 법인에게 강제적으로 부과되는 부담금(levy)이다. 일반조세는 목적에 따라 일반세와 특수세로 나누어지며, 납부방법에 따라 직접세와 간접세로 나누어진다. 또한 부과대상에 따라 개인소득세, 법인세, 소비세, 그리고 재산세 등으로 나누어진다.

조세는 사회복지정책의 재원으로 매우 중요하다. 그 이유는 첫째, 조세를 통한 재원이 다른 재원에 비하여 사회복지정책이 추구하는 중요한 목표인 평등이나 소득재분배를 이루기 쉽기 때문이다. 자본주의 사회는 시장경제에 의한 불평등의 발생을 인정한다. 따라서 자본주의 사회는 이러한 불평등을 각종 조세제도를 통해 완화시키려고 노력하며, 여기에 덧붙여 조세를 재원으로 하는 공공사회복지정책이 2차적 소득재분배를 가져와 소득불평등을 완화시킨다.

1) 이 부분은 박병현의 『사회복지정책론 : 이론과 분석』(개정3판)(경기 : 공동체, 2011), pp. 185-196의 내용을 재구성한 것이다.

둘째, 조세는 다른 재원들에 비하여 사회복지정책의 대상을 넓힘으로써 급여의 보편성을 증가시켜 평등과 사회정의 구현에 기여한다. 사회보험은 기본적으로 보험료를 낸 사람들에게만 급여가 이루어지고, 민간부분에서의 이용자 부담서비스는 서비스 사용료를 낸 사람들에게만 서비스가 제공되어 근로능력이 없는 사람들이나 저소득층들은 이러한 서비스 수급에서 제외되기 때문에 이러한 사람들에 대한 사회복지정책은 조세로 시행될 수밖에 없다.

셋째, 조세는 국가에 의해 강제적으로 부과되기 때문에 다른 재원에 비해 안정성과 지속성을 지니고 있다. 그러므로 조세를 재원으로 하는 사회복지정책은 일반적으로 안정적이고 지속적으로 집행될 수 있다.

조세는 종류에 따라 소득재분배에 미치는 정도가 다르다. 일반적으로 조세 가운데 누진성이 강한 것은 근로소득세이다.[2] 근로소득에 대한 과세의 근거는 경제적 능력이 많은 자는 그렇지 못한 자보다 높은 조세부담을 져야 하는 능력 원칙이다. 그래서 근로소득세는 개인의 부담능력에 따라 세율이 차등 부과되기 때문에 고소득층들에 대한 세율이 저소득층보다 높다. 또한 근로소득세는 저소득층들에 대해 조세감면이나 면세제도가 있기 때문에 다른 조세 종류보다 누진성이 높아 소득재분배 효과가 크다.[3] 그러므로 사회복지정책의 주요 재원으로 근로소득세를 사용할 경우 사회복지정책은 소득재분배 효과가 클 것이다. 그러나 우리나라는 복지선진국에 비하면 근로소득세의 비중이 매우 낮은 편이어서 소득재분배의 효과가 적을 수 있다.[4]

조세 가운데 규모가 두 번째로 큰 것은 소비세이다. 소비세는 개인의 부담능력에 따라 세율을 차별적으로 적용하는 개인소득세와는 달리 상품을 소비할 때 동일 세율로 부과하기 때문에 저소득층들이 고소득층들보다 많은 부담

2) 2021년 기준 우리나라의 기본 세율은 1,200만 원 이하 6%, 1,200만 원 초과 4,600만 원 이하 15%, 4,600만 원 초과 8,800만 원 이하 24%, 8,800만 원 초과 1억 5,000만 원 이하 35%, 1억 5천만 원 초과 3억 원 이하 38%, 3억 원 초과 5억 원 이하 40%, 5억 원 초과 10억 원 이하 42%, 10억 원 초과 45%이다.

3) 국세청에 의하면 2015년 초 연말정산을 한 근로소득자 1,619만 명 중 740만 명(45.7%)이 세금을 전혀 내지 않았다. 면세자 비율은 2005년 52.9%로 최고점을 찍은 뒤 2006년 50.4%, 2007년 43.8%, 2011년 36.1%에 이어 2013년의 경우 역대 최저치인 31.3%를 기록했다. 그러나 지난 2013년 소득공제를 세액공제로 전환하는 세법 개정의 영향으로 2014년 면세자 비율은 45.7%로 크게 증가했다(파이낸셜뉴스, 2015. 4. 26).

4) 조세연구원 분석에 따르면 2009년 기준 우리나라 소득세의 소득재분배 효과는 3.2%로, 미국 영국 캐나다 등 선진국의 6.5~10.9%에 크게 못 미친다.

을 느끼게 된다. 소비세 가운데에도 모든 상품에 동일세율을 부과하는 일반소비세는 가장 역진적이다. 그러므로 일반소비세를 사회복지의 주요 재원으로 활용한다면 매우 역진적이 될 수밖에 없다. 반면에 고소득층들이 많이 사용하는 고급품에 대해서 높은 세율을 적용하고, 저소득층들이 상대적으로 많이 소비하는 의식주를 해결하기 위한 상품에 대해서는 낮은 세율을 적용한다면 이러한 특별소비세의 소득재분배 효과는 높이 나타날 수 있다.

부가가치세는 생산에서 소비에 이르는 단계별로 세금을 부과하기 때문에 단계별 세율의 조정에 의해 일반소비세에 비하여 소득재분배 효과를 높일 수 있다. 즉, 생산과 소비 단계에서 발생한 요소소득에 따라 세율을 달리하게 되면 소득이 높은 계층의 조세부담률을 저소득계층보다 높일 수 있다(송근원 · 김태성, 1995 : 331).

주로 지방재정의 세원으로 사용되는 부(富)에 대해 부과하는 재산세는 대체로 단일세율을 적용하고 재산의 가치평가액이 시장가격의 변화에 따라 빨리 변화하지 못하기 때문에 저소득층의 조세부담이 고소득층보다 더 많다고 할 수 있다. 부(富)에 대해 부과하는 다른 형태의 조세인 상속세나 증여세는 누진적인 세율을 적용한다. 그러나 이러한 세금을 내는 사람은 소수에 지나지 않는다.

사회보험료

사회보험료는 국민연금, 산재보험, 고용보험, 건강보험의 네 가지 사회보험을 위한 재원으로 사용된다. 사회보험료는 시장임금에 연동하여 결정되기 때문에 형평가치를 추구한다. 그래서 사회보험료를 많이 낸 고소득층은 적게 낸 저소득층보다 사회보험급여의 수준이 높다. 즉, 사회보험이 소득재분배의 역할을 하기는 하나 보험상품의 성격이 있기 때문에 보험료를 많이 낸 사람에게 보다 많은 급여가 제공된다. 또한 사람들은 사회보험료를 납부함으로써 일반조세와는 달리 미래에 받을 급여에 대해 권리를 갖는다고 생각한다.

그러나 사회보험료는 역진성이 강해 소득재분배의 효과가 별로 크지 않다는 결점이 있다. 그 이유는 첫째, 개인소득세는 가족 수나 욕구에 따른 지출을 인정하여 저소득층에게는 여러 가지 형태의 조세감면 혜택을 주는 반면에 사회보험을 위해 납부하는 사회보장세는 개인의 상속이나 증여를 포함한 종합소득이 아닌 근로소득에만 동일한 비율로 부과되어 저소득층의 부담률이 고소득층들보다 상대적으로 높다. 고소득계층은 사회보험료가 부과되는 근로소득 외에 다른 소득이 많기 때문에 실질적으로는 저소득층의 조세에 대한 부담이 크다. 우리나라의 모든 사회보험의 보험료율은 모든 소득계층에게 동일하게 적용된다.

둘째, 사회보험료는 조세부과 대상 소득의 일정 상한액 내에서만 부과되는데, 이러한 점도 상한액 이상의 고소득층의 조세부담을 저소득층보다 낮게 만들어 소득재분배에 역진적으로 작용한다. 예컨대, 국민연금 보험료 및 급여 산정을 위해서는 가입자가 신고한 소득월액에서 천 원 미만을 절사한 금액인 기준소득월액을 사용한다. 기준소득월액의 상한액과 하한액은 국민연금 전체 가입자 평균소득을 3년간 평균한 값에 연동하여 매년 7월 변동되는데 2021년 기준 최저 33만 원에서 최고 524만 원까지의 범위에서 결정된다.[5] 신고한 소득월액이 33만 원보다 적으면 33만 원을 기준소득월액으로 하고, 524만 원보다 많으면 524만 원을 기준소득월액으로 한다. 국민연금 기준소득월액의 상한액과 하한액은 국민연금 전체 가입자 평균소득을 3년간 평균한 값에 연동하여 매년 7월 변동된다. 기준소득월액이 1,060,000원인 봉급자의 경우 국민연금 납부액은 기준소득월액에 9%를 곱한 95,400원을 연금보험료로 납부해야 한다. 이 중 절반에 해당하는 47,700원을 사업장가입자 본인과 사용자가 각각 부담한다. 기준소득월액이 524만 원 이상인 경우 그 이상의 소득에 대해서는 보험료 부담이 없어 사업장가입자의 경우 근로자와 사용자가 각각 524만 원의 4.5%인 235,800원을 부담한다. 지역가입자는 524만 원의 9%인 471,600원을

5) 국민연금의 상한액과 하한액은 처음부터 있었던 것은 아니다. 기준소득월액은 1995년 이후 하한액 월 22만 원에서 상한액 월 360만 원으로 고정되어 있었다. 그러다가 국민연금 개혁으로 연금법 시행령을 개정하면서 2010년부터 국민연금 전체 가입자의 3년 평균 소득 변동률에 연동하여 매년 상·하한액을 조정하고 있다. 평균소득이 변화함에 따라서 국민연금의 상한액과 하한액도 조금씩 변화하고 있다.

연금보험료로 납부한다. 국민연금에 있어 기준소득월액의 상한선을 두는 이유는 고소득층의 노령연금급여가 너무 많아 연금의 고유기능이 상실되기 때문이다.

셋째, 사회보험료에 대한 사용자의 부담이 실질적으로 피고용자의 부담이라면 소득재분배에 역진적이다. 사용자는 노동자를 고용하는 비용과 이를 통해 얻을 수 있는 편익을 비교하여 편익이 비용보다 많을 때 노동자를 고용한다. 그러나 사회보험료를 지불함으로써 노동비용이 증가하게 되면 사용자는 노동자에게 지급하여야 할 임금을 줄이거나, 임금을 줄이기 힘든 경우라면 생산하는 상품의 가격을 올려 증가된 노동비용을 소비자에게 전가시키려고 한다. 이렇게 되면 비록 눈에 보이지 않지만 사용자들의 사회보험료에 대한 기여는 인상된 상품가격과 낮은 임금을 통해 소비자들에게 전가된다. 이러한 결과는 궁극적으로 저소득층이 부담하는 사회보험료를 증가시켜 소득재분배 효과는 약화된다.

넷째, 사회보험료는 근로소득에 부과되기 때문에 노동집약적인 산업에 주로 고용되어 있는 저소득층 근로자들에게 불리하게 작용할 수 있다. 노동집약적인 사업의 쇠퇴로 인한 임금하락이나 실업 등의 영향은 고소득 계층보다는 저소득 계층의 부담이 될 가능성이 있어서 소득재분배에 역진적일 수 있다(한동우, 2002 : 168).

조세지출(조세감면제도)

조세지출(tax expenditure)은 정부가 납세자에게 받아야 할 조세를 감면 또는 면제해 줌으로써 조세금액이 감소된 것을 말한다. 정부의 입장에서 보면 조세와 관련된 정부의 지출이 늘어난 셈이 된다. 소득공제, 면세, 비과세, 세액공제, 우대세율, 납부의 연기 등은 모두 조세지출을 가져올 수 있다. 그래서 이것을 조세지출이라고 부른다. 따라서 조세나 사회보험료는 시민이나 근로자가 납부하는 것이라면 조세지출은 세금을 돌려받는 것을 말한다.

조세지출 가운데 소득재분배와 밀접한 관련이 있는 것은 경제적 욕구를 고려한 조세지출이다. 여기에는 각종의 소득공제, 세액공제, 비과세 항목들이 있다. 소득공제는 크게 필요경비 공제 성격을 지닌 것과 필요지출에 대한 공제 성격을 지닌 것으로 나눌 수 있다. 전자의 대표적인 예는 근로소득공제이다. 필요경비는 자신의 만족을 위한 소비가 아니고 소득의 획득을 위해 사용된 것이므로 소비능력의 계산에서 공제된다.

불가피한 지출의 비용처리를 위해 도입된 것에는 인적 공제와 특별공제가 있다. 인적 공제는 가족의 수와 구성에 따라 정해지는 소득공제이다. 인적 공제는 불가피하게 지출되어야 하는 항목들이 가족의 생계유지를 위해 소요되는 비용이라는 점에 착안하여 납세자 및 그 가족을 대상으로 1인당 일정 금액을 공제해 주는 제도이다. 여기에는 배우자, 부양가족, 장애자, 경로우대 공제 등이 포함된다. 인적 공제 외에도 보험료, 의료비, 교육비, 주택비 항목으로 지출한 것 가운데 특별한 조건을 갖춘 일부를 소득에서 공제해 주는 특별공제가 있다.

사회복지정책과 관련된 조세지출은 조세를 거둬들여 직접적인 사회복지급여를 제공하지 않는 대신 사람들이 내야 할 조세를 감면시켜 사회복지정책의 목표를 달성하려는 것이다. 즉, 세금을 거두어 아동이 있는 가족에게 아동수당을 주는 대신, 소득공제라는 형태로 아동이 있는 가족의 조세를 감면시켜 궁극적으로 가계소득의 일부를 아동양육에 사용하도록 유도하는 것이다. 이러한 조세지출 방식은 노인과 장애인에 대해서도 적용하고 있다. 또한 사회복지시설에 대해 정부가 직접 보조금을 지급하는 대신 사회복지시설에 대한 기부금을 개인의 소득에서 감면시켜 세금을 줄여주는 경우도 있다. 이것을 조세지출로 부르는 이유는 정부의 입장에서 보면 조세지출만큼 세수가 감소되어 그만큼 정부지출이 줄어들기 때문이다. 즉, 조세지출은 국가가 직접 재정을 지출하는 것은 아니지만 납세자들로부터 받아야 하는 세금을 받지 않는 것이기 때문에 재정을 지출한 것과 다름이 없다는 점에서 국가의 입장에서 보면 비용이라고 할 수 있다. 한국의 조세지출 규모는 2017년 39.7조 원을 기록한 후, 2018년 41.9조 원으로 증가 추세에 있다(국회예산정책처, 2019).

국가가 받아야 할 조세를 받지 않으면서까지 조세지출을 유지하는 이유는 노인, 장애인, 아동에 대한 공제나 의료비, 교육비 및 주거비용 등에 대한 소득공제를 통해 사회적 공평을 증진시키는 한편, 각종 경제활동에 대한 투자 등을 과세대상에서 면제시킴으로써 경제적 효율성을 증진시키기 위한 것이다.

그러면 조세지출은 소득재분배를 가져와 저소득층의 복지를 향상시키는가? 대체로 조세지출은 역진적이어서 조세나 사회보장성 조세보다 소득재분배의 효과가 매우 낮은 것으로 보고 있다.

조세지출이 역진적인 이유는 첫째, 세금을 낼 수 있는 계층, 즉 중산층이나 고소득층만 이득을 보기 때문이다. 이들은 내야 하는 세금을 감면 또는 면제받음으로써 이득을 본다. 반면에 조세부과 대상에서 제외되는 저소득층은 조세지출로 인한 조세감면제도의 혜택을 전혀 보지 못하고 있다. 한국에서 조세의 불평등도 개선기능이 떨어지는 것은 기부금, 교육비, 보험료, 신용카드 사용 등 고소득 계층의 혜택이 상대적으로 큰 소득공제제도가 허용되고 있기 때문이라는 분석이 있다. 예컨대, 2016~2018년 3년 간 연평균 968만 5,300명이 연평균 23조 7,356억 원의 신용카드 소득공제 혜택을 받았다. 이 인원은 2018년 근로소득자의 52% 정도이다. 이 가운데 근로소득 상위 10%, 상위 30%, 상위 50%의 소득공제액 점유율은 각각 16.4%, 52.5%, 79.6%로 나왔다. 반면 하위 50%(1~5분위)의 소득공제액은 전체의 20.4%에 불과했다.[6] 또한 위트(Witte, 1988)는 소득이 하위 50%에 해당되는 사람들은 전체 조세지출 중 12%의 혜택을 보고 있으나, 상위 7%의 사람들은 조세지출 중 49%의 혜택을 보았다고 보고하고 있다. 결과적으로 '부자들을 위한 복지(welfare for the rich)'라고 할 수 있는 조세지출은 결과적으로 소득세의 누진성을 상당 부분 훼손한다고 할 수 있다.

둘째, 조세지출은 소득재분배의 효과가 가장 큰 재원인 소득세를 감소시킴으로써 소득세를 주요 재원으로 하는 공공부조 프로그램의 재원을 침식하게 된다.

---

6) 이 자료는 국세청이 기존소득당 용혜인 의원에게 제공한 "근로소득 10분위별 신용카드 등 소득공제 현황"에서 인용했다.

셋째, 세금이 공제되는 민간기부자들의 목적성 기부는 사회복지의 위축을 가져올 수 있다. 이러한 조세지출의 증가는 정부에게 사회복지에 사용되는 재원을 줄일 수 있는 명분을 제공해 줄 수 있으며, 민간기부자들이 사회복지를 위한 목적성 기부를 줄이고 문화활동을 위한 목적성 기부를 늘릴 경우 전체 사회복지재원 규모를 잠식하는 결과를 초래할 수 있다.

서비스 이용료

일반조세를 재원으로 하는 공공부조급여 외의 사회복지급여나 서비스를 받기 위해서는 재원에 기여해야 하는데 여기에는 두 가지 방법이 있다. 첫 번째는 앞에서 설명한 사회보험료이며, 두 번째는 서비스를 사용하는 데 대한 이용료를 부담하는 것이다. 서비스 이용료 부담이란 일정한 금액을 본인이 부담하면서 어떤 사회복지서비스를 수급하는 것을 말한다. 사회복지정책에서 이용료 부담이 필요한 이유는 첫째, 서비스를 이용하는 사람들의 도덕적 해이를 방지하여 사회복지서비스 남용을 예방하기 위해서이다. 특히 의료서비스의 경우 전액 무료로 제공된다고 할 경우 도덕적 해이 현상으로 의료서비스가 남용될 가능성이 많다. 그래서 일정한 금액의 사용자 부담을 제도화함으로써 의료서비스의 남용을 통제한다. 공공주택서비스의 경우에도 과도한 정부부담을 막기 위해 이용자가 일부 부담하기도 한다.

둘째, 사용자 부담은 서비스의 질적 향상을 가져올 수 있다. 서비스 이용자가 비용을 부담하게 되면 서비스에 대한 이용 권한이 이용료를 지불함으로써 이용자에게 넘어가며, 그로 인해 서비스 공급자들 사이에 서비스 경쟁이 발생해 결과적으로 서비스의 질적 향상을 가져온다.

셋째, 서비스를 이용하는 데 대한 이용료를 지불하게 되면 서비스를 받는 데 대한 부끄러움이나 낙인감을 감소시킬 수 있다.

그러나 이용자 부담은 사회보장세와 같이 역진적이어서 저소득층의 부담이 고소득층에 비하여 상대적으로 많아져 사회복지정책의 목표 중의 하나인 소득재분배에 상반되는 면이 있다. 이러한 문제를 해결하기 위해 이용료를 책정하는 과정에서 이용자의 경제수준과 이용료를 연계하는 방식(sliding scale)을 사용하기도 한다.

자발적 기부

민간재원에 해당하는 자발적 기부에는 개인, 재단, 기업, 그리고 유산이 있다. 일반적으로 이 가운데 개인에 의한 기여금이 가장 크며, 재단, 기업, 유산의 순서이다.

미국의 경우 자발적 기부의 비중은 매우 큰 편이며, 이 중에서도 개인이 차지하는 비중이 매우 크다. 한 조사에 의하면, 미국의 비영리 영역의 총수입 1,500억 달러 중에서 개인의 기부금이 차지하는 비중이 전체의 80%에 육박하며, 나머지는 재단이 8%, 기업이 8% 정도를 차지하고 있다(American Association of Fund-Raising Counsel, 1997). 미국이 이처럼 개인의 기부가 많은 것은 모금전문조직의 활성화 때문이다. 예컨대, 미국의 대표적인 공동모금회인 United Way의 경우 4,000여 개의 지회를 통해 2012년 39억 300만 달러(3조 9천억 원)를 모금했다. United Way 모금액의 성격은 United Way가 배분재량권을 가지는 비지정기탁이 전체 모금액의 75%에 달한다. 한국에서는 1998년 사회복지공동모금회가 설립되어 공동모금사업을 실시하고 있으며 2021년 8,462억 원을 모금했다.

21 사회복지는 어떻게 변화하여 왔는가?

로마니신(Romanyshyn)은 1971년 출간한 『자선에서 정의(Charity to Justice)』에서 사회가 변화함에 따라 정부의 개입을 필요로 하는 욕구에 대한 인식이 높아졌다고 지적하면서 사회복지 개념은 다음과 같이 변화할 것이라고 했다(pp. 34-37). 현재 우리나라의 상황을 보면 로마니신이 40여 년 전에 예상한 것과 거의 같은 변화를 겪고 있다.

잔여적 개념에서 제도적 개념으로

1958년 윌렌스키(Wilensky)와 르보(Lebeaux)는 사회복지의 개념에 관한 기념비적인 저서 『산업사회와 사회복지(Industrial Society and Social Welfare)』를 출간했다. 그들은 이 책에서 사회복지의 개념을 잔여적 개념(residual concept)과 제도적 개념(institutional concept)으로 구분하여 설명했다(pp. 138-139). 윌렌스키와 르보가 1958년에 정의 내린 사회복지의 개념보다 더 명쾌한 정의는 아직 나타나지 않고 있다.

윌렌스키와 르보는 1958년 당시 가족과 시장을 사회의 가장 중요한 제도로 보고, 잔여적 개념의 사회복지제도란 가족이나 시장이 제 기능을 발휘하지 못하는 경우에 활동을 시작하는 것으로 보았다. 예컨대, 가족이 가장의 실직으로 소득의 상실에 처했을 때, 또는 경제가 침체상태에 빠져 실업자가 양산될 때 사회복지제도가 가족이나 시장을 대신하여 개입하게 되는 것이다. 잔여적 개념에서의 사회복지제도는 비상대책으로서의 기능을 수행하므로 실직한 가장이 다시 직장을 갖고 일을 하게 되거나 경기가 회복하여 실업자가 감소하게 되면 사회복지는 개입을 중단하게 된다. 그러므로 잔여적 개념의 사회복지는 일시적, 보충적, 혹은 대체적인 성격을 지니게 된다. 또한 사회복지의 혜택을 받는 사람은 대체로 다른 사람보다 약하고 적응하지 못하는 비정상적이고 병리적인 사람으로 간주된다. 이러한 면 때문에 사회복지 수혜자는 시혜나 자선을 받는 사람이라는 낙인(stigma)이 찍히기도 한다. 잔여적 개념의 사회복지를 반영하는 대표적인 사회복지 프로그램은 공공부조라고 할 수 있다(p. 139).

반면 사회복지를 제도적 개념으로 해석하면 사회복지는 사회의 중요한 제도로서 자리 잡게 된다. 윌렌스키와 르보는 사회복지를 제도로 보게 되면 사회복지는 사회의 '제일선의 기능(first line function)'을 수행하는 중요한 제도가 된다고 보았다. 이런 관점에서 보면 복잡한 현대산업사회에서 각 개인이 자신의 능력과 자아를 최대한 계발하고 발전시키기 위해서 사회복지제도를 이용하는 것은 지극히 정상적인 행위이다. 그래서 사회복지의 제도적 개념에서는 사회복지를 자선이나 시혜로 보지 않아 낙인이나 수치와 같은 현상을 발생하지 않는다. 연금제도나 건강보험제도와 같은 사회보험제도들이 제도적인 사회복지를 반영하는 대표적인 사회복지 프로그램이라고 할 수 있다. 윌렌스키와 르보는 산업화가 더욱 진전됨에 따라 제도적 개념이 잔여적 개념보다 더 우세하게 될 것으로 보았다(pp. 139-140).

1974년 길버트와 스펙트(Gilbert & Specht, 1974 : 6-8)는 윌렌스키와 르보가 내린 사회복지의 개념을 보충 설명했다. 윌렌스키와 르보는 사회의 주된 제도를 가족과 시장에 한정했으나 길버트와 스펙트는 정치제도와 종교제도를 사회의 주된 제도로 추가하여, 가족은 사회화 기능을, 시장은 생산·소비·분배 기능을, 정치제도는 사회통제 기능을, 종교제도는 사회통합 기능을 하는 것으로 보았다. 그러나 사회가 발전하며 이러한 제도들이 각자 고유한 기능을 충분히 수행하지 못하는 경우가 발생하면서 이러한 제도들이 충족시켜 주지 못하는 욕구를 충족시켜 주는 제도가 나타나게 되는데 이 경우가 잔여적 개념의 사회복지이다. 이와 같이 사회복지를 잔여적 개념으로 해석할 경우 사회복지제도는 정치, 경제, 가족, 종교제도가 해결하지 못한 문제들을 다룬다. 즉, 사회복지제도는 ❙그림 21－1❙과 같이 점선으로 그려져 있어 역할이 분명하지 않으며, 각 제도의 교차지역에 위치하여 고유의 영역을 확보하지 못함으로써 정체성을 지니지 못하고 있다. 사회복지를 잔여적 개념으로 해석하는 사람들은 사회복지는 사회의 중요한 제도가 아니기 때문에 다른 주요 제도와 같은 위치에 놓는 것이 적절하지 못하다고 주장한다.

반면에 사회복지를 제도적 개념으로 해석할 경우에, 사회복지제도는 상부상조의 가치를 바탕으로 다른 사회제도들과 꾸준히 상호작용하면서 사회의 중요한 제도로서의 위치를 확보하고 있다. 즉, 제도적 개념의 사회복지는 모든 다른 생계수단이 소진되고 난 다음 클라이언트를 돕는 '사회안전망'으로서의 활동이 아니라 현대산업사회의 필수적이고 '정상적인 제일선의 기능'을 하는 중요한 제도로서 역할을 하게 된다.[1] 그러므로 제도적 개념의 사회복지란 인간의 존엄성과 상부상조의 가치에 기초하여 개인의 능력과 자아를 계발하는 기회를 제도적으로 또한 전문적 서비스를 통하여 제공하는 것이라고 할 수 있다.

❙그림 21-2❙와 같이 제도적 사회복지 개념에서의 사회복지는 다른 제도들과 중복영역을 가짐과 동시에 연결도 시켜주면서 다른 어떤 제도들과도 공유하지 않는 독자적 영역도 가지고 있다. 따라서 사회복지를 제도적 개념으로 해석하게 되면 사회복지제도는 잔여적 개념에서와는 달리 다른 사회제도들과 대등한 규모와 기능을 가지고 오히려 중앙에 위치하여 선도적·중추적 역할을 수행하게 된다. 이렇게 사회복지를 제도적인 관점에서 볼 때 사회복지는 잔여적 개념의 소극적인 입장에서 벗어나 적극적 입장에서의 사회통합 기능을 지니게 된다.

1) 현재 우리나라에서 광범위하게 사용되고 있는 사회안전망(social safety net)이라는 용어는 잔여적 개념의 사회복지를 의미한다. 실제로 보수주의 이데올로기를 지니고 있는 IMF나 세계은행(World Bank)에서는 사회보장이라는 용어 대신에 사회안전망이라는 용어를 사용한다.

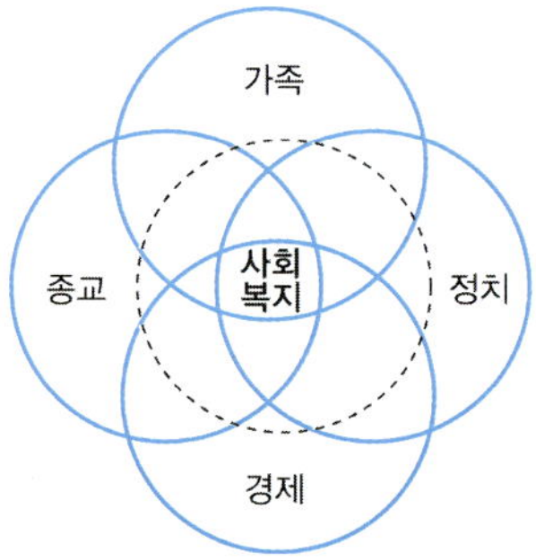

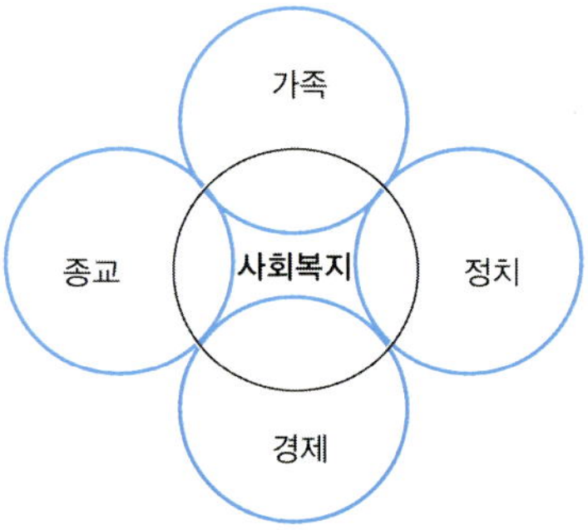

| 그림 21-1 | 잔여적 개념의 사회복지
출처 : Gilbert & Specht(1974 : 8).

| 그림 21-2 | 제도적 개념의 사회복지
출처 : Gilbert & Specht(1974 : 8).

산업화되기 전의 사회에서 가족과 시장이 제 기능을 하지 못하는 경우 마지막으로 의지하는 수단으로 사용되어 왔던 잔여적 개념의 사회복지는 경제성장과 산업화 과정을 거치면서 변화하는 사회·경제적 환경에 성공적으로 대처해 가기 위해서 반드시 있어야 하는 사회의 제일선의 기능을 수행하는 제도적 개념의 사회복지로 변화하고 있다. 여기서 잔여적 개념의 사회복지는 선택적 복지로, 제도적 개념의 사회복지는 보편적 복지로 볼 수 있다. 로마니신이 1971년 예상한 대로 산업화를 이룩한 국가에서는 잔여적 개념의 사회복지에서 제도적 개념의 사회복지로, 달리 표현하면 선택적 복지체제에서 보편적 복지체제로 발전하는 경향을 보여주고 있다.

자선에서 권리로

자선으로서의 사회복지는 자선조직협회(COS) 활동에서 보듯이 국가가 제공하는 사회복지가 발전하기 이전인 19세기에 중산계층이 자비라는 사상에 입각하여 가난한 사람들에게 도움을 주던 것을 의미하는 데 반하여 복지급여에 대한 시민의 권리는 다수 국민들이 피지배자 신분에서 시민으로 변천해 온 역사적 과정의 산물에서 나온 것으로 볼 수 있다. 시민의 권리 차원의 사회복지는 1950년 마셜(Marshall)이 『시민권과 사회계급(Citizenship and Social Class)』에서 처음으로 언급했다.

마셜에 의하면, 사회복지는 공민권(civil right), 정치권(political right), 사회권(social right) 순서로 시민적 권리가 발전했다고 보았다. 공민권은 임의체포로부터의 자유, 언론, 사상, 신앙의 자유, 사유재산제도 및 타당한 계약체결의 권리, 법 앞의 평등권을 의미한다. 정치권이란 정치제도에의 참정권을 의미한다. 사회권은 적정수준의 경제적 복지 및 보장으로부터 사회적 유산을 충분히 공유하고, 사회의 보편적 기준에 따라 문명화된 삶을 영위할 수 있는 권리에 이르기까지 전 범위의 권리를 의미한다. 마셜은 사회권이 확보될 즈음에 사회복지가 가장 확대된다고 보았다. 마셜이 말하는 세 가지 권리 중 공민권은 18세기에 보다 많은 사람들에게 주어졌고, 19세기에는 정치권이 보다 많은 사람들에게 주어졌으며, 그리고 사회권은 제2차 세계대전의 종결과 함께 확보되었다고 할 수 있다. 발달과정적 차원에서 본다면 완전한 시민권의 실현은 시민권 중 사회권을 달성함으로써 도달될 수 있다. 마셜은 사회권과 가장 밀접한 제도로 교육 및 사회복지를 들고 있으며, 사회복지의 원천은 공동체에 대한 멤버십과 공동체 성원 간의 기능적 유대라고 보고 있다(Marshall, 1950 : 74, 81).

한국에서 시민적 권리 측면의 사회복지는 국민기초생활보장법에서 찾아볼 수 있다. 1999년 8월 12일 국민기초생활보장법이 제정되기 이전에 존재했던 생활보호법은 급여가 시혜적인 측면에서 제공되었으며 급여수준도 매우 낮았기 때문에 시민권적 권리 측면의 사회복지와는 거리가 멀었다. 그러나 생활보호법을 대체한 국민기초생활보장법에서는 저소득층에 대한 기본 시각이 시혜적인 보호의 개념에서 수급권을 인정하는 보장의 개념으로 바뀌었다. 생활보호법에서는 빈곤의 책임이 개인에게 있다고 보았다면 국민기초생활보장제도에서는 빈곤에 대한 사회적 책임을 인정하면서 최저생활보장을 국민의 권리이자 국가의 의무로 인정하고 있다. 국민기초생활보장법의 제정으로 헌법 제34조에 선언적으로 규정되어 있는 '모든 국민의 인간다운 생활을 할 권리', 즉 사회적 기본권으로서의 생존권을 인정하고 생활능력이 없거나 있어도 실제 생활수준이 최저생계비에 못 미치는 저소득 국민들에 대하여 최저수준의 소득을 보장할 의무를 국가가 지게 되었다. 이러한 수급자 권리 인정은 법률용어에서도 나타나는데 생활보호법에서의 보호, 피보호자, 보호기관 등의 용어가 국민기초생활보장법에서는 보장, 수급권자, 보장기관 등의 용어로 변경되었다(박병현, 2011 : 321).

가난한 사람들에 대한 선택적 서비스에서 전체 국민들에 대한 보편적 서비스로

사회복지의 개념이 잔여적 개념에서 제도적 개념으로 발전하듯이, 사회복지를 가난한 사람들에 대한 선택적 서비스로 생각하는 경향에서 전체 국민들의 보편적인 욕구를 충족시키는 서비스로 발전하고 있다. 선택적 복지는 사회복지 대상자를 선정할 때 욕구가 있는 가족이나 개인을 우선적으로 고려하여야 하며 이들을 집중적으로 지원해야 한다고 본다. 그래서 선택적 복지는 정부재정이 충분하지 않은 상황에서 자신의 욕구를 스스로 충족시킬 수 있는 사람들은 정부의 지원에서 제외해야 한다는 제한된 사회정책을 옹호한다. 선택적 복지를 추구할 경우에는 복지에 대한 수요를 경감시킬 수 있어 공공지출을 억제할 수 있는 장점이 있는 반면, 시혜적인 성격과 얼마나 가난한지를 조사하는 자산조사로 인해 낙인이나 수치감을 유발시킬 수 있는 단점이 있다.

반면에 보편적 복지는 가난한 사람, 장애인, 또는 특별한 욕구가 있는 사람에게만 사회복지가 제공되는 데서 벗어나 공통적인 사회적 욕구가 모든 시민들에게 발생한다는 전제하에 모든 시민들에게 사회복지급여가 제공되어야 한다고 본다. 이와 같은 보편적인 서비스들은 산업사회에서 나타나는 공통적인 사회적 위험, 즉 실업, 노령, 질병, 장애, 부양의무자의 사망, 의료비의 상승 등에 대처하기 위해 나타난 것이다.

한국에서는 2009년 4월 8일에 실시된 경기도교육감 보궐선거에 출마한 '범민주진보진영' 김상곤 후보가 보편적 복지를 대표하는 초·중등학교 무상급식 공약을 발표하면서 선택적 복지에서 보편적 복지로 발전하기 시작했다. 2010년 6월 지방선거에서 서울시교육감 후보로 나선 '민주진보진영'의 곽노현 후보는 무상급식을 넘어 '무상교육의 확대와 4대 교육복지'를 공약으로 내세우면서 당선되었다. 그 이후 한국에서는 무상보육과 기초연금으로 보편적 복지가 발전했다.[2)]

---

2) 선택적 복지와 보편적 복지에 대한 보다 자세한 내용은 3장의 내용을 참조하기 바란다.

최저수준의 급여와 서비스로부터 적정수준의 급여와 서비스로

사회복지의 새로운 개념은 개인에게 최저수준의 자원을 공급한다는 제한적인 개념으로부터 탈피하여 모든 국민들의 안녕 수준을 증진시키고 인간의 잠재력을 최대한 개발시킬 수 있도록 최선의 사회환경과 자원을 창출하는 것에 집중하고 있다. 이것은 국민복지 기준과 관련되는데, 첫 번째는 공적 사회복지제도를 통해 국민에게 최저수준의 복지를 보장해 주는 국민최저기준이고, 두 번째는 최저수준 이상의 보장을 해주는 국민적정기준이다. 국민최저기준은 Webb 부처에서 시작되어 베버리지(Beveridge) 보고서에서 구체화된 사례를 발견할 수 있으며, 국민적정기준은 서유럽에서 과거 1960~1970년대의 사회보험제도에 의한 적정급여 수준화 노력, ILO의 '고용재해급여에 관한 협약'(1964), '장애노령유족급여에 관한 협약'(1967) 등이 있다(변재관 외, 1998 : 80-85).

한국에서는 1961년에 도입되어 2000년 9월까지 시행된 생활보호제도에서는 급여의 수준이 최저수준을 벗어나지 못했으나 2000년 10월부터 국민기초생활보장제도가 시행되면서 소득과 급여를 합한 소득수준을 최저생계비 수준까지 보장함으로써 헌법이 보장하고 있는 모든 국민의 인간다운 생활을 할 권리와 생존권적 기본권을 보장했다. 그리고 2015년 7월부터는 급여수급 기준을 최저생계비 개념을 적용하던 데서 중위소득 개념을 적용하면서, 4인 가족 기준으로 소득이 118만 원 이하인 가구는 생계급여의 대상이 되며, 182만 원 이하인 가구는 주거급여의 대상이 되고, 169만 원 이하의 가구는 의료급여의 대상이, 211만 원 이하의 가구는 교육급여의 대상이 되도록 하면서 가난한 사람들의 적정수준의 생활을 보장하는 방향으로 향하고 있다.

개인의 치료로부터 사회의 개혁으로

과거에는 인간의 문제원인을 개인의 도덕적 결함에서 나오는 것으로 보았고 따라서 문제해결을 위해 도덕적으로 개인을 치료하는 것을 사회복지로 보았다. 성격의 결함이 인간의 문제에 대한 19세기의 진단이었고, 심리적 결함은 20세기 정신건강운동의 진단이었다. 오늘날에 와서는 사회문제의 원인을 구조적인 것, 즉 사회제도의 결함에서 찾으려는 경향이 있다. 따라서 사회복지에서 개인의 개조보다는 사회개혁을 강조하는 경향으로 바뀌어 가고 있다.

민간의 후원으로부터 정부의 책임으로

20세기 이전의 사회복지활동은 자발적인 민간단체들에 의해 크게 의존해 온 경향이 있었다. 그러나 산업화로 인해 사회적 비용이 증대되고, 사회가 민주화되면서 상승하는 기대에 따른 사회복지 욕구를 충족시키기에는 민간의 자선적 노력이 한계에 직면하게 되자 정부의 사회복지 기능을 확장시키려는 정치적 압력이 증가해 왔다.

한국에서는 1980년대 후반기 이후 사회복지가 본격적으로 발전하기 이전에는 정부의 책임으로 사회복지가 시행되기보다는 민간의 사회복지활동으로 유지되었다. 정부 차원의 사회복지가 발전하기 전에는 민간자선기관의 활동이 지배적이었다. 특히 6.25전쟁 이후의 외원기관의 활동은 매우 활발했다. 미국을 비롯한 10여 개국의 외국민간원조기관(외원기관)들이 종교, 문화, 구호, 의료 등 기관의 목적 사업을 실시하기 위하여 한국으로 들어왔다. 그러나 최근에는 정부의 책임으로 사회복지를 시행해야 한다는 주장이 널리 받아들여지고 있다.

22 문화는 사회복지에 어떤 영향을 미치는가?[1)]

필자는 2003년 11월 세미나 발표를 위해 일본을 방문했을 때 스포츠와 관련된 흥미로운 현상을 보았다. 첫째 날 세미나를 마치고 숙소에 돌아와 텔레비전을 켜니 일본 프로야구 재팬시리즈 7차전이 거의 끝나가고 있었다. 7차전까지 갔으니 야구경기가 매우 흥미진진했을 것이다. 잠시 후 경기가 끝난 뒤 이긴 팀 선수들이 모두 그라운드로 뛰쳐나와 서로 부둥켜안고 승리의 기쁨을 만끽하는 모습과 함께 패배한 팀의 모습을 카메라가 비쳐주었다. 그런데 패배한 팀의 모습이 이상했다. 선수들이 미동도 않고 이긴 팀 선수들이 그라운드에서 기쁨을 만끽하고 있는 모습을 바라보고 있었다. 왜 패한 팀의 모습이 저런 모습일까? 패한 팀의 그런 모습은 내게 이상한 모습으로 보였다. 다음날 세미나 쉬는 시간에 평소 알고 지내는 일본인 교수에게 어제 보았던 야구경기장의 모습을 얘기하고 패한 팀 선수들이 왜 그런 모습을 보였는지 물어보았다. 그 교수는 한참을 생각하더니 "아마 그것은 패한 팀 선수들이 이긴 팀 선수들에게 보내는 존경의 한 모습일 것이다"라고 이야기해 주었다.

일본에서 돌아온 며칠 뒤 미국 메이저리그 월드시리즈를 보았다. 승부가 가려지는 순간 우승팀 선수들이 그라운드로 뛰쳐나와 서로 부둥켜안고 승리의 기쁨을 만끽하는 모습은 일본에서 본 모습과 같았다. 그러나 텔레비전 카메라가 비쳐준 패한 팀의 모습은 일본에서 본 모습과 너무나도 달랐다. 패한 팀의 선수들은 패배가 결정되는 순간 마치 "이제 나의 올해 야구시즌은 끝났다. 집에 가자"라는 듯이 미련 없이 글러브와 배트를 챙겨 뒤를 바라보지 않

1) 이 장의 내용은 박병현의 『사회복지와 문화』(서울 : 집문당, 2008)의 내용을 재구성한 것이다.

고 퇴장하는 것이었다. 똑같은 현상에 대해 두 국가 선수들이 반응하는 모습들이 너무 달랐다. 계층주의 문화 속의 일본 스포츠 문화와 개인주의 문화 속의 미국 스포츠 문화가 너무 달랐다.

우리나라에서 있었던 모습을 보자. 2009년 프로야구 한국시리즈 7차전에서 9회 말 극적인 결승홈런으로 우승팀이 확정된 직후 승리한 팀인 기아 타이거즈 조범현 감독은 패한 팀인 SK 와이번스의 김성근 감독을 찾아 가서 모자를 벗고 정중하게 인사했다. 승리한 팀의 감독이 패한 팀의 감독에게 모자를 벗고 정중하게 인사를 하는 모습은 얼핏 보면 이해가 되지 않는 장면이다. 이러한 장면이 나온 이유는 조범현 감독이 김성근 감독 밑에서 코치를 한 경력이 있기 때문이다. 이러한 현상은 계층주의 문화의 한 단면으로 볼 수 있다. 그러나 승리한 팀의 감독이 패한 팀의 감독에게 찾아가 정중하게 인사를 하는 것은 개인주의 사회인 미국의 스포츠에서는 볼 수 없는 일이다.

이와 같이 각 나라의 고유문화는 스포츠 경기에 영향을 미쳐 각 나라마다 고유한 스포츠 문화가 형성된다. 그러면 각 나라마다 고유한 문화는 사회복지의 발전과 형태에 영향을 미칠까?

문화의 종류

인류학자인 메리 더글러스(Mary Douglas)는 문화를 집단(group)과 망(grid)의 개념을 이용하여 설명하고 있다. '집단'은 사람들이 그들 자신들과 외부세계 사이에 만든 외부적인 경계선을 의미한다. 또한 '집단'은 개인이 특정 집단에 소속되는 정도를 말하는 것으로, 개인의 삶이 집단에 소속되어 있는 정도가 높을수록 개인의 선택은 집단의 영향을 더 많이 받게 된다. 달리 말하면, 집단성은 개인의 삶이 사회단위에 편입되어 있는 정도, 즉 사회편입(social incorporation)의 차원이다. 더글러스는 집단성에 대하여 개인의 삶이 집단정신에 의해 제약되는 정도로서 공동주거, 공동노동에 참여하는 사람일수록 강한 집단성(high group)과 관련이 있으며, 집단성이 강해질수록 집단에의 진입이 어렵고 회원과 비회원의 경계의 강도가 높다고 보았다. 집단성이 강한 혹은 높은 곳에서는 내부인과 외부인 간의 경계가 뚜렷하며, 집단이 제공하는 편익 때문에 개인이 집단에서 이탈하기에는 비용이 너무 크다. 따라서 집단구성원들은 각 개인이 집단의 요구를 받아들이도록 압력을 행사할 수 있다. 반면 집단이 약하거나 낮은 곳에서는 개인은 다른 사람과 관계를 형성하지 않거나 거래할 수 없다(박종민 · 김서용, 2002 : 56; 전영평, 2002 : 88; Douglas, 1986).

이에 반하여 '망'은 개인의 생활이나 상호작용이 외부로부터 부과된 규정이나 명령, 즉 외부로부터의 규제에 의해 제약받는 정도를 말한다. '망'은 사람들이 서로의 행동방식을 통제하기 위해 사용하는 (외부적 경계와는) 다른 모든 종류의 사회적 구별들과 권위들을 의미한다. 강한 '망'은 개인적인 상호작용을 제한하거나 강하게 구조화하는 도덕이나 규범적인 금기들을 포함한다. '망'이 약해지면 개인들은 서로를 대하는 데 있어 대안적 여지들을 보다 많이 가질 수 있다. 아주 강한 망이 약화된다고 해서 비조직화나 규칙의 부재로 반드시 옮겨가는 것은 아니다. 이 경우에는 가능한 한 최대의 접촉이 공정하게 이루어지도록 개개인들의 상황은 알려져야 하고, 또 업적은 접근이 가능해야 한다는 새로운 형태의 통제, 즉 공정한 비교의 규칙이라는 보이지 않는 형태의 통제가 나타난다(Douglas & Isherwood, 1979 : 39).

이런 규칙은 중세 기사들의 경기장에서 주식이나 가축시장에 이르기까지 적용된다. 역사적 시기와 관계없이, 이런 규칙들의 목적은 '경쟁을 조절'하고 '공정한 경쟁'을 보장하는 것이다. 이런 면에서 보면 '망'은 사회규제(social regulation)의 차원이며, 내적인 집단 규정이라고 할 수 있다. 즉 집단의 개념이 외부적이라면 망의 개념은 내부적이다. 윌다프스키(Wildavsky, 1987)는 '망'을 '규정(prescription)'으로 재해석하였다. 즉, 망이 강하다 혹은 높다는 것은 개인 간의 상호작용에 영향을 주는 규정이나 역할이 많다는 것을 의미하며, 망이 약하다 혹은 낮다는 것은 규정이나 역할이 별로 없고 개인은 단지 개인으로 평가되고 서로 연결된다는 것을 의미한다.

문화의 유형

메리 더글러스는 망(규정)을 수직적 차원으로, 집단을 수평적 차원으로 놓고 [그림 22-1]과 같이 운명주의 문화, 계층주의 문화, 개인주의 문화, 그리고 평등주의 문화의 네 가지 문화 유형을 제시했다.

규정의 수와 다양성 \ 집단경계의 강도	약 함	강 함
많고 다양함	운명주의 문화 (무관심)	계층주의 문화 (집단주의)
적고 비슷함	개인주의 문화 (경쟁)	평등주의 문화 (평등)

[그림 22-1] 네 가지 문화 유형

출처 : Aaron Wildavsky(1987). Choosing Preferences by Constructing Institutions : A Cultural Theory of Preference Formation. *American Political Science Review, 81*(1), March, p. 6.

위의 네 가지 문화 유형의 특징을 설명하면 다음과 같다(박종민 편, 2002; Douglas, 1982a; Wildavsky, 1987, 1990).

높은 망-낮은 집단(high grid-low group)은 집단경계가 약하고 규제가 많은 운명주의(fatalism) 문화를 나타낸다. 운명주의 문화에서는 개인에 영향을 미치는 결정은 그 개인이 아닌 외부인에 의해 이루어진다. 여기에 있는 개인들에게는 집단가입이 배제되지만 의무규정은 강제된다. 개인의 역할이 엄격하면서 불평등한 관계를 특징으로 하는 운명주의는 계층주의 문화와 마찬가지로 개인은 자신에게 주어진 역할을 수행하는 것과 상호 간의 도리를 지키는 것을 중요시하고 우열에 따라 대우받는 것을 당연시하여 계층질서를 수용하고 있다. 그러나 계층주의와는 달리 그들은 자신을 집단과는 동일시하지 않음으로써 서로 고립되어 있다. 그렇다고 해서 개인주의 문화에서와 같이 구성원들이 자유로운 삶을 영위해 나가는 것은 아니다. 이들은 오로지 주어진 상황에 적응하거나 타협해야 한다.

운명주의 문화에서는 개인의 삶은 예측할 수 없고 스스로 도울 수 없으며 다른 사람들은 위험하여 믿을 수 없다. 인간 본성에 대한 의구심으로 자신들을 고립시키며 고립된 사회관계를 정당화시킨다. 이들의 주된 관심은 위험한 세상에서 어떻게 생존하느냐 하는 것이다. 운명주의 문화에서는 공사영역을 구분하려 하지 않는다. 이들은 시장기제에 대한 불신이 강하며 그렇다고 공동이익을 구현하기 위한 공동체를 형성할 자신감도 없다. 스스로 고립된 이들은 자신 혹은 가족의 생존을 위해 시장이나 국가라는 근대적 장치보다는 개별적 차원에서 유력자와의 사적 관계에 기초한 후견적 네트워크에 의존한다. 운명주의는 평등주의와는 정반대의 문화 양식이다.

높은 망-높은 집단(high grid-high group)은 집단경계가 강하고 규제가 많은 계층주의(hierarchy) 문화를 나타낸다. 계층주의는 망이 엄격함과 동시에 집단의식이 강해 구성원들은 개인의 정체성보다는 집단의 보전과 번영을 중요시하며 계층적 질서 속에서 주어진 역할을 성실하게 수행하는 것과 서로 간의 도리를 지키는 것을 당연시한다. 따라서 개인의 선택과 자유보다는 전체의 조화를 위해 자신에게 부여된 지위와 역할을 수행하는 것에 대해 만족한다. 그리고 권위관계에 있어서의 불평등을 당연하게 여겨 사람들이 서로 다른 대우를 받는 것을 자연스러운 현상으로 받아들임으로써 계층질서를 긍정적으로 평가한다.

계층주의 문화에서는 인간은 죄를 갖고 태어났지만 유순해서 제도에 의해 구제될 수 있다고 본다. 이러한 인간관은 풍족한 제도적 제약 속에 있는 사회적 삶을 지지한다. 계층주의는 권위를 제도화하며, 공사영역을 신중하고 명료하게 구분한다. 이 문화는 개인주의 문화와 평등주의 문화의 중간에 위치하는데 국가기능을 확대하려는 입장에서는 개인주의 문화와 충돌하며, 자격조건에 따라 참여를 제한하려는 입장에서는 평등주의 문화와 충돌한다. 계층주의 문화에서는 구성원들의 참여와 동의를 중시하는 공동체나 개인들의 선택을 중시하는 시장보다는 국가를 통해 공동선의 구현을 옹호한다.

낮은 망-낮은 집단(low grid-low group)은 개인주의(individualism) 문화를 나타낸다. 망이 느슨해서 규제가 별로 없으며 동시에 집단의식이 약한 개인주의는 구성원들이 대인관계를 맺는 데 있어서 자율성이 최대한으로 보장되어 있으므로 개인주의자들은 관계를 규제하는 집단과 역할을 개인의 자유의사에 따라 삶을 영위해 나아가는 것을 저해하는 요인으로 간주한다. 따라서 개인의 자유를 중요한 가치로 여기고 있다. 그리고 서로가 대등한 입장에서 상호 간의 합의에 의해 모든 것을 결정하기 때문에 계층질서에 대한 거부감이 있다. 개인주의 문화는 동일해지는 것보다는 다르게 되는 것을 좋아한다.

개인주의 문화는 인간은 본질적으로 자아추구적(self-seeking)이라고 생각한다. 개인주의 문화는 경쟁적 정치체제가 최상이라는 제임스 매디슨(James Madison)의 정치신념이나 사회관계가 자유로운 교역, 거래 및 교환에 기초해야 한다는 애덤 스미스(Adam Smith)의 경제신념을 지지한다. 개인주의자들은 실패는 개인의 탓이며 분화된 사회관계는 정당하고 사회는 '보이지 않는 손'에 의해 균형이 유지된다는 관점을 지지한다. 따라서 개인주의 문화는 외부로부터의 규제는 정당하지 않을 뿐만 아니라 필요하지도 않다고 믿는다. 또한 개인주의 문화는 가능하면 정부의 역할을 좁게 규정하면서 정부의 규제와 간섭을 최소화하고 개인선택을 최대화하는 작은 정부를 지향한다. 따라서 개인주의 문화는 국가의 개입으로 사회적 차이를 축소하여 동일해지기보다는 서로 다르게 될 기회를 추구한다. 자기규제(self-regulation)를 강조하는 개인주의자들이 선호하는 것은 시장제도이다. 개인주의는 계층주의와 정반대의 문화양식이다.

낮은 망-높은 집단(low grid-high group)은 집단경계가 강하고 규제가 적은 평등주의(egalitarianism) 문화를 나타낸다. 평등주의에서는 개인들 간의 교류는 대칭적으로 일어나며 내부적 권위구조도 없다. 평등주의는 구성원들이 자신을 집단과 동일시함으로써 집단에 대한 충성심이 투철하고 집단의 성원으로서 자신의 가치를 찾는다. 그러한 가운데 개인주의와 마찬가지로 평등한 관계를 유지함으로써 구성원들의 우열을 가려 달리 대우하는 것을 강력하게 거부하며 계층질서를 기본적으로 배제하고 있다. 평등주의 문화는 권위나 강요 없이 살아가는 것을 좋아하며, 종족 간, 소득수준 간, 남녀 간, 부모와 자녀 간, 교사와 학생 간, 관청과 시민 간의 차이를 감소시키는 정책을 선호한다.

평등주의 문화는 인간은 자신의 자아만을 추구하지 않고 남을 배려하며 협동을 강조한다. 인간이 부패되는 이유는 바로 시장이나 국가와 같은 착취적 혹은 강압적 제도 때문으로 보며, 착취나 강요가 배제된 사회환경을 조성함으로써 인간을 선하게 만들 수 있다고 믿는다. 평등주의 문화는 불평등을 조장하는 시장기제와 개인주의적 삶의 양식에 대해 부정적이다. 집단의식이 강하지만 구성원 간의 계층질서는 거부되며 모든 구성원들이 평등한 위치에서 직접 참여를 통해 집단의 의사결정을 추구한다. 따라서 공동선을 위해 공동체적 접근을 중시하고 시장에 대한 의존성을 축소하려고 한다.

이러한 면을 종합하면 문화양식에 따라 국가(state), 시장(market) 및 공동체(community)에 대한 의존의 정도는 차이가 난다. 계층주의 문화는 계층적 혹은 수직적 권위관계에 기초하는 국가에 더 의존적이며, 개인주의 문화는 계약관계에 기초하는 시장에 더 의존적이다. 평등주의 문화는 구성원 모두의 참여와 동의가 보장된 공동체에 더 의존적이다. 운명주의자들은 고립되어 있어 공동목적을 이루기 위한 노력과 관련해 수동적이고 주변적이다. 이들은 다만 유력자와 사적인 후견관계를 통해 자신을 보호하려고 애쓸 뿐이다(박종민 · 김서용, 2002).[2)]

문화이론의 사회복지 발달에의 함의

그러면 이러한 문화 유형에 따라 사회복지제도의 발달 가능성은 어떻게 차이가 날까?

윌다프스키(Wildavsky, 1985 : 352)는 더글러스의 문화이론을 이용하여 문화와 예산과의 관계를 규명하면서 계층주의 문화가 지배적인 사회는 개인의 지위와 서열을 유지하기 위한 목적으로 조세를 사용하면서 조세를 인상하는 데 수월하며, 개인주의 문화가 지배적인 사회는 권위에의 의존을 감소시키는 것을 선호하면서 세금은 되도록이면 적게 내는 것을 선호하고, 평등주의 문화가 지배적인 사회는 재분배 목적으로 자원을 분배하는 것을 할 수 있는 데까지 하려는 경향이 있다고 주장한다.

2) 박종민 외(2002)는 문화이론을 한국의 신자유주의 정부개혁, 여성정책, NGO 리더십 분석 등에 적용한 바 있다.

사회복지제도의 확대를 주장하는 사람들은 중앙정부의 역할을 강조하는 경향이 있다. 정부 역할의 강조는 개인이 집단에 종속되는 계층주의 문화와 평등주의 문화에서 찾아볼 수 있다. 계층주의 문화와 평등주의 문화는 재분배를 강조하는 측면에서 동질성이 있다. 다만 차이가 나는 것은 계층주의 문화는 가부장적(때로는 통제적)인 복지의 제공이고 평등주의 문화는 이러한 전제가 없다는 것이다. 또한 계층주의 문화는 희생의 윤리(부분은 전체를 위해 희생한다)를 정당화하는 측면이 있으며, 계층주의 문화가 상대적으로 지배적인 국가의 정부의 재분배 정책은 평등주의 문화가 상대적으로 지배적인 국가에서보다 더디게 진행되는 면이 있다.

평등주의 문화는 권위를 부정한다. 이 문화는 완전한 조건의 평등에 의해서만 권위가 작용하지 않는 사회가 건설될 수 있다고 본다. 이 문화의 최선의 목표는 집단 간의 차이(인종 간의, 소득수준 간의, 남녀 간의 부모와 자녀 간의 학생과 선생 간의, 관청과 시민 간의)를 줄이려고 한다는 것이다. 예산과 관련된 용어로 얘기하면 차이를 줄인다는 것은 소득이 부자로부터 가난한 사람으로 이전된다는 것을 의미한다. 이것은 다른 말로 하면 운이 좋지 않은 사람들을 위한 제도를 일반화한다는 것이다(Wildavsky, 1985 : 351).

또한 윌다프스키(1985 : 351)는 개인의 중요한 결정은 동시에 문화의 선택이기도 하다고 주장하면서 어떤 현상에 대해 누구를 비난할 것인가에 대해 평등주의 문화에서는 체계, 즉 비자연적인 불평등을 사회에 가져온 확립된 권위를 비난하고, 계층주의 문화에서는 사회의 규칙을 따르지 않음으로써 집단에 해를 끼친 일탈자를 비난하며, 개인주의 문화에서는 생산적이지 못한 개인을 비난한다고 주장한다. 또한 계층주의 문화는 개인의 도덕과 관련된 문제에 정부의 간여를 정당화하는 사회적 보수주의를 선호하는 경향이 있고, 평등주의 문화는 경제적인 수준의 차이를 감소시키기 위해 정부가 경제에 개입하는 것을 선호하는 경향이 있다. 그러나 개인주의 문화는 개인의 생활에 정부가 개입하는 것을 반대한다.

앞에서 언급한 문화이론의 집단과 망의 개념, 이 개념들을 정치행위에 적용한 윌다프스키의 주장과 삶의 양식별 사회복지의 발전 가능성을 기술한 주재현(2004)의 내용을 종합하여 문화 유형별로 사회복지제도의 발달 가능성을 예측해 보면 다음과 같다.

첫째, 사회 내 인간을 규제하는 규정이 별로 없고 집단에의 소속감이 약한 개인주의 문화에서 사회복지제도의 발전 가능성은 매우 낮다. 개인주의 문화에서 구성원들은 각자의 기본 욕구를 국가나 사회에 의존하기보다는 노동시장에서 타인과 경쟁함으로써 충족시킨다. 즉, 개인주의 문화에서 각 개인은 스스로 위기상황에 대비해야 하고 위기상황에 빠졌을 경우 국가나 사회에 의존하기보다는 개인이 그 위기를 극복해야 한다. 이와 같이 개인주의 문화에서는 사회문제에 대한 책임소재를 사회에 두기보다는 개인에게 두기 때문에, 사회구성원들이 직면하는 위험에 대비하기 위해 국민 전체를 대상으로 하는 강제가입을 원칙으로 하는 사회보험제도를 도입하는 것에 대해서는 부정적이다. 따라서 개인주의 문화가 지배적인 사회에서 국가가 주체가 되는 사회복지제도가 발전하는 데는 시일이 오래 걸린다.

둘째, 사회적 규제 정도가 높으나 집단에의 소속의식이 낮은 운명주의 문화가 지배적인 사회에서 사회복지제도는 매우 제한적으로 발전하게 된다. 운명주의 문화에서는 개인 욕구를 충족시키지 못하는 구성원들로 인해 사회적 욕구가 제기될 수 있다는 사고방식이 자라나기 힘들며, 사회문제란 오직 사회의 원활한 작동에 장애가 야기되는 경우만을 의미한다. 이러한 사회에서는 개인적 차원에서 복지를 추구하는 것이 제한되어 있다(주재현, 2004 : 287). 따라서 운명주의 문화에서는 제도적 개념의 사회보장제도가 발전하기보다는 사회의 발전에 장애가 발생하는 경우에만 개입하는 매우 제한적이고 잔여적인 형태의 사회복지(공공부조)가 발전하게 된다.

셋째, 사회적 규제가 많으면서 다양하고 집단에의 소속의식이 높은 계층주의 문화에서는 국가가 주도하는 사회복지가 발전할 수 있는 여지가 많아 제도적 사회복지제도가 발전할 수 있는 가능성이 높다. 그러나 계층주의 문화에서는 사회통제적인 면이 있는 사회복지가 발달할 가능성이 있다. 달리 표현하면 계층주의 문화에서의 구성원들은 집단에의 소속의식이 높아 그들이 속한 집단이나 사회발전에 기여한 대가로서 사회나 국가로부터의 보상을 기대하는 반면, 국가는 사회안정을 얻는 대신 구성원들에게 보상 차원의 사회복지급여를 제공한다. 따라서 계층주의 문화가 지배적인 사회에서는 사회문제에 대한 사회적 책임의 개념이 발전할 수 있어 국민 전체를 대상으로 하는 예방적 성격의 사회복지제도가 개발될 수 있는 반면 사회복지제도의 성격은 가부장적인 면을 띠게 된다. 즉, 신분상의 상하관계가 분명하고 서로 다른 대우를 받는 것을 자연스러운 현상으로 받아들이는 계층주의 문화에서는 계층 간 불평등관계를 지속하려는 사회통제적인 성격의 사회복지제도가 발달할 가능성이 있다. 그래서 계층주의 문화에서의 사회복지제도는 사회적 계층 간 차이를 심화시키더라도 국민의 최저생활을 보장하면 되는 기제로 이해될 가능성이 많다.

마지막으로 사회적 규제는 별로 없으나 집단에의 소속의식이 높은 평등주의 문화에서는 사회복지제도가 발전할 수 있는 가능성이 가장 많다. 공동체적 평등주의가 지배적인 사회에서 개인의 기본 욕구 충족의 문제는 개인의 책임이 아닌 사회의 책임으로 본다. 즉, 사회문제의 원인은 개인의 성격적인 결함에서 비롯된 것이 아닌 사회제도의 모순에서 비롯된 것으로 보게 되며, 이러한 문제를 해결해야 하는 주체는 개인이 아닌 국가라고 본다. 이러한 사회문제에 대한 사회나 국가의 책임의식은 정부가 사회문제 해결을 위한 정책적 방안을 마련하는 것을 당연한 것으로 인식하게 한다. 따라서 평등주의 사회에서는 사회문제를 해결하기 위한 사회복지제도의 출현을 당연한 것으로 본다. 계층주의 문화에서의 사회복지제도의 발달이 가진 자나 정부의 가부장적인 책임의식이나 통제적 목적에서 비롯된 것이라고 본다면, 평등주의 문화에서의 사회복지제도의 발달은 모든 사회구성원들은 공동체의 동료라는 의식에서 비롯된 것이라고 할 수 있다.

이상을 종합하여 문화 유형에 따른 사회문제의 책임소재, 사회문제의 사회성 의식 정도, 국가와 민간 의존도, 그리고 사회복지제도의 발달 가능성과 종류를 살펴보면 <표 22-1>과 같다.

〈표 22-1〉 문화 유형에 따른 사회문제의 책임소재, 사회문제의 사회성 의식 정도, 국가와 민간 의존도 및 사회복지제도의 발달 가능성과 종류

	사회문제의 책임소재	사회문제의 사회성 의식 정도	국가와 민간 의존도	사회복지제도 발달 가능성과 종류
개인주의 문화	전적으로 개인의 책임	매우 약함	전적으로 민간의존	매우 낮음 (잔여적 사회복지)
운명주의 문화	개인의 책임	약 함	민간의존	낮 음 (잔여적 사회복지)
계층주의 문화	개인의 책임 + 국가의 책임	강 함	민간의존 + 국가의존	높 음 (통제적+제도적 사회복지)
평등주의 문화	국가의 책임	매우 강함	전적으로 국가의존	매우 높음 (제도적 사회복지)

23 상생의 정신과 연대의 가치가 존중받는 사회를 꿈꾸며

건강한 자본주의 사회는 부자는 거만하지 않고, 가난한 사람은 위축되지 않으며, 장애인은 장애를 가져도 낙담하지 않고, 아동과 청소년은 좋은 보육과 교육으로 미래에 대한 꿈을 지니며, 노인이 되어서도 일정한 소득을 지니면서 활동을 할 수 있는 사회이다. 개인의 책임이든 회사의 책임이든 불문하고 직장을 잃어버려도 두렵지 않은 사회가 건강한 사회이다. 직장을 잃어버려도 두렵지 않으려면 실업기간 동안 건강보험의 혜택을 실업 전과 동일하게 받아야 하고, 다시 직장을 가질 때까지 실업급여가 충분히 제공되며, 재취업을 위한 직업훈련 프로그램이 있어야 한다. 이러한 건강한 사회가 되기 위해서는 사회구성원들 간에 상생(相生)의 정신이 있어야 하고, 연대의 가치가 널리 퍼져 있어야 한다. 상생이란 도움을 주고받으며 더불어 살아가는 것을 말하며, 연대란 위험을 공동 부담하는 것을 말한다. 상생의 정신과 연대의 가치가 널리 퍼져있기 위해서는 사회구성원들 간의 신뢰가 밑바탕에 깔려있어야 한다.

상생과 연대, 사회구성원들 간의 신뢰가 허물어져 가고 있는 사회를 미국에서 목격할 수 있다. 제프리 삭스(Jeffrey Sachs)는 『문명의 대가(The Price of Civilization)』에서 미국에서 1980년 대통령에 당선되고 8년간 재임한 로널드 레이건(Ronald Reagan)이 저지른 가장 큰 잘못은 사람들이 정부 역할에 대해 반감을 갖게 함으로써 정부가 신뢰를 상실하고, 사회복지의 도움을 받는 가난한 사람들에 대해 혐오감을 갖게 하고, 그리고 부자들이 사회에 대한 책임을 털어버릴 수 있도록 한 것에 있다고 지적했다. 레이건은 기업심을 발휘하게 하는 것이 사회에 이득이 된다는 전제하에 기업가나 부자들에게 시민적 미덕을 강조하는 대신에 세금을 감해주었다. 제프리 삭스는 기업심이 발휘되는지 여부는 논쟁의 여지가 있지만 부자들의 억눌린 탐욕이 풀려났다는 점에는 의심의 여지가 없으며, 이 탐욕은 정치체제를 병들게 했고, 오늘날까지 미국을 괴롭히고 있다고 지적했다(Sachs, 2011).

제프리 삭스의 진단에 의하면, 미국은 상생과 연대 정신, 사회구성원들 간의 신뢰, 정부에 대한 신뢰가 점점 옅어지고 있다고 할 수 있다. 미국에서 상생, 연대, 신뢰의 상실과 사회복지의 축소정책이 로널드 레이건이 대통령으로 재임하던 8년 동안 동시에 일어났다는 것은 우연의 일치가 아니다. 그리고 그때 일어났던 일들이 30여 년이 지난 오늘날까지 미국을 괴롭히고 있다는 것은 많은 것을 시사한다.

최근에 와서는 상생의 정신과 연대의 가치 부재로 사회가 위기에 처한 모습을 그리스에서 목격할 수 있다. 그리스는 2008년에 시작된 글로벌 경제위기를 극복하지 못하고 2015년 7월 국가부도(디폴트) 위기까지 갔다. 혹자는 그리스가 복지과잉으로 인해 사람들이 나태해져 국가재정이 악화되었다고 말한다. 그리스 사람들이 과도한 복지에 도취되어 일을 할 유인을 잃어 나태해졌고 그로 인해 생산성이 떨어져 국가경쟁력이 약화되었다고 말한다. 정말 그리스는 과도한 복지에 의해 사회가 위기에 처하게 되었을까? 그렇지 않다.

먼저 그리스의 과도한 복지의 예로 자주 언급되는 연금을 살펴보자. 그리스는 연금의 소득대체율이 100%에 가깝다. 이것은 퇴직 후에 일을 하던 시기에 받던 월급만큼 연금으로 수령한다는 것이다. 만일 이런 국가가 있다면 이 국가는 '복지천국'일 것이다. 그런데 그리스의 노인빈곤율은 23%로 다른 유럽 국가들의 노인빈곤율인 10% 전후보다 매우 높다. 연금의 소득대체율이 100%에 가까운데 왜 그리스 노인들의 23%는 절대 빈곤층에 속할까? 그 이유는 그리스에서 소득대체율 100%에 가까운 연금을 받을 수 있는 사람은 정치적인 힘이 있는 공무원, 법조인, 교원들이기 때문이다(박종훈, 2015). 그 외의 사람들에게 이렇게 후한 연금은 그림의 떡에 불과할 뿐이다. 노인복지 측면에서 보면 그리스는 모든 노인들에게 평등한 복지혜택이 돌아가는 보편적 복지가 발전한 국가가 아니라 소수의 정치적 힘이 있는 집단에게만 선별적으로 후한 연금을 제공하는 국가이다.

그리스의 아동은 어떠한가? 유니세프는 2013년 그리스의 아동 빈곤율이 무려 41%나 된다고 밝혔다. 절반에 가까운 아동이 빈곤선 아래에서 살고 있다는 얘기다. 아동 빈곤율은 경제위기가 시작되기 직전인 2008년에도 무려 23.0%를 기록해 노르웨이 9.6%는 물론 한국의 16.8%보다도 높았다. 그 이유는 그리스의 아동복지 예산이 유럽국가 중에서 가장 낮은 편이기 때문이다. 그리스의 처참한 아동복지 상황은 '무상복지 천국'과 너무나 거리가 멀다. 그리스에서 학생들에게 제공되는 복지는 그나마 대학등록금이 무료라는 점이다. 하지만 인구 대비 대학 정원이 유럽 최하위 수준인 그리스에서 이 또한 소수를 위한 선별적 복지에 불과하다(박종훈, 2015).

그리스 국민들의 과잉복지로 인해 나태하다는 주장도 맞지 않는 말이다. 2019년 기준 그리스의 연간 근로시간은 1,949시간으로 멕시코 2,137시간, 한국 1,967시간에 이어 OECD 국가 중에서 세 번째로 많다.

특별한 계층의 사람들만이 복지의 혜택을 누리는 그리스의 모습에서 어려울 때 도움을 주고받으며 더불어 살아가는 상생의 정신과 위험을 공동부담하는 연대의 정신을 찾아보기 어렵다. 상생의 정신과 연대의 가치가 옅은 그리스에서 사회 구성원들 간의 신뢰도 찾아보기 어렵다. 그리스가 위기에 처하게 된 것은 복지과잉이 아니라 어느 때부터 상생의 정신과 연대의 가치가 무너지고 사회구성원들 간의 신뢰가 상실되었기 때문이다.

미국과 그리스와는 상반되는 모습을 스웨덴에서 볼 수 있다. 스웨덴에서 부자들은 비교적 세금을 많이 납부함에도 불구하고 열심히 일하고 있으며, 가난한 사람들은 정부의 사회복지 지원을 받아 자신들의 생산성을 높인다. 스웨덴에서는 높은 세율이 사람들의 근로유인을 감소시키기보다는 오히려 자극한다는 경제이론의 근거를 제공하고 있다. 기업들은 동일노동 동일임금의 연대임금정책을 기꺼이 수용한다. 경쟁을 기본 가치로 보고 있는 자본주의 사회에서는 동일 업종 기업 중에서 이윤을 많이 창출하는 기업이 있는가 하면 적자를 면치 못하는 기업이 있을 수 있다. 스웨덴에서 이윤을 창출하는 기업은 이윤 중 일부를 적자 기업에서 퇴출되는 근로자들의 재취업 기술훈련 기금으로 기꺼이 출연한다. 탐욕으로 가득 찬 미국의 기업이나 한국의 기업과는 달리 스웨덴의 기업에는 상생의 정신과 연대의 정신이 녹아있다. 그래서 스웨덴은 상생의 정신, 연대의 가치가 존중받는 복지국가이다. 그리고 그 이면에는 사회 구성원들 간의 높은 신뢰가 있다.

그러면 미래의 한국사회는 어떤 모습을 띠어야 하는가?

자본주의 사회에서 살아가는 사람들은 실업, 노령, 질병, 재해 등과 같은 오래된 사회적 위험뿐만 아니라 노인돌봄문제, 고용문제, 가정과 직장의 긴장관계, 다양한 가족형태로 인한 문제 등과 같은 새로운 사회적 위험에 언제든지 봉착할 수 있다. 한국의 경우 이미 오래된 사회적 위험뿐만 아니라 새로운 사회적 위험들도 점점 더 심화될 가능성이 있다. 이러한 사회적 위험들을 해결하기 위해서는 상생의 정신과 연대의 가치를 바탕으로 하고 있는 사회복지 발전이 필수적이다. 사회복지가 발전하게 되면 부자는 거만하지 않고, 가난한 사람은 위축되지 않으며, 장애를 가져도 낙담하지 않고, 아동과 청소년은 좋은 보육과 교육으로 미래에 대한 꿈을 지니며, 노인이 되어서도 일정한 소득을 지니면서 활동을 할 수 있는 사회가 될 수 있다. 한국이 이러한 사회가 될 수 있다면 한국은 오랜 세월 동안 건강하고 행복한 사회로 지속될 것이다. 그러한 사회를 사회복지를 공부하는 사람들은 꿈꾸고 있다.

참·고·문·헌

감정기 · 최원규 · 진재문(2002). **사회복지의 역사**. 서울 : 나남.

강내영 · 온나자와 나오코 · 홍일표 역. **스웨덴 스타일 : 복지국가를 넘어 복지사회로, 스웨덴 모델의 미래를 보다**. 서울 : 이매진.

강두용 · 이상호(2013). 한국경제의 가계와 기업간 소득성장 불균형 문제－현상, 원인, 함의－. 이슈 페이퍼 2012-296. 한국산업연구원.

경향신문(2015. 6. 16). 낙수효과 사망선고.

_______(2015. 6. 10). 신자유주의 시대의 '종말'…IMF "낙수 효과는 틀린 논리…아래로 흐르지 않는다".

_______(2015. 5. 7). 국민연금 '부과방식'은 세대 간 도적질.

_______(2015. 2. 6). 복지 늘리고 증세하니 경제 살더라.

국회예산정책처(2019). 2019년도 조세지출예산서 분석.

김동현(1992). 프로야구LG 트윈스 이광환 감독의 성선설 실험. 월간조선, 7월호, 504-519.

김연명 · 신광영 · 양재진 · 윤홍식 · 이정우(2011). **대한민국 복지 7가지 거짓과 진실**. 서울 : 두리미디어.

김 영 · 박기남 · 장영선 역(2008). **여성, 노동, 가족**. Louis A Tilly & Joan W Scott(1987). *Women, Work and Family*. 서울 : 후마니타스.

김영순(1996). **복지국가의 위기와 재편 : 영국과 스웨덴의 경험**. 서울 : 서울대학교출판부.

김진영(2007). 사회경제적 지위와 건강의 관계 : 연령에 따른 변화를 중심으로. **한국사회학**, 41(3), 127-153.

김태성 · 김진수(2005). **사회보장론**. 서울 : 청목출판사.

김태성 · 성경륭(1993). **복지국가론**. 서울 : 나남.

김현구 역(2012). **문명의 대가**. Sachs, Jeffrey D.(2011). *The Price of Civilization*. 서울 : 21세기 북스.

김형식(1995). T. H. Marshall의 시민적 권리론에 관한 소고. **한국사회복지학**, 26, 77-110.

남기민(2010). **사회복지정책론**(2판). 서울 : 학지사.

남찬섭(2002). 한국복지체제의 성격에 대한 경험적 연구 : 에스핑－앤더센의 기준을 중심으로. **상황과 복지**, 11, 163-204.

남찬섭 역(2001). **영국 사회복지발달사**. Karl de Schweinitz(1947). *England's Road to Social Security : 1349 to 1947*. 서울 : 인간과 복지.

남찬섭 · 김병철 역(2013). **사회복지사를 위한 정치사회학**. 서울 : 나눔의 집.

동아일보(2015. 2. 12). 밀물은 모든 배를 띄운다.

_______(2014. 9. 4). 근로소득 통계로 본 1 : 99, 미국 사회의 맨얼굴.

류기형 · 남미애 · 박경일 · 홍봉선 · 이경희 · 장중탁(1999). **자원봉사론**. 서울 : 양서원.

문화일보(2015. 2. 16). 증세로 복지 확대 29.7%, 세금 유지, 복지 축소, 24.3%.

박광준(2002). **사회복지의 사상과 역사**. 경기 : 양서원.

박병현(2020). **끝나지 않은 여정 : 7인의 생애사로 본 사회복지역사**. 경기 : 양서원.

_____(2021). **사회복지정책의 논쟁적 이슈**. 경기 : 양서원.

_____(2011). **사회복지정책론 : 이론과 분석**. 서울 : 학현사.

_____(2010). **사회복지의 역사**. 경기 : 공동체.

_____(2005). **복지국가의 비교 : 영국, 미국, 스웨덴, 독일의 사회복지역사와 변천**. 경기 : 공동체.

_____(2008). **사회복지와 문화**. 서울 : 집문당.

_____(1997). 영국과 미국의 사회보장제도 발달비교 : 1850-1930. **사회복지연구**, 7, 53-86.

박병현 · 최송식 · 황보람(2007). 한국사회복지정책의 변화과정 분석 : 사회진보의 결과인가 사회통제의 결과인가?. **사회복지정책, 29**, 169-194.

박종민 · 김서용(2002). 신자유주의 정부개혁의 문화적 분석. 박종민 편. **정책과 제도의 문화적 분석**. 서울 : 박영사.

박종훈(2015. 7. 13). 무너진 그리스는 과연 복지천국이었나? 박종훈의 대담한 경제 #32. 한겨레.

변재관 외(1998). 한국의 사회보장과 국민복지 기본선. 한국보건사회연구원.

서울신문(2014. 12. 10). OECD "소득 불평등이 경제성장 방해" … 낙수효과 공식 부인.

_______(2011. 7. 7). 그리스 경제 '파판드레우, 카라만리스, 미초타키스' 3대 가문이 망쳤다.

세계일보(2015. 1. 29). 당신의 삶, 안녕하십니까?.

송규범(1983). 신자유주의의 복지국가 이념. 한국사회과학연구소편. **복지국가의 형성**(pp. 84-111). 서울 : 민음사.

송근원 · 김태성(1995). **사회복지정책론**. 서울 : 나남.

송호근(2012). **이분법 사회를 넘어서**. 서울 : 다산북스.

시사IN(2015. 2. 26). 세금과 복지 '바람'이 보인다.

양상모 역(2015). **부자가 천국 가는 법**. 서울 : 오래된 생각.

연합뉴스(2019. 1. 24). 국민연금 20년 가입해 20년 받으면 1.4배~3배 이익.

_______(2015. 4. 8). 우리나라 자산불평등, 소득불평등보다 훨씬 심각.

유영미 역(2007). **왜 세계의 절반은 굶주리는가?**. Jean Ziegler. *Wie Commt Der Hunger in Die Welt?*. 서울 : 갈라파고스.

위선주 역(2011). **자본주의 4.0 : 신자유주의를 대체할 새로운 경제 패러다임**. Anatole Kaletskye (2010). *Capitalism 4.0 : The Birth of a New Economy*. 서울 : 컬쳐앤스토리.

이상헌(2014). 쿠즈네츠는 쿠즈네츠 법칙을 부정한다. **한겨레 21, 제1018호.**

이승환 역(1994). **죽은 경제학자의 살아있는 아이디어.** Todd Buchholz(1989). *New Ideas from Dead Economist*. 서울 : 김영사.

이원재 외(2014). **소셜 픽션 : 지금 세계는 무엇을 상상하고 있는가?.** 서울 : 어크로스.

이헌근(1999). **'제3의 길'로서의 스웨덴 정치.** 부산 : 부산대학교 출판부.

임성근 역(2003). **복지국가 전략 : 스웨덴 모델의 정치경제학.** 서울 : 논형.

임영진 · 이영찬 역(2003). **영국 사회정책 현대사.** 서울 : 인간과 복지.

임완섭 외(2012). 2012년 빈곤통계연보. 한국보건사회연구원.

파이낸셜뉴스(2015. 4. 26). 연말정산 후폭풍 '증세론'으로 번지나.

장하준(2014). **장하준의 경제학 강의.** 서울 : 부키.

______(2010). **그들이 말하지 않는 23가지.** 서울 : 부키.

장하준 · 정승일 · 이종태(2012). **무엇을 선택할 것인가?.** 서울 : 부키.

전영평(2002). 여성차별과 여성정책의 문화적 분석. 박종민 편. **정책과 제도의 문화적 분석.** 서울 : 박영사.

전재웅 역(2012). **평등이 답이다 : 왜 평등한 사회는 늘 바람직한가.** Kate Pickett & Richard Wilkinson (2009). *The Spirit Level*. 서울 : 이후.

조기제(2003). 스웨덴의 복지개혁 스웨덴식 '제3의 길' 추구. 강욱모 · 김진수 · 김학주 · 심창학 · 조기제 공저. **'제3의 길'과 복지개혁 : 영국, 미국, 독일, 프랑스, 스웨덴의 사례.** 진주 : 경상대학교 해외지역연구센터.

조선일보(2012. 6. 13). 세상서 가장 행복한 나라 순위는?.

________(2011. 3. 10). 복지 백년대계 오늘 잘못 선택하면 100년을 망친다 : 한국인, 핀란드인보다 세금 적지만… 사교육비 · 집값 부담에 쓸 돈 적어.

주재현(2004). 사회복지와 문화－복지국가 유형론에 대한 문화이론적 해석－. **한국정책회보, 13**(3), 277-296.

중앙일보(2019. 4. 8). 매달 받는 국민연금 92만원은 3억 6000만원 자산가치.

________(2015. 2. 3). 소통 강조한 김무성, 국정 운영 파트너십 구축해야.

________(2010. 4. 30). 제2의 국민연금, ○○상가 분양.

최경구 · 김선업(1998). 비공식적 후원 연결망의 구조적 특성과 복지적 효과. **사회복지정책. 7,** 52-73.

천세충(2001). 스웨덴의 사회보장. 신섭중 외. **세계의 사회보장.** 서울 : 유풍출판사.

최연혁(2012). **우리가 만나야 할 미래.** 서울 : 샘앤파커스.

최재천(2012). **다윈지능.** 서울 : 사이언스북스.

한겨레신문(2015. 3. 23). 한국인 행복감, 세계 118위로 바닥권.

한국일보(2015. 2. 26). MB 감세, 투자 · 고용 대신 기업 곳간만 불렸다.

한동우(2002). 사회복지의 재정. 강욱모 외. **21세기 사회복지정책**. 서울 : 청목출판사.

허구생(2002). **빈곤의 역사, 복지의 역사**. 서울 : 한울.

홍기빈 역(2009). **거대한 전환 : 우리 시대의 정치 · 경제적 기원**. Karl Polanyi(1944). *The Great Transformation : The Political and Economic Origins of Our Time*. 서울 : 민음사.

홍민기(2017). 소득불평등 : 현황과 대책. **노동리뷰**, 2017년 5월호, 11-15.

Aristotle(1988). *Politics*. Cambridge : Cambridge University Press.

Atkinson, A. B., & Stiglitz, J. E.(1980). *Lectures in Public Economics*. Maidenhead, Berks : McGraw-Hill.

Axinn, June, & Herman Levin(1982). *Social Welfare A History of the American Response to Need*(2nd ed.). New York : Longman.

Bentham, Jeremy(1797). Tracts on Poor Laws and Pauper Management. In John Bowring(ed.), *The Works of Jenemy Bentham*. Vol. 8(pp. 369-439). New York : Russell & Russell. 1962.

Bonar, James(1885). *Malthus and His Work*. London : MacMillan.

Bronner, Ethan(1997). Colleges Look for Answers to Racial Gaps in Testing. *New York Times*. November 8, 1997, pp. A1, A12.

Buchholz, Todd G.(1989). *New Ideas from Dead Economist*. London : Penguin Books.

Cagan, Phillip(1965). *The Effect of Pension Plans on Aggregate Saving : Evidence from a Sample Survey*. New York : Columbia University Press.

Carlson, Allan(1990). *The Swedish Experiment in Family Politics : The Myrdal and the Interwar Population Crisis*. Transaction Publishers.

Chistopher Pierson(1991). *Beyond the Welfare State : The New Political Economy of Welfare*. Oxford : Polity Press.

Cole, G. D. H., & R. Postgate(1971). *The Common People 1746-1946*. London : Methuen.

Danziger, S., R. Haveman, & R. Plotnick(1981). How Income Transfer Programs Affect Work, Savings, and Income Distribution. *Journal of Economic Literature*, 19, 975-1028.

Douglas, M.(1982a). Cultural Bias. In M. Douglas(ed.), *Active Voice*. London : Routledge & Kegan Paul.

__________(1982b). Introduction to Grid/Group Analysis. In M. Douglas, ed., *Essays in the Sociology of Perception*. London : Routledge & Kegan Paul.

__________(1986). *How Institutions Think*. Utica, NY : Syracuse University Press.

Douglas, M., & A. Wildavsky(1982). *Risk and Culture*. Berkeley : University of California Press.

Douglas, M., & Baron Isherwood(1979). *The World of Goods : Towards an Anthropology of Consumption*. London : Allen Lane.

Esping-Andersen, G.(2002). *Why We Need a New Welfare State*. Oxford : Oxford University Press.

________________(1990). *The Three Worlds of Welfare Capitalism*. Princeton : Princeton University Press.

Feldstein, Martin S.(1974). Social Security, Induced Retirement and Aggregate Capital Accumulation. *Journal of Political Economy*, *82*(5), 905-926.

Fromn, Erich(1966). The Psychological Aspects of the Guaranteed Income. In Robert Theobald(ed.). *The Guaranteed Income*. New York. : Doubleday.

Gilbert, Neil(1983). *Capitalism and the Welfare State : Dilemmas of Social Benevolence*. New Haven : Yale University Press.

Gilbert, Neil, & Harry Specht(1974). *Dimensions of Social Welfare Policy*. Englewood Cliffs, NJ : Prentice-Hall.

Gilbert, Neil, & Paul Terrell(1998). *Dimensions of Social Welfare Policy*(Fourth ed.). Boston : Allyn and Bacon.

Goodin, R. E.(1988). *Reasons for Welfare : The Political Theory of the Welfare State*. Princeton : Princeton University Press.

Goodin, R., & J. Le Grand(ed.)(1987). *Not Only the Poor : The Middle Classes and the Welfare State*. London : Allen & Unwin.

Grimsley, Ronald(1973). *The Philosophy of Rousseau*. Oxford, England : Oxford University Press.

Heclo, H., & H. Madsen(1987). *Policy and Politics in Sweden : Principled Pragmatism*. Philadelphia : Temple University Press.

Hills, J.(1977). *The Future of Welfare*(2nd ed.). New York : Joseph Rowntree Foundation.

Hobbes, Thomas(1946). *Leviathan*. Michael Oakeshott(ed.). Oxford, England : Basil Blackwell.

House, James S., M. Lepkowski, Ann M. Kinney, Richard P. Mero, Ronald C. Kessler, & A. Regula Herzog(1994). The Social Stratification of Aging and Health. *Journal of Heal and Social Behavior*, *35*, 213-234.

Jansson, Bruce(1984). *Theory and Practice of Social Welfare Policy*. California : Wadsworth Publishing Company.

Jones, Kathleen(2000). *The Making of Social Policy in Britain : From the Poor Law to New Labour*. London : Continuum.

Josephy, Alvin(1953). The U.S. : A Strong and Stable Land. *Time*. Sep. 12. 1953.

Kaletsky, Anatole(2010). *Capitalism 4.0 : The Birth of a New Economy*. Bloomsbury Publishing.

Katona, George(1965). *Private Pensions and Individual Saving*. Ann Arbor : University of Michigan.

Katz, Michael(1986). *In the Shadow of the Poorhouse : A Social History of Welfare in America*. New York : Basic Books.

Kim, Nak Nyeon & Jongil Kim(2014). Top Incomes in Korea, 1933-2010 : Evidence from Income Tax Statistics. *Hitotsubashi Journal of Economics*, 56(1), 1-19.

Korpi, W.(1978). *The Working Class in Welfare Capitalism*. London : Routledge.

________(1990). *The Development of the Swedish Welfare State in a Comparative Perspective*. Swedish Institute.

Krugman, Paul(1998). Asia : What Went Wrong?. *Fortune*, *137*(4), 32-33.

Lampman, R. J., & T. M. Smeeding(1983). Interfamily Transfers as Alternatives to Government Transfer to Pensions. *The Review of Income and Wealth*, 21, 45-66.

Levy, Frank S., & Richard C. Michel(1986). Work for Welfare : How Much Good Will It Do. *The American Economic Review*, 76, 304-404.

Lorenz, Konrad(1967). *On Aggression*. London : Methuen.

Lubove, Roy(1986). *The Struggle for Social Security : 1900-1935*. Pittsburgh : University of Pittsburgh Press.

Marshall, T. H(1963). *Class, Citizenship, and Social Development*. New York : Anchor Books.

___________(1950). *Citizenship and Social Class. Cambridge* : Cambridge University Press.

Martin, Andres(1984). Trade Unions in Sweden : Strategic Responses to Change and Crisis. P. Gourevitch, A. Martin, G. Ross, C. Allen, S. Bornstein, and A. Markovits. *Unions and Economic Crisis : Britain, West Germany, and Sweden*. London : George Allen and Unwin.

Monypenny, William Flavelle(1910). *The Life of Benjamin Disraeli, Earl of Beaconsfield*. New York : Macmillian.

Myrdal, Alva & Gunnar Myrdal(1934). *Kris i befolknengsfragan*. Albert Boonnier Forlag.

Myrdal, G(1938). Population Problems and Policies. *Annals of the American Academy of Political and Social Science*. Vol. 197(March).

Nicholls, George(1898). *A History of the English Poor Law*. London : P. S. King & Co.

Oishi, Shigehiro(2010). Culture and Well-Being : Conceptual and Methodological Issues. In Ed Diener, Daniel Kahneman & John Helliwell(Eds.), *International Differences in Well-Being*. Oxford : Oxford University Press.

Page, R.(1996). *Altruism and British Welfare State*. Aldershot : Avebury.

Papandreou, George, Newt Gingrich, Arthus Laffer, & Paul Krugman(2015). *Should We Tax the Rich More? : The Munk Debate on Economic Inequality*. Toronto : House of Anansi Press.

Patterson, James T.(1986). *America's Struggle Against Poverty 1900-1985*. Cambridge, Mass. : Harvard University Press.

Pierson, Chistopher(1991). *Beyond the Welfare State : The New Political Economy of Welfare*. Oxford : Polity Press.

Piketty, Thomas(2014). *Capital in the Twenty-First Century*. Cambridge : The Belknap Press of Harvard University Press.

Piven, Frances Fox & Richard A. Cloward(1971, 1993). *Regulating the Poor : The Functions of Public Welfare*. New York : Vintage Books.

Polanyi, Karl(1944). *The Great Transformation : The Political and Economic Origins of Our Time*. Boston : Beacon Press.

Popple, Philip R., & Leslie Leighninger(1996, 2002). *Social Work, Social Welfare and American Society*. Boston : Allyn and Bacon.

Rejda, C.(1988). *Social Insurance and Economic Security*. N. J. : Prentice-Hall.

Rimlinger, Gaston V.(1971). *Welfare Policy and Industrialization in Europe America and Russia*. New York : John Wiley and Sons.

Romanyshyn, J. M.(1971). *Social Welfare : Charity to Justice*. New York : Random House.

Ross, Catherine E. & Chia-Ling Wu.(1996). Education, Age and Cumulative Advantage in Health. *Journal of Health and Social Behavior*, *37*, 104-120.

Sachs, Jeffrey(2011). *The Price of Civilization*. 김현구 역. 문명의 대가. 서울 : 21세기북스.

Sandel, Michael(2012). *What Money Can't Buy*. 안기순 역. 돈으로 살 수 없는 것들. 서울 : 와이즈베리.

__________(2012). *Justice : What's the Right Thing to Do?*. 이창신 역. 정의란 무엇인가?. 서울 : 김영사.

Spencer, Herbert(1868). *Social Statics*. London : Williams and Norgate.

Steiner, Gilbert Y.(1966). *Social Security : The Politics of Welfare*. Chicago : Rand McNally.

Sumner, William Graham(1934). The Challenge of Facts. In A. G. Keller, & M. R. Davies(Eds). *Essays of William Graham Sumner*. New Heaven : Yale University Press.

Taylor-Goodby, Peter(2004). *New Risks, New Welfare : The Transformation of the European Welfare State*. London : Oxford University Press.

__________(2005). *Ideas and Welfare State Reform in Western Europe*. London : Palgrave.

Thompson, Flora(1939). Lark Rise. In Maurice Bruce(1972). *The Coming of the Welfare State*(p. 100) London : Batsford.

Thompson, M., R. Ellis, & A. Wildavsky(1990). *Cultural Theory*. Boulder, CO : Westview.

Titmuss, Richard(1968). *Commitment to Social Welfare*. London : Allen & Unwin.

____________(1970). *The Gift Relationship*. London : Allen & Unwin.

Schweinitz, Karl de(1947). *England's Road to Social Security : 1349 to 1947*. Philadelphia : University of Pennsylvania Press.

Wildavsky, A.(1985). Cultural Theory of Expenditure Growth. *Journal of Public Economics*, *28*, 349-357.

____________(1987). Choosing Preferences by Construction Institutions : A Cultural Theory of Preference Formation. *American Political Science Review*, *81*, 3-21.

Wilkinson, Richard, & Kate Pickett(2010). *The Spirit Level : Why Equality Is Better for Everyone*. London : Penguin Books.

Witte, J. F.(1988). The Growth and Distribution of Tax Expenditure. In Danziger, S. H., & Ke. E. Portney(ed.). *The Distribution Impacts of Public Policies*(pp. 171-201). New York : St. Martin's Press.

찾·아·보·기

인 명

내 용

저/자/약/력

■ 박병현

저자 박병현은 부산대학교 법정대학 사회사업학과를 졸업했으며, 미국 West Virginia University 사회복지대학원에서 사회복지학 석사학위를, 미국 University of Pennsylvania 사회복지대학원에서 사회복지학 박사학위를 취득했다. 미국 University of Pennsylvania 사회복지대학원 연구교수와 일본 동지사대학교 객원교수, 한국사회복지학회와 한국사회복지정책학회 회장을 역임했으며, 주요 관심분야는 사회복지정책, 사회보장, 비교사회복지, 동아시아 사회복지, 빈곤 등이다. 저서로는 『사회복지정책론 : 이론과 분석』(정민사), 『사회복지정책의 논쟁적 이슈』(양서원), 『끝나지 않은 여정 : 7인의 생애사로 본 사회복지의 역사』(양서원), 『사회보장론』(공저, 정민사), 『사회복지의 역사』(공동체), 『사회복지와 문화』(집문당), 『복지국가의 비교 : 영국, 미국, 스웨덴, 독일의 사회복지역사와 변천』(공동체), 『사회복지의 이해』(공저, 박영사), 『동아시아 사회복지』(공저, 공동체), 『세계의 사회보장』(공저, 유풍출판사), 『복지국가의 위기와 신보수주의적 재편』(공저, 대학출판사) 등이 있으며, 역서로는 『중국의 사회보장 30년』(공동체)이 있다. 현재 부산대학교 사회복지학과 명예교수로 재직 중이다.

〈개정판〉

사회복지로의 초대

|저자| 박병현

|1판 1쇄| 발행 2015년 8월 10일
|1판 2쇄| 발행 2017년 9월 15일
|2판 1쇄| 발행 2022년 7월 15일

|발행인| 김동훈
|발행처| 공동체

|주소| 경기도 고양시 일산동구 호수로 358-39
동문타워 I 905호(백석동)
|전화| 031) 814-3000(대표)
|팩스| 031) 814-3100
|홈페이지| http://www.compub.co.kr
|전자우편| compub@naver.com
|출판등록| 2005년 10월 6일
|등록번호| 제396-2005-36호

|ISBN| 979-11-6725-169-5
정가 17,000원